U0821877

国务院参事　全国政协常委

任玉岭论“三农”

李淑翔　李益辉　许立·主编

中国经济出版社
CHINA ECONOMIC PUBLISHING HOUSE

·北京·

图书在版编目（CIP）数据

任玉岭论“三农”/李淑翔等主编.
—北京：中国经济出版社，2020.1
ISBN 978-7-5136-5215-5

Ⅰ.①任… Ⅱ.①李… Ⅲ.①三农问题—中国—文集 Ⅳ.①F32-53

中国版本图书馆 CIP 数据核字（2019）第 233052 号

责任编辑　姜　静　郑　潇
责任印制　马小宾
封面设计　华子图文

出版发行　中国经济出版社
印 刷 者　北京艾普海德印刷有限公司
经 销 者　各地新华书店
开　　本　710mm×1000mm　1/16
印　　张　21.5
字　　数　345 千字
版　　次　2020 年 1 月第 1 版
印　　次　2020 年 1 月第 1 次
定　　价　58.00 元
广告经营许可证　京西工商广字第 8179 号

中国经济出版社 **网址** www.economyph.com **社址** 北京市东城区安定门外大街 58 号 **邮编** 100011
本版图书如存在印装质量问题，请与本社销售中心联系调换（联系电话：010-57512564）

任玉岭近照

任玉岭在全国政协大会发言

编者的话

任玉岭已从国务院参事岗位退休五个年头了，然而，他仍忙于各种社会活动，奔波于祖国各地。2018年，他曾在一周内走访了山东、江苏、江西、广东、福建、天津六个省市，做了六个报告。有一天，他在北京一日内收到九个会议邀请函，最后，出席了在钓鱼台、京西宾馆、国家会议中心和北京会议中心的四个会议。就在2019年7月，他的三个会议发言出现在“今日头条”，每个发言都不少于5000字。

仅从以上这个“三、六、九”就可以看出这位退休的老人似乎比退休前还要忙。那么，为什么在任玉岭身上会出现这种情况，为什么会有那么多地方、那么多会议邀请他？根据我们对任玉岭的了解和研究，一是因为他知名度较高；二是因为他阅历丰富，知晓国情；三是因为他肯于学习，涉猎广泛。

说他知名度较高，是因为早在1965年《天津日报》就在头版用整版篇幅对他牵头完成的国家科技攻关项目作了题为《年轻人敢想敢干敢攀世界高峰》的报道。20世纪80年代末，他担任沿海开放城市北海市副市长时努力工作，任职期间，最多的时候分管23个局处级单位，赢得了“北海的冲击波”和“北海攻关市长”的称号。1993年，他在北京出席第八届全国政协会议时就成了媒体关注的热点，其间，17家报纸上出现了他的照片。他任全国政协常委后的十年中八次担任视察团副团长，多次代表视察团与视察省区的书记、省长直接对话，报告视察意见。在全国政协会议上，任玉岭提出的提案数量多、质量高，被媒体称为“任玉岭现象”。《人民日报》曾两次以《敢把呼声变政声》为题对任玉岭做过长篇报道。湖北十堰市一位书法家曾用快递寄往人民大会堂转任玉岭一幅书法作品，写道“国兴需有忠良臣，玉岭无愧当中人。魏征包公两人格，唯独你能集一身。不是愚人妄夸奖，历史早就有定论。只求呼声变政声，广在民心扎深根。”仅此，就可以看出《人民日报》的报道产生的影响和任玉岭在百姓心目中的地位。任玉岭先后被14所大学聘为兼职教授，被55种杂志聘为主编或编委，被37个省市县和上百个单位聘为发展顾问，这都表明了任玉岭在出版界、教育界、学术界、政界和企业界有着较高的知名度和较大的影响力。

说他阅历丰富、知晓国情，是因为任玉岭诞生于“卢沟桥事变”的第二年，81年来，他经历了帝国主义侵略时期的战争灾难、民国时期的“水旱蝗汤”，以及中华人民共和国成立后包括土地改革、“三反五反”、抗美援朝、“大跃进”、困难时期、“文化大革命”和改革开放在内的多种运动和大建设大发展。

他除了在学校学习外，还在工厂和部队受过锻炼，参加过中国科学院野外考察队，担任过河北省农村生活工作队队员，当过大学教师，做过科研工作，搞过行政管理，创办和管理过国有企业和民营企业。他在天津、上海、北京三大直辖市工作过，也在特区、沿海开放城市战斗过，东部、西部、南方、北方乃至国外30多个国家都留下了他工作的足迹和影像。特别是在他任全国政协常委和国务院参事之后，他身感使命光荣、责任重大，牢记“知屋漏者在宇下、知政失者在草野”，每年都要在中国走上20多个省、区、市调查和了解基层情况。2005年8月，他随考察团在云南丽江登玉龙雪山时，告假并请丽江的同志为他派一辆车，按其手指方向行50千米停下来，在那里进行调研。那个地方属玉龙县九台乡河源村，当地的政府和学校连电话都没有，村书记告诉任玉岭农民年收入只有260元，他立即决定到农民家里走访，“家徒四壁”让他为之震惊。一次，他带一个中国京剧考察团在宁夏、云南考察时，除了率团做京剧的考察外，还在地方政府的帮助下进行了对医疗的考察和座谈。正是因为任玉岭的丰富阅历以及对调查研究的重视和深入，使得他对中国的国情、民情十分了解和熟悉，这就是他每个建言和讲话都能入木三分和受人称赞的原因和背景。

说他肯于学习，涉猎广泛，多表现在他长期参政议政的效果上。任玉岭做了15年全国政协委员（其中10年常委），形成了“任玉岭现象”；做了14年国务院参事，被媒体誉为“影响中南海的总理高参”。任玉岭还两次被分管教育的副总理聘为国家教育咨询委员会委员，为了更好地完成自己的担当和使命，他主动填补自己的知识空白和提升建言议政的水平。任玉岭曾经写过一篇“当好政协委员的六个三”。第一个“三”，就是学好三方面的知识，即学好党中央的指示、学好中国的优良传统、学好外国的经验。任玉岭是这么说的，也是这么做的。他在国家科委工作期间，曾参与了中国生物工程中心的组建、中国星火总公司的组建、中国味精技术公司的组建。为了把工作做好，他不仅重视在国内的学习，而且十分重视对国外的学习。他先后考察过30多个国家，像日本这样的国家他去过10次。当在餐桌上看到外国有而中国还没有的一些产品时，回国后他便在国家科委负责分管生物技术及食品饮料等技术开发工作期间，组织企业开发了中国第一瓶矿泉水、第一瓶干红葡萄酒、第一瓶干白葡萄酒、第一瓶格瓦斯、第一瓶椰子奶，等等。在北海市任副市长时，为了做好分管的科技、地震、海洋、环保、城建、规划、信息等工作，他总是边干、边学，既向书本学习，又向同事学习，尤其重视向实践学习。在全国政协常委和国务院参事岗位上他为了更好建言经济建设，读完了《微观经济学》和《宏观经济学》；为了建言房地产，他专门买来大量房地产专著，认真学习和阅读；为了建言物流发展，他通读了大学专用的物流学教程和相关专著。为了吃透中央指导精神，除了关注CCTV的新闻及中央领导讲话外，《邓小平文选》和《习近平治国理政》等已被他翻阅得卷曲了书皮和断了装订线。为了解中国社会治理的传统做法和经验，他还经常查阅《二十四史》、《诸子百家》、《史记》、《毛泽东选集》（五卷）、《马克思全集》等。

正是因为任玉岭知名度较高，阅历丰富和热爱学习，所以他才赢得了在全国政协的“任玉岭现象”和在国务院参事岗位上的“影响中南海的总理高参”之声誉。国务院参事室出版的《中国政府参事论丛·任玉岭文集》一书涉及“三农”、教育、卫生、社会发展、西部开发、奔向城市、国企改革、民营经济、农业产业化、资源环境、科技创新、区域经济、社会和谐13个专题；后来任玉岭又出版了《大国民生》《任玉岭谈经济》《任玉岭建言城市化》《任玉岭论教育》《任玉岭访谈录》《任玉岭智库文选》《任玉岭讲演集》《任玉岭中华三百名城颂》《任玉岭书法集》等，加上他原先出版的三卷五本翻译书籍及《我爱北海》《天涯奇梦》《跨世纪科学技术》《科学技术的今天与明天》等，其著作已有25部，正可谓涉猎广泛、著作等身。所有这些，正是任玉岭闲不下来和多方请他做报告和讲课的根本原因。

在改革开放初的20世纪80年代，任玉岭就依据国务委员、国家科委主任宋健的指示，随国家科委副主任杨浚同志在国外先后考察了“一村一品运动”和“公司+农户”的农村经营模式，任玉岭作为“中国星火总公司”负责中国“星火计划”实施的总工程师，最早把“一村一品”和“公司+农户”通过书刊介绍到中国，并通过多次的“星火计划”培训班，进行了“一村一品”和“公司+农户”的内容传授和实施的推进。直至他到广西北海做副市长后，还两次应邀到自治区科委组织的“农村服务组织”培训班上详细讲解了“一村一品”和“公司+农户”的机制和运作。

任玉岭最早向总理反映和在政协提出的农村义务教育免费与免除农业税的建议，虽然过程很曲折，但最后还是落到了实处。2001年年初，任玉岭就在全国政协常委会做了“农民问题是中国一切问题中的大问题”的专题发言，他在文中提到了对农村“取多予少”和“只取不予”等问题，在全国政协以“政协信息”报出后，引起了中央的关注，2002年的“中央一号文件”就出现了要对农村“多予少取”的规定。2003年，朱镕基总理在“两会”上的政府工作报告初稿征求意见时，任玉岭在参事室看到上面写着“东部发展出口农业、中部发展优质农业、西部发展特色农业”的论述后，认为出口农业是最易赚钱的，中部和西部也应该允许发展出口农业。为此，建议东部发展高质农业，中部发展优质农业，西部发展特色农业，东中西部都要发展出口农业。他在参事室提完意见后，又跑到政协常委会表达了自己的意见。后来，总理的工作报告完全采纳了任玉岭的意见。

任玉岭对“三农”的贡献，还包括改革户籍制度、推进城市化、农民工子女教育、农民工伤亡补偿、农村道路建设、邮政服务“三农”、退牧还草、食品安全、城乡统筹、农村上网等。

当初，中国没有配餐西红柿，任玉岭在国外考察配餐西红柿后，他便借机搞来种子，回国后到中国农科院找到科技专家马玉珠等，对其进行培育，并在全国推广。这就是最早的配餐西红柿的来历。

不仅如此，任玉岭还十分关注畜牧业和饲料工业的发展。20世纪80年代初，中国的配合饲料尚属空白，当他了解到饲料添加剂的缺失是配合饲料发展不起来的关键因素时，他便以中国“星火计划”的名义，推动广东顺德北滘镇率先引进了加拿大温尼伯的饲料添加剂生产线。从此开辟了饲料工业发展的新局面。

中国有很多地方的农民在干旱和高寒的土地上以靠种马铃薯为生，但因马铃薯没有进入主粮系列，得不到政策支持。任玉岭在地方调研时听到专家和农民对此反应强烈，他便很快动笔写出了国务院参事建议。后来农业部批准马铃薯进入主粮并可享受政策支持时，虽然任玉岭已经从国务院参事岗位上退了下来，但这仍使任玉岭为之感到高兴和振奋。

为了弘扬任玉岭的参事精神、家国情怀和坚持传播习近平新时代中国特色社会主义思想指导下的正能量，我们特从相关报刊中把任玉岭论“三农”的这些文章汇编一起，作为正式出版物供广大读者分享。《任玉岭论“三农”》收集了改革开放以来任玉岭对“三农”的贡献和建言。其中，建言56篇，它们发表的时间有先后，并散落于各个报纸和期刊。我们作为报刊的读者，在查看任玉岭关于“三农”的部分论述后，深感任玉岭对中国“三农”问题了解之全面，认识之深刻，值得我们学习和点赞。

编　者

2019年8月15日

目录
CONTENTS

1 ▪ 为“三农”建言敢为天下先
10 ▪ 要想富，种蘑菇
25 ▪ 日本“一村一品运动”考察报告
30 ▪ 国外“公司+农户”的五种类型
35 ▪ 扶贫工作当总体推进
39 ▪ 大力推进城市化是最终解决我国农村和农业问题的必由之路
43 ▪ 加速推进农业产业化，促进农村经济大发展
48 ▪ 大力发展牛奶产业满足市场增长需求
52 ▪ 迎接二十一世纪，推进西部大开发
62 ▪ 知难而进大力推进户籍制度改革
66 ▪ 扬旅游资源之长， 促西部经济增长
72 ▪ 农民问题是中国一切问题中的大问题
77 ▪ 关于出台节水政策和法规的建议
82 ▪ 关于发展城市农业的思维与管见
91 ▪ 解决“三农”问题的三大战略和十大突破
98 ▪ 用“皇粮”把农村“普九”教育养起来
102 ▪ 对贯彻《中共中央关于完善市场经济体制若干问题的决定》 的几点建议
107 ▪ 农业产业化当前存在的问题和建议

111 ▪ 精简县、乡机构， 促进农民增收
115 ▪ 改革财政金融服务“重中之重”
120 ▪ 握住继承和创新两个抓手　创大豆食品产业新辉煌
129 ▪ 关于扶植与振兴大豆及其加工产业链的建议
133 ▪ 大力推进农业产业化　促进县域经济迈上新台阶
139 ▪ 关于加快少数民族地区经济社会发展的五点建议
145 ▪ 关注农民工，还有很多事情要做
148 ▪ 加速中部崛起是破解“三农”的重要战略
157 ▪ 德宏州咖啡产业前途无量
160 ▪ 新农村建设需走出三个误区
163 ▪ 开发武陵山民族地区旅游业的几点认识和建议
170 ▪ 规范提高农民工工伤死亡补偿费的建议
172 ▪ 农村道路建设应作为农村建设的第一要务
176 ▪ 关于水资源问题及对节约用水的几点建议
184 ▪ 小康村建设重在落实“全面”两个字
190 ▪ 房地产应做到责任与效益兼顾
198 ▪ 关于促进邮政服务“三农”的建议
203 ▪ 关于推进项目建设要与富民相结合的建议
207 ▪ 关于把宁夏牛奶产业做大做强的分析与思考
215 ▪ 生态现代化战略需以黄河流域为重点
223 ▪ 关于大力支持青海退牧还草与种林护沙的建议
225 ▪ 搞好创新和继承　促茶文化更繁荣
230 ▪ 关于怒江水电开发情况的反映和建议
235 ▪ 关于在农村大力推进农民入股的公司制合作实体建设，以确保农业安全的建议
240 ▪ 启动农村上网工程，加速农村发展
242 ▪ 对中国农副产品与食品加工业发展的战略思考
247 ▪ 我国到了向均衡发展转变的关键期

253 ■ 关于做好海洋开发与保护并重的思考与建议
258 ■ 城乡统筹的思考与建议
265 ■ 关于在城镇化推进中节约土地资源的建议
270 ■ 对搞好食品安全工作的六点建议
274 ■ 转变发展方式是经济大势所趋
282 ■ 走好共富道路， 促进和谐发展
288 ■ 关于将马铃薯单列为粮食作物并推出举措促其更大发展的建议
293 ■ 推进城镇化必须解决好的六个问题
302 ■ 关于大力推进北纬 33°经济带建设的建议
306 ■ 扶贫减贫要有问题意识
309 ■ 健康扶贫的五点建议
313 ■ 走进农村广阔天地　谱写人生最美篇章
319 ■ 坚持“两山理论”　保护生态环境
324 ■ 解决好农民工问题是实现“三生共赢”的重要内容和使命

编者按语：

农村改革30年来，任玉岭先生的一批文章、建议和情况反映曾通过多种渠道被送至中央决策层，不少建议引起了高度重视与采纳。他是助推我国农村、农业改革的先行者。退居二线后，他仍然在国家参政议政、咨询国是的岗位上忙个不停，社会上给他最多的称谓是“关注民生、关注‘三农’、敢讲真话的著名经济学家”。

为“三农”建言敢为天下先

——国务院参事任玉岭访谈录

王景山　2008年11月28日

任玉岭参事，虽然已经卸去了全国政协常委职务，但记者要想采访到他，仍然不是件易事，原因是他实在太忙了。好不容易抓出空儿约记者面谈，两次又因找上门来的急“任务”而不得不中断。11月15日，刚从广西开会回京的他，终于拿出一个上午接续与记者那未尽的访谈。听他说，明天出席在人民大会堂的一个会议后，晚上就去福建龙岩。

“两个第一”的由来

记者： 据我所知，改革开放30年间出现的几个第一都与您有关，如中国引进第一套饲料添加剂生产线，并在广东顺德建起国内第一家饲料添加剂生产厂；在广东新会建成中国第一个用组织培养技术生产香蕉种苗的试验场。我想知道的是，您在其中的作用和历史背景。

任玉岭： 那是改革开放初期的1982年，有9个部委联合在湖南长沙召开中国饲料工作会议。在这个会上，我应邀做了一个发展饲料蛋白的专题报告，指出，发达国家每年人均配合饲料占有量为220千克，而我国才只有0.03千克，发达国家畜牧业在农业中的比重高达70%～90%，而我国仅为

10%多一点。所以，我认为应该大力发展饲料工业，以推动畜牧业快速发展，解决中国人动物蛋白营养极低的现状。

但是，我的这一观点，当时有很多人是不赞成的，反对方认为中国人连吃的粮食都不够，怎么会有多余粮食做饲料？怎么能发展畜牧业？后来还有人在《红旗》杂志上撰文，明确提出，10亿中国人的蛋白营养战略应该是吃杂和面，并具体提出，要大量生产含有豆面的杂和面馒头与杂和面面条，以提高中国人的蛋白质营养水平。

我看到这篇文章后，立即找到商业部饲料局的符文渝同志，决定与他联名写一篇反驳文章。反驳文章详细分析了世界各国蛋白质营养现状和畜牧业与饲料业发展状况，认为发展畜牧业和饲料业将是中国不得不走的道路，增加中国人的动物蛋白营养将是中国改革开放的必然。后来因为各种原因，我与符文渝联名的这篇文章未能刊出。但是我并不气馁，我到国家科委工作后，围绕国家“星火计划”的实施，主动挑起分管发展饲料技术的担子。而发展饲料产业，必须填补中国饲料添加剂产业的空白，为此，我在1986年与广东省科委和广东顺德北滘镇的同志一起，走进加拿大温尼伯，引进了中国第一套饲料添加剂生产线。就这样，我们中国的第一个饲料添加剂生产厂在顺德的北滘镇诞生了。

关于用组织培养技术来生产香蕉种苗，也是发生在广东的事。改革开放后，随着国家对生物技术的重视和推动，科研人员于80年代中期，在广东试验成功用香蕉的叶芽培养香蕉种苗的技术，一个叶片可以培育出数以亿计的种苗，大大加快了香蕉的繁殖。为支持这一技术的推广，我作为国家生物中心两个处的处长又负责“星火计划”中生物技术的推广，于是便把这一项目列入国家“星火计划”，经领导批准后，除给予资金扶持外，我还两次赴广东新会县，支持用香蕉的叶芽培养香蕉种苗的技术专家在新会建成种苗繁育基地，这也是我们中国第一个用组织培养技术生产种苗的试验场。在该基地带动下，如今全国已建起很多用“组织培养”技术生产香蕉、花卉、马铃薯等的种苗场，为促进诸多经济作物、马铃薯和花卉的繁殖、扩种，为经济发展做出了积极贡献。

率先引进“一村一品运动”

记者： 您对“三农”问题的关注由来已久，我曾得知您是最早把日本的“一村一品运动”介绍到国内的，如今“一村一品特色经济”的农民致富模式已在我国广为开展。我很想知道您当初介绍“一村一品运动”的起因。

任玉岭： 那是20世纪80年代，日本九州岛的大分县因搞了个“一村一品运动”，使那里改变了贫穷落后，走上了富裕之路。我受国家科委派遣曾两次到大分县进行考察，与大分知县平松守彦先生进行了多次的深入交谈和探讨，并实地考察了“一村一品运动”的开展情况。回来后我就在国内发表文章介绍大分县的“一村一品运动”，而且在后来的国家“星火计划”的科技培训活动中，我还多次专门介绍日本大分县的“一村一品”的做法和经验。

平松守彦在推进大分县的“一村一品运动”前，大分县是很穷的，很多年轻人流到外地打工。平松守彦由国家土地厅到大分县任知县后，提出了“爱大分、建大分”的口号，取得了好的效果。1989年，我去广西北海任副市长时，还记得平松守彦当时对我的这段谈话。于是我初到北海就提出了“我爱北海”，以自己的行动，号召大家“热爱北海、建设北海”。我这个“我爱北海”的口号提出后，北海军区、北海海军、北海师范、合浦师范、海城区政府等，都请我去作“我爱北海”的报告，这对推动北海后来的发展起到了一定的作用。

在大分县考察中还有个有趣的故事，外界很少有人知道。我在大分县一个西红柿种植园参观时，对方给了我几个配餐用的西红柿，穗型成串，果似葡萄，我没舍得吃，将种子从西红柿中剥出来，晾干后带回国内，回来后我把这种子送给了中国农科院的教授，请他们进行试种、扩种，现在市面上流行的一种颜色略浅的配餐西红柿，就是那个时候引进的。因此，知情人说，这种西红柿应该叫“玉岭西红柿”。

“一村一品运动”中，食用菌种植是一个很大的产业，我是学习生理生化专业的，微生物学是我的本行。20世纪80年代中期，我在国家科委生物工程中心工作时，同时担任酶和发酵处及咨询与推广处两个处的处长，除推进生物技术的发展外，还分管国家“星火计划”的饮料技术、生物技术、中医药技术、保健品技术、食用菌技术、饲料技术、酒类技术的研发和推广。食用菌也属于微生物范畴，我对它比较熟悉，为了推进食用菌的发展，我专门查找资料，编写了《要想富，种蘑菇》的教材，还应邀在一些省的培训班上，大讲种蘑菇的好处和技术。这一教材后来被《中国生物学杂志》连载，为推动蘑菇种植在农户的大发展起到了积极作用。

现在，“一村一品运动”可以说在全国农村遍地开花，由庭院经济到特色经济，成为农村经济发展的亮点。

现代农业合作组织的三种类型

记者： 我曾在由广西科技出版社1990年出版的《农村全程服务体系建设》一书中看到您曾根据国外考察经验，把现代农业合作组织分成三种类型进行表述和图示，这无疑对深化农村改革起到很大推动作用。请您把这段历史详细介绍一下。

任玉岭： 20世纪80年代末，我随国家科委杨浚副主任到国外考察农业生产合作组织，回国后，我把现代农业合作组织分成了三种类型进行宣传。第一种是专业合作服务组织。这种合作组织多以当地的支柱产业为依托。农户因共同从事某种产品的开发和生产，而农户本身又因缺乏人力，出现了组织供应原材料和销售产品的困难，这时虽然有中间商登门供应原材料或帮助外销产品，但常是高卖低买，使农户遭到盘剥和损失。为克服这种困难和抵制奸商的剥削，同一地区、同一专业的农户共同组织起来建立起由农民入股的公司制合作实体，通过对农户产品的营销和生产服务，所创效益农户皆可分成。第二种是综合性服务组织。这种服务组织，也同样是农民入股、农民共享效益的组织。这类组织多发生于粮食产区，为了改变单一种植效益不高的现状，农民组织起来，合作建立农产品的深度加工厂或销售公司，使农民在产品加工、销售中获得利益。第三种是企业集团介入的加工、销售服务体系组织。这一种服务体系，多是企业投资在某种产品集中的区域建设加工厂或营销公司。农民的种植可以因此找到销路，但不能获得加工、销售的效益，加工、销售的效益被企业集团所占有。

在1989年底于广西举办的农业服务体系建设培训大会上，我作为主讲，第一次把农业合作组织分成三种类型进行了详细阐述和图示。使学员受到很大启发。此后这篇文章被收入《农村服务体系建设》一书，由广西科技出版社于1990年出版。

我是一直关注中国农村龙头企业建设和农业合作组织发展的，2002年和2003年我两次到吉林、山东考察农业产业，一次是参加李贵鲜副主席率领的常委视察团，一次是我和胡富国常委率团的农业产业化视察团。对山东、吉林等地考察后，发现多数的农业龙头企业，都是前面谈到的第三种类型。在吉林德惠，农民为一个外资集团的加工厂养1只鸡只给1元；在山东，农民生产的草莓卖给龙头企业加工厂，1斤草莓工厂只给6角，而工厂将草莓冷冻后卖出价为10元。我看到这种情况后，认为这种企业进农村加工、营销农产品的办法，不利于农民真正增收，甚至会限制农民致富。在胡富国常委支持下，考察结束后我就由烟台直飞到在大连召开的“全国政协农业产业化论坛”上讲述了自己考察后的感受，大声疾呼要促进龙头企业与农民建立利益联结机制，并主张大力发展农民入股的农业合作组织，更好保护农民加工、销售农产品的权益。我的这次发言不仅被录入全国政协经济委员会编辑出版的专著中，而且被《经济日报》全文刊载。事后，全国首届区域经济论坛在广州举行时，论坛主持方又邀请我就促进企业与农民建立联动机制和发展农民入股的农业合作组织，进行了主旨演讲。

提出“三大战略、十大突破”

记者： 我最近拜读您的新著《中国政府参事论丛·任玉岭文集》时，发现您曾提出解决“三农”问题的“三大战略、十大突破”，您的意见既客观深刻，又具有前瞻性，其中有些建议已为中央采纳成为现实。但听说您提出时并不顺利，甚至遭到了反对不能公开发表？

任玉岭： 是这样的，那是我在2003年全国政协研究农业问题的常委会上，应邀讲述了经过长期考察和认真思考后得出的解决“三农”问题的“三大战略、十大突破”，你看到我那本《中国政府参事论丛·任玉岭文集》一书的第二篇文章，就是专门讲这个问题的。

我提出的“三大战略”：一是分流农业人口与城市化战略，强调了只有减少农民才能致富农民；二是努力提高人口素质的战略，强调要加大对农村义务教育的投入和对农村初中毕业生进行技术培训；三是加大财政金融对农业投入力度的战略，呼吁放开金融对农村的限制，扩大对农村的贷款。“十大突破”：一是认识上的突破，强调必须提高对“三农”的重视程度；二是地域上的突破，我曾最早提出解决中国“三农”问题必须选择中部的鄂、豫、皖、湘、赣五省作为突破口；三是基础设施建设的突破，在这里我强调指出水利工程老化、年久失修、效率大减应予关注；四是农业科技突破，指出农科人员工资没保障和工资过低，已成为农科人才下乡的严重障碍；五是土地所有权突破，建议突破土地使用权的流转，增大农民对土地使用的支配权；六是龙头企业建设的突破，强调大力扶持农民集体创业，更多支持中小龙头企业的创建和发展；七是农业合作组织的突破，建议让农民成为股东，以公司体制实行董事会、监事会运作经营；八是税收的突破，我认为当时中国免农业税已具备条件，所以，极力主张大胆勇敢地跨出免农业税这一步；九是粮食流通体制与种粮补贴的突破，主张突破对粮食价格的管制和通过各种途径加大对农民的补贴，以保护农民种粮积极性；十是农民进城务工环境的突破，主张在城市打造农民工保障机制，创造农民工进城务工的良好环境。

记得我这个讲话在全国政协常委会发表后，即刻引起了很多常委的赞同。此后，某报记者找到我要走了这篇讲话稿准备编发，但编好的稿子到主管那里被拿了下来，原因是其中有免除农业税的论述。这位主管讲，农业税 2000 年，没有哪个领导讲过可以取消，所以此文不能见报。此后过了一段时间才在《中国政协》杂志正式发表，可见改革是多么不容易。

值得欣慰的是，免除沿袭了 2000 年的农业税，已成为农民期盼的现实。农民土地使用权允许流转，也被写进中共十七届三中全会文件。

建言农村教育与中西部开发

记者： 您对农村免费义务教育、对农村实行“多予、少取、放活”的方针、对中央政府出台中西部发展战略乃至武陵山区开发，都曾超前提出过多篇文章和建言。您还记得当时的一些细节吗？

任玉岭： 我是 2002 年被总理聘为国务院参事的，我现在都清晰地记得，从总理手中接过聘书后为自己确定的第一个调研选题便是农村义务教育。正如我对解决“三农”问题提出的“三大战略、十大突破”所言，为了提高农村人才素质，必须要加大财政对农村义务教育的投入。2002 年，在政协常委会大会发言中，我郑重提出“需用皇粮把九年义务教育养起来”。当时一位曾在上海任过副市长的常委在中午吃饭时对我讲：“我的手现在还红着呢。”意思是他鼓掌很卖劲，十分赞成我的观点。

这里我可以再给你讲几个往事：为了推动农村义务教育的发展，1990 年我通过两个在国外留学的女儿引来日本水月会的慈善资金到中国农村办学，最早一个就是北海郊区咸田的中日友好学校，日本水月会为这个学校投资人民币 70 万元，而后每年再给 10 万日元，用来对学生进行奖励。我为引进这个学校还被人告到外交部，说这是“卖国行为”。后来上级到北海调查后，说这样的学校引进越多越好。迄今日本水月会已在中国投资建设农村学校 20 多所，并促进了中日学校之间的交流。

2001 年，我曾在全国政协常委会的一次大会发言中，就总结“三农”问题出现的根源时，认为主要是“对农民只取不予，或是取多予少”造成的。此建言被全国政协上报中央后，引起了不少方面的高度重视，2002 年的“两会”上，我因此同全国人大常委会副委员长成思危一起作为贵宾，就为什么如此关心“三农”问题接受了《光明日报》记者采访，报纸头版头条做了报道。两年后的 2004 年中央出台的一号文件中，就明确提出了对农村实行“多予、少取、放活”的方针，这对我来说是极大的欣慰。

至于建言主张发展中西部，这可能与我本人在改革开放后有较长时间工作和生活在西部地区有关，对这一地区比较了解，特别是 1998 年和 1999 年我几乎走遍了云南和四川，自然就对西部的发展充满了较强的紧迫感。在 1997 年我认真研究了经济势能理论、生产要素扩散理论和流动发展理论之后，认定中西部必将成为生产要素进一步扩散的重要选择地。为此，我在《中国市长论坛》和《经济界》杂志上，分别发表了“21 世纪将是中西部的世纪”“走向新世纪迎接西部大开发”的文章。

2003 年秋天，中共十六届三中全会后，我在全国政协常委会上提出“三农”问题需从鄂、豫、皖、湘、赣这五个中部农业大省进行突破的建议。为此，我让司机跑到大百科全书出版社，专门购买了《中国地理百科全书》，反复学习和研读后，认为中部五省位于长江、淮河两岸，自然条件较好，土地相对平坦，雨水比较充足，交通比较方便，并认为这五个省离东部发达地区距离近，东部密集的生产要素向中部五省扩散，成本会低、速度要快。我不仅在政协常委大会上讲述了这些观点，而且还专门将这一观点写成国务院参事建议，直接向总理进行报告和陈述。中央 2005 年推出“中部崛起战略”，使我深感欣喜。

2004 年，我陪同全国政协民族宗教委员会主任钮茂生率团赴重庆黔江地区考察时，听到那里的干部群众反映武陵山区住有土家族、苗族、白族、侗族等多个少数民族，加上汉族总人口达 2000 万人。这里山同脉、水同源、民同俗，经济同类型。但由于武陵山区分属于湖南、湖北、贵州和重庆四个省市，行政区划的阻隔造成交通极为不便，严重制约了经济发展。针对这种情况，我在调查的路上，向钮茂生主任交一份建议，希望由全国政协牵头每年召开一次各省和各有关部委参加的联席会，来推动武陵山的建设和发展。此建议得到钮茂生主任和贾庆林主席的高度重视。从此，每年都由全国政协民宗委牵头，召开一次由十多个部委和四个省市参加的开发武陵山联席会。经过 2004 年至 2007 年连续四年的推动，武陵山的断头路已经大为减少，空陆交通都有了新发展，武陵山的旅游已全面启动，武陵山人民的生活已有了新的改善。

乡镇企业功不可没

记者： 您自大学毕业参加工作 49 年来，从教学、科研，再到科技管理、政府官员，还长期担任全国政协委员、常委和国务院参事，关注的面很广，且都有不凡的成就。并曾与杜润生讨论农村城市化，与费孝通讨论农村小城镇，与马文瑞讨论革命老区建设，我最后想请教的是，就您的经历而言，您认为农村改革开放后出现的最大变化是什么?

任玉岭： 我认为乡镇企业在农村的崛起，是农村的最大变化之一。现在人们都不大提乡镇企业了，可我始终认为，乡镇企业是农村改革开放中结出的最大硕果，它带动了整个农村经济的发展，提升了国力，尤其是改革开放的初期和中期。天津大邱庄禹作敏、江苏华西村吴仁宝、浙江横店徐文荣……这些靠乡镇企业致富发展起来的地方我都多次去过。我到北海任职的第二年，曾着力发表文章《依靠科技进步，大力发展乡镇企业》。我曾到温州龙岗考察农民城，学习归来与北京的企业家洽谈，在北海兴建“乡镇企业城”。前几天，我又到了温州龙岗镇，原来的盐碱地上，如今已是高楼林立，车水马龙，鲜花盛开。

你可能不知道，除了你刚才提到的那些事外，我还办过与乡镇企业类似的民办公司并担任董事长！

由来是这样，1984 年我在国家科委办公室的文件中看到一件国务会议纪要，这次会议决定要大力发展公司制经济。那时我已经跑过 10 多个国家，参观过数十家国外公司了，我深感国务会议这一重要决定的意义后，便决定在自己熟悉的产业中成立一家民办公司。因为早在 1963 年我走出南开大学时，曾率领 13 位大学生、18 位工人承接过当时国家科技攻关项目——发酵法生产味精。经过两年多的努力，取得了突破与成功，原来 32 吨小麦生产 1 吨味精改为 5 吨红薯面即可生产 1 吨味精。为此，《天津日报》头版整版以《年轻人敢想敢干敢攀世界高峰》为题做了报道。此后不到 10 年，中国建起了 220 家味精厂。但到 1983 年，全国年产 4 万吨味精，却发生了严重滞销。我根据对国内外情况的分析，认为味精的国内总需求至少为 20 万吨，所以就决定响应国务会议的号召，成立中国味精技术公司，为味精开拓更大市场。

我会同几位朋友为此送出 5 份报告，结果获得了商业部、轻工部、国家食品协会的同时批准。时任中央书记处书记的胡启立同志还在我们的报告上批示：“像这样的公司越多越好、应给予大力支持。”公司于 1984 年 6 月开业（与四通公司几乎同时），我被推举为董事长，每位董事拿出 2000 元作为开办费。公司进行了三项改革：一是公司进人不要档案，只要两位董事推荐即可；二是实行高工资，比社会上高出 3 倍；三是实行小汽车办公，提高办事效率。我们组织了技术推广小分队，分赴全国各地味精厂推广高产新菌种；组织研究队伍研发出以味精为原料的调味料和汤料 29 种，扩大了味精用途和市场。公司的经营和研发受到了广大味精厂的欢迎，也引起了社会的高度关注。一年多时间，公司便创下了纯利润 600 万元，创社会效益 1600 万元，为此《人民日报》用了大篇幅进行报道，并配发评论员文章。

当前，乡镇企业随着改革的不断深入，正在进行转型和调整，但是乡镇企业在农村改革开放中的历史性贡献，我们决不能忘记！

（原载《农民日报》）

编者按语：

此文是任玉岭出任中国生物工程中心酶与发酵处处长期间，为推进中国“星火计划”的实施、促进蘑菇种植写下的讲演稿，用于在全国各地进行演讲，后被《应用生物学》杂志公开发表。

要想富，种蘑菇

1986 年 5 月

一、食用菌的概念与发展历史

（一）概念

食用菌是蘑菇、木耳、灵芝、香菇、银耳等的总称。这类生物，因为与一般植物不同，它没有叶绿素，不形成根、茎、叶和真正的植物种子，所以在生物学分类上，它们介于动植物之间，被划归微生物范畴。微生物类包括细菌、酵母、放线菌、病毒、真菌等。上面讲的食用菌，属于真菌类。这类真菌和引起发霉的真菌，同属于一大类。但因这类菌，可以将菌丝聚集而成为膨大物（子实体），所以人们又称之为巨型真菌。

这类大型真菌中，有有毒的和无毒的两大类。例如很多人吃了毒蘑菇死去了，这种事件常有发生，这一类有毒的大型真菌，统称为毒蘑菇。而无毒真菌中，又有可以用来入药的和供作食用的两类。可食用的被称为食用菌，可以入药的被称为药用真菌（如灵芝、马勃、茯苓等）。

不论是食用菌，还是药用真菌，在经济发展中都有重要价值，所以是科学上研究的一个重要领域。

（二）历史

食用菌，作为食物，起源于很古的时候，早在七八千年前，我们的祖先就已知蘑菇味道鲜美可口。在仰韶文化时期，就开始采食蘑菇了，而且 1000

多年前知道用真菌治病。在古典传说《白蛇传》中，就记载有白娘子往仙山盗取灵芝，使许仙起死回生，这是我国广为流传的神话故事。我国最早的药典《神农本草经》就谈到灵芝的药用价值，认为有“益心气”“安精魂”“补肝益气”“坚筋骨”“好颜色”等功效。至迟在公元1世纪，我国即已开始人工采焦灵芝了。

但作为蘑菇的人工栽培，最早起源于法国。最早人们发现马粪上常有蘑菇生长，所以就想起利用马粪人工栽培蘑菇，当时，巴黎郊外有许多采石场，形成很多石头洞穴，人们就在这些洞穴内，把腐熟的马粪和稻草堆进去，然后把长过蘑菇的泥土挖出来，当作菌种，埋入马粪床，居然取得了成功。在黑暗的洞穴里长出的蘑菇又肥又嫩，上市后受到欢迎。以后又稍加改进，把长满菌的马粪风干，切成块，称为菌种砖，进一步提高了产量。由于蘑菇在市场上获利很高，不少人对这种新兴的洞穴园艺，产生了浓厚兴趣。法国的蘑菇一词叫 CHAMPIGNON，蘑菇房叫 CHAMPIGNNONNIERE。其实这个蘑菇房与采石洞是同样的含义。以后由于市场扩大，蘑菇不能满足市场，人们又利用废弃的铁路隧道、地下室、城墙下、暗堡进行蘑菇生产。

第一次世界大战期间，食品、蔬菜紧缺，德国人曾经从法国战俘中找出种蘑菇老手，在德国办起蘑菇房，到21世纪，这一技术便传遍世界各地。这种原始的生产方法，在法国沿用200年之久。到了1893年，由于当时法国微生物学家巴斯德发明了微生物的纯培养技术。后来还发明了用蘑菇块作种子的方法。战后因战马减少，马匹数量又随汽车数量的增多而减少，于是为寻找新原料，人们又开始了不用畜粪生产蘑菇技术的探讨。

种蘑菇技术近30年来得到蓬勃发展，并在向大型化、格式化、自动化、工厂化发展。美国宾夕法尼亚州有一所蘑菇工厂，全长177千米的半地下蘑菇房，年产蘑菇18000多吨，全厂才有900人，每人每年生产蘑菇20吨。在荷兰，蘑菇产量每年可收8季，每平方米的采摘量为117千克（鲜菇）。

蘑菇的采摘在我国也早就引起重视。20世纪30年代末，福建香菇产量就达到11600多担。但是蘑菇的栽培是于1935年开始的，在新中国成立时栽培面积有16200平方米，直到“粉碎四人帮”后，我国的人工栽培食用菌产业才得到迅速发展。特别是近两年来，发展很快。1978年，我国食用菌产量鲜菇才有6万吨，只有世界产量的10%。据报道，1985年已发展到50万吨的产量。目前双孢蘑的产量仅次于美国；香菇产量仅次于日本，居世界第二位；木耳、银耳、金耳、猴头、草菇、平菇、茯苓产量已跃居世界之首。

二、食用菌的市场分析与发展前景

（一）市场分析

食用菌所含蛋白质，比肉类丰富，比乳制品还高，而且氨基酸种类齐全，除含有一般植物蛋白所含的 18 种氨基酸外，还含有丝氨酸、刀豆氨酸、β-氨基丁酸等。因此，经常食用蘑菇有益于人体健康。在人类文明的早期，人们都相信常食用蘑菇等能使人恢复记忆，有利于益智康心，延年轻身。现代的科学研究，更证明蘑菇蛋白质含量，因种类不同可达 20%~40%，0.5 千克蘑菇相当于 1 千克瘦肉、1.5 千克鸡蛋、6 千克牛奶的蛋白质含量。因而有“蛋白肉”之称。美国伯明翰大学海斯博士 1980 年的研究指出，蘑菇除含丰富的蛋白质外，还含有丰富的 B 族维生素，B12 的含量比肉类要高，它能防止恶性贫血，改善神经功能，降低血脂。香菇则含有非常丰富的维生素 D，每克香菇可达 128 国际单位，是高营养食物大豆的 21 倍多。此外，蘑菇还含有多种矿质元素，以磷、钠、铁、钙含量居多。因此，常吃食用菌有益于防治各种疾病。20 世纪 60 年代，美国和日本的学者还发现有些食用菌，如猴头、云芝等 10 种担子菌具有抗瘤效应，吃食用菌可抑制癌细胞的发生。这是由于食用菌本身的多糖组分，可以刺激人体抗体的形成，强化自身的免疫系统。免疫功能低下的人，多吃菇类，有助于防止癌症的发生。

正因为蘑菇不仅美味可口，而且具有以上特殊的营养功能，所以蘑菇愈来愈引起人们的兴趣，蘑菇的市场与日俱增。近 30 年来，每年以 10%的速度递增。现在世界产量已达 150 万吨以上。

1979 年，食用菌在美国的市场销售量已超过黄瓜、甘兰、芹菜、茄子、西红柿、萝卜、洋葱、苹果等重要果蔬品种，仅次于莴苣和柑橘（见表 1）。

表 1　1979 年美国主要果蔬与食用菌的产值

单位：万元

品种	食用菌	莴苣	黄瓜	甘兰	芹菜
产值	36885.7	56607.3	18437.4	16105.3	16104.2

表 2　1981 年世界各种食用菌产量

食用菌	鲜重产量（万吨）	占比（%）
蘑菇	94.0	69.27
香菇	19.2	14.15
草菇	5.8	4.27
金针菇	5.5	1.05
木耳	4.6	5.39
侧耳	3.8	2.80
滑菇	1.8	1.33
银耳	0.8	0.59
其他	0.2	0.15
总计	135.7	100.00

表 3　1983—1984 年世界食用菌产量

食用菌	鲜重产量（万吨）	占比（%）
双孢蘑菇	100	68.8
香菇	22.3	15.3
草菇	6.3	4.3
金针菇	6.0	4.1
木耳	4.6	3.2
平菇	3.2	2.2
滑菇	1.7	1.2
银耳	0.7	0.5
其他	0.5	0.4
总计	145.3	99.9

由表 2、表 3 可知，世界食用菌有了很大发展，市场销量最大的是蘑菇和香菇两个品种。日本、美国、中国香港地区食用菌的消费量近年来增加更为迅速。

表 4　日本食用菌消费量

单位：吨/年

食用菌	1954 年	1964 年	1974 年	1983 年	1984 年
干香菇	2235	4836	12262	12025	16685
鲜香菇	—	16706	55473	74680	73921
滑　菇	398	2460	12800	18141	19577
金针菇	—	—	34148	55769	63283
平　菇	—	—	3498	18305	21712
松　茸	6355	1837	546	742	180（自然生长）

从表 4 可以看出各种菇类消费品逐年增长情况，其中鲜香菇、金针菇和平菇消费量增长最快。松茸因不能人工栽培，消费量随产量下降而降低。

美国：1981 年进口菇量 2118 万千克，比 1983 年增长 62%。

中国香港地区：1984 年仅有日本进口菇量达到 93714 千克，冬菇量达到 376. 8 万千克。

由于菇类消费市场的扩大，香菇成了紧俏商品，今年日本为了弥补市场需要，从我国进口香菇 90 余吨，而且价格上涨到 1 万美元/吨。我国香港地区的市场今年也是供不应求。有人预计几十年后，食用菌的产量将增加到 1 亿吨。成为人类主要蛋白来源之一。

随着国际市场的打开和我国人民生活的提高，我国食用菌近年来发展也十分迅速，现已拥有 1000 万菇农，年产值 25 亿元人民币，创汇 2 亿元人民币。中国食用菌发展情况见表 5。

表 5　中国食用菌发展情况

单位：万吨

年份	1975	1978	1980	1984	1985	1986	1987
产量	3	6	8	20	24	40	50

（二）发展前景

尽管我国食用菌发展 10 年来翻了四番，但就香菇而言，即使出口量已居食用菌市场的第二位，也无法满足我国的香港市场，而且缺口很大。当前在西欧市场上每千克花菇（香菇一种）要 70～80 美元，而我国还只有少量生产，草菇在东南亚被誉为“食用菌天子”；竹荪为“食用菌皇后”，国际市场时常脱销；毛木耳在西方国家被称为木头上的海蜇皮，每吨价值4000美元。金针菇、黑木耳、猴头、平菇都是保健食品，年需求量为7000多吨。

近年来，食用菌也大量进入国内市场，被摆上了广大群众家庭的餐桌。但与国外相比，我国人均食用菌占有量仍然很低。

表6　1981年和1986年主要国家人均消费量

单位：千克/（人·年）

国别	消费量	
	1981年	1986年
西德	2.02	4
日本	—	4
美国	0.8	—
西班牙	0.68	—
中国	0.01	0.2

从表6看出，1981年中国人均消费食用菌量只有美国的1/80、西德的1/200，1986年也只有西德和日本的1/20。因此，随着人民生活水平的提高，食用菌的市场还有巨大的潜力。

鉴于世界人口的暴涨，预计2025年世界将达83亿人。世称“绿色革命之父”的诺贝尔奖获得者布劳格博士这样描述人口增长带来的负担：

世界上每年消耗的粮食等于在赤道上用粮食铺一条16.8米宽，1.8米厚的环球公路，而人口增长将使这条公路每年延长1000千米。为此，人们在寻找增产粮食的新途径。用生物工程，提高复种指数，提高单产、扩大种植面积，开发海洋牧场，发展养殖业和单细胞蛋白生产，但这都需要付诸很大努力。相比较而言，人们认为，利用农林副产品等生物量生产菇类，是利多弊少，容易行通的重要途径。

1979年，香港中文大学食用菌专家张树庭教授在内地讲学说，全世界出产作物茎秆23.03亿吨，如1/4用来生产菇类，可生产鲜菇3.78亿吨，能使每人每天得到250克鲜菇。

根据国家统计局推算，我国出产茎秆约5.62亿吨，若以1/4生产菇类，可产香菇 8440 万吨，每人每天可得 288 克新鲜食用菌，可以从中获得高质量蛋白质 8.7 克。

因此，在我国发展食用菌，有着广阔的前景，有着巨大的潜力。

鉴于发展食用菌，市场广阔，不占耕地，不消费粮食，秸秆原材料丰富，价格低廉，且可以消化大量剩余劳动力，另外，也有较好的食用菌科研成果，食用菌科技队伍已迅速成长起来，所以，食用菌在我国的发展必将在改革开放的大好形势下，在“星火计划”不断燎原、扶贫工作不断深入的情况下，一定会出现一个更加蓬勃的发展局面。食用菌将作为一个新产业，在我国形成气候，可能形成上百亿元的产值，创造巨大经济效益，为振兴农村、山区经济，为出口创汇作出贡献。

三、发展食用菌是农村致富之路

食用菌在国外，是人们致富之路，这样的例子并不罕见。例如：在日本的大分县，他们的知县于 1979 年提出了“一村一品运动”，即在一个村庄生产出一个能打入国际市场的产品，要质量高、包装好。经过两三年的努力，大分县由一个贫穷落后的纯粮食产区转变为种瓜种豆、种果种蔬的综合发展的县，两年的时间，在九州地区成为第二号的经济大县。

去年 8 月，我们到大分县访问时，看到这个县在发展食用菌生产方面做了大量工作，菇农人均年收入达到 3600 万日元。他们的香菇（花菇）个头均匀，质量好，包装好，打进了国际市场。在这个县已形成很多蘑菇之乡。

在我国近年也出现了这样的谚语：“要想富，种蘑菇”。的确如此，种蘑菇是致富了很多人。据不完全统计，当前全国食用菌产值在 1000 万元以上的县有十几个，上海市郊有的县食用菌产值已达亿元。福建古田县仅生产银耳一个品种，年产值就达到 2000 万元以上。湖北房县木耳总产值达到 1400 多万元。江苏丹阳平菇产值达到 1440 万元。浙江富阳县双孢蘑产值达到 1200 多万元。经济收入达到千元、万元的专业户到处可见。1985 年我到福建宁德县，看到一个朋友，在家业余养菇，用 7 平方米的房屋，瓶栽银耳，一年就收入 7000 元。现在这个朋友家早成了大万元户。他们把种银耳的收入投资到养对虾上，一年收入破万元。这个家庭后来又投资 10 万元办起了一个食品杂货商店。福建龙南县有一个村，33 户，138 口人，这个地方山高、水冷、地瘦、民贫，自从引入种香菇的生产技术后，村上认真组织学习、推广，一年产香菇 4450 千克，收入 9 万元，人均收入 714 元、户均收入 3050 元。改变了贫穷落后的旧局面。

在福建古田县，从事食用菌活动已有 10 余万人，占全县农业劳动力的 1/3，去年全县食用菌产值达到 4174 万元，利税 445.6 万元，分别占全县农业产值和财政收入的 1/3。该县仅邮费收入就达 100 万元。

在南方种蘑菇是致富之路，在北方种蘑菇同样可以使人致富。黑龙江东宁县太平川农民贾风漠于 1985 年引进木耳生产菌种，当年收入 2 万元，1986 年段木 2 万根，收入达到 4 万元，今年又出售木耳干货，收入 12 万元。三年收入共达到 18 万元，成了有名的木耳专业户。

在山西临猗县，1986 年开始试种小平菇，实施国家"星火计划"，现已有种菇户 2500 户，产值达到 344 万元，纯收益 258 万元，创汇 743 美元，出现一批种菇发家的千元户和万元户。

在河南，也有搞得好的地方，例如三门峡地区卢氏县，从事食用菌栽培的农民已达到 80000 人，年产值达到 1003 万元，占全县农业总产值的 8%，成为卢氏经济的一大支柱。他们正计划组织全县的食用菌开发集团，决心在 1990 年使食用菌产值达到 5000 万元。打算在近三年内创产值 1 亿元，出口创汇 1000 万元。

食用菌生并不难。福建周宁县纯池乡林之大队张万滨说："我于 1981 年订了《食用菌》杂志，开始学习；1982 年开始从事食用菌生产，当年制香菇 200 袋，银耳种 600 袋，当年收入 2100 元；1983 年又开始种茯苓；1984 年出售茯苓菌种就收入 5600 元，加上香菇收入 400 元，比 1983 年翻了两番。"

浙江武义县车苏村 27 岁青年李明，5 年多来，用木屑、棉籽壳、稻草等栽培香菇、银耳、平菇，年收入达到 4000 元。湖南城步苗族自治县塔溪乡大桥村农民艮杰，近年来利用废木资源种植香菇，年收入达到 1500 元。

山西省农科院玉米研究所，研究成功在玉米田内套种凤尾菇，平均产量达到 2000 千克，纯收入 1000~1500 元。1986 年套种 30 亩平均亩产 1800 千克，纯收益达到 1200 元（当地销售），如在北京，纯收益可达到 3600~4000 元。并且由于蘑菇增加了玉米地的肥力，可使玉米增产 10%。

江苏在十个县的稻田内套种平菇，也获得了成功，平均每亩稻田可采平菇1000千克，仅此一次收入超过1000元。水稻亩产还超过500千克。农民把这种种植称为稻田菇园。专家们认为，江苏北纬30度到35度之间的杂交稻田，都可以种植平菇，夺得高产。具体做法是把代料培养的香菇菌种塑料袋，套放在稻田的垄间，每袋菌种可采菇5~6次，一亩试验田，收稻谷547千克，收平菇2155千克，纯收入高达4500元。

菇类还可以与蔬菜套种，在黄瓜、刀豆、虹豆、番茄架棚下种菇，或在辣椒、茄棵下套种，都可以提高多种指数，获得更大收益，一亩纯收入达到3000元。

由上看出，发展食用菌生产，是很有潜力的，它对于农村致富确实是一条有效途径。

四、食用菌的生活要求及生产技术

（一）生活方式

所有的菇类都不形成叶绿素，它不能像植物一样，靠光合作用利用二氧化碳合成糖类。当然，菇类也没有像动物那样的吞噬器官，可以靠吞食多种食物度日。所以菇类的生活，只能依靠腐生生活或寄生生活从死的或活着的植物体内吸收营养以维持自己。

菇类的营养器官是菌丝体，菇体靠这些菌体深入到土壤、树木或人工提供的基质原料中，分解基质，吸收营养。

菇类在自然界里，由子实体（膨大的菌丝体，蘑菇的孢和柄都称为子实体）成熟而放出孢子，这些孢子靠风、水以及人和动物的活动进行传播，当遇到合适的条件时，孢子萌发，形成菌丝。不同性别的菌丝生长到一定的时候，便互相亲和纽结到一起而成原基，最后长成子实体，有些菇类菌丝无性别分化，任意两条菌丝都能结合而形成子实体，子实体成熟后又产生孢子，孢子再形成菌丝体。菇类就是这样传宗接代，繁衍子孙的。一个子实体产生的孢子量是很多的，通常可以生成10多亿到900亿个，有人测算一个平菇产生的孢子为663亿~855亿个，可见其繁殖能力非常巨大。

菇类所需要的营养物质同动物有近似之处。不外乎是碳源、氮源、生长因子、无机盐和水五大类。

菇类利用的碳源多是植物的残体，如废木材、锯末、稻草、棉柴、棉壳、谷糠、淀粉、糖类等，都可以作为菇类生命活动的能量来源和建造自身骨架的物质基础。

一般的稻秆都含有丰富的纤维素，纤维素是由葡萄糖聚合而成的，菌丝体并不能直接吸收和利用。但是，菇类本身可以分泌纤维素酶，通过这种酶的作用，纤维素被水解成为葡萄糖后便可为菇类的菌丝体顺利吸收。

菇类利用的氮源，来自腐殖质或稻秆、树木中的蛋白质，以及土壤与堆肥中的氨态氮，米糠、麸皮常是培养菇类的良好氮源。菇类在利用蛋白质作氮源时，也靠其分泌蛋白酶，将蛋白质分解为氨基酸后，才可以被菌丝体吸收，再用来合成食用菌本身的蛋白质。

菇类所需要的无机盐有钾、钙、磷和其他微量元素等。这些元素是菇体成分的重要因素，也是其生命代谢活动中不可缺少的活化剂。这些无机盐在自然界的稻秆、堆肥和土壤中都可以满足。

生长因子，对菇类生长是不可缺少的，例如 B 族维生素、核酸碱基等对于生长的起动是十分必要的。不过这些物质，一般在米糠之类的物质中都已经含有，除了在实验室中纯培养菌种时需要补充外，通常培养时不需要单加这些物质。

水分不仅是菇类子实体的重要成分，而且也是它进行新陈代谢吸收营养时必不可少的介质。菇类生长的水分主要来自基质，只有水分供应充足时，才能形成子实体。一般雨后见蘑菇生长，也是这样的道理。在法国有一句谚语和中国谚语表达的意思是一样的，中国形容生长发展快速多用“犹如雨后春笋”，而法国则用“犹如雨后蘑菇”，确实蘑菇之类在雨后的生长是极为快速的。

菇类的生命活动，还需要氧气。空气不新鲜或菇房中含二氧化碳过多时，会影响菌丝体的生长，特别在子实体形成之后，二氧化碳的毒害作用就更明显。双孢蘑菇在 10%二氧化碳浓度下，生产量仅为正常空气下的 40%。

此外，菇类的生命活动，对温湿度和 pH 的要求也比较严格。各种食用菌要求温湿度和 pH 范围如表 7 所示。

表7　几种食用菌对温湿度和pH的要求

种类	菌丝			子实体			菌丝生长适宜pH
	温度（℃）		相对湿度（%）	温度（℃）		相对湿度（%）	
	范围	适温		分化温度	发育温度		
双孢蘑菇	6～33	24	60～70	8～18	13～16	80～90	6.8～7.0
香菇	3～33	25	60～70	7～21	12～18	80～90	4.0～5.4
草菇	12～45	35	60～70	22～35	30～32	85～95	7.5～8.0
黑木耳	4～38	20～28	70～80	12～27	24～27	85～95	5.0～5.4
银耳	12～36	25	70～80	18～26	20～24	85～95	5.0～8.8
平菇	10～35	24～27	80	7～22	13～17	80～90	5.5
猴头	12～33	21～24	70～80	12～24	15～22	80～85	4
金钱菇	7～30	23	80	5～19	8～14	90	5.4～6

（二）生产技术

食用菌类，本来就自然地生存于树林、山坡和草原。这里要讲的生产技术，主要是模仿它们在自然界的生活条件，实现人工栽培的有关技术、自然接种技术和代料栽培技术。

1. 种子的培养技术

如同种庄稼一样，种养食用菌，也需要插种（专业用语叫接种），这个种从哪来呢？

（1）可以直接由自然界取来菌丝作为种子，例如种香菇、木耳，都可以由自然界长有木耳、香菇的木头上取来菌丝作为接种的种源。但这种办法最为原始，菌种不纯，成活不高，效益不好。

（2）固体培养，首先向其他生产单位或研究机关要来试管菌种，然后自己为菌种的扩大繁殖制备培养基。一般培养基含有1%蔗糖、20%米糠、70%木屑（或麸皮）、1%石膏等成分，用水配制后，装入瓶内，放在消毒锅内，用高压蒸汽灭菌，没有高压锅的，也可以用蒸饭锅在常压下间歇灭菌，即在

100℃蒸3次，每次30~60分钟，每次蒸后放置24小时，连续3次。待冷凉后，就可以把索取来的试管菌种接入培养基。接种过程可在无菌室内进行，也可以在蒸汽压力区进行，以便保证无杂菌感染。

接种后，把瓶放入木架上，在适宜温度下培养，一般35~40天，菌丝长满瓶（草菇长得快，15天即可）。种子培养好后，即可用来向大生产接种。暂时不用的，贮存黑暗、干燥、凉爽、干净处。

（3）液体培养技术，所有的真菌，都可以在其提供必需营养的情况下，于发酵罐内，以液体形式进行培养。近年来用这种方式生产食用菌种，速度快，效益高。香菇、木耳、虫草菌种的生产，都运用这种办法取得成功。

2. 栽培技术

（1）段木培养法。香菇、猴头、木耳、银耳等食用菌，本来就生产于自然界的朽木上。所以，最早的这些食用菌的种植方法，便是模仿自然条件，利用段木进行栽培。现在香菇、平菇、猴头、木耳等，仍有相当部分沿用这种方法进行人工生产。我们在日本看到的花菇栽培也是采用这种方法进行的。

用段木栽培菇类。一般选择阔叶树木料为宜，而且应是树皮厚薄适中，不易脱皮的。常用树木有栎树、枫树、柞木，要求直径5~10厘米，长1米左右，要求段木含水量约40%为宜。接种时间，在湖北河南南部以2月下旬为宜。接种过程：一般先打孔，然后放种，放种后加盖子。孔深1厘米，孔距15~20厘米，行距8~10厘米，用捧式接种器，把培养好的菌种压入孔内，然后立即盖上盖子，用锤敲紧。

接种后，要上堆发菌。一般把它们立蔷堆放在一起，在林下放置或在平地用茅草覆盖，在日本则用塑料大棚，内有遮阳布。要控制空气的水分，发现杂菌要立即刮除。待几个月后有菇蕾出现时要注意浇水催菇。

（2）代料培养。现在很多食用菌都可以用人工培养基质代替木材等进行培养，这叫代料培养。用于栽培菇类的原料很多，锯末、棉柴、棉壳、马粪、蔗渣、稻草、麦秸等都成了培养食用菌的好原料，代料培养时，常用几种原料混合，也可以使用单一原料。例如生产双孢菇可以用稻草3份、马粪7份、石膏粉0.1份、过磷酸钙0.1份进配合，堆放发酵后，即可用来进行培养。而栽培平菇时，则可以用棉壳或稻草单一原料进行培养。

代料培养时，有多种培养方式，有堆培、瓶栽、袋繁等技术。例如培养灵芝、香菇等，把代用原料装塑料袋进行培养，菌丝形成后，在袋上挖些洞洞，然后，即可由各个破洞口长出子实体。

在代料栽培蘑菇场所方面，有使用菇房的、有使用地道的、有使用采石洞或防空洞的，最近在农村又开发出地沟栽培技术，这种技术利用了地沟冬暖夏凉的优点和覆盖塑料膜聚光增温的效应，容易控制光、热、汽、湿四大条件，能够在北方延长种菇期限，而且投资小，简便易学，人人能干。

此外，还有稻菇套种、菜菇套种和在玉米地内套种蘑菇的方法。去年江苏省在十县实行杂交稻与平菇套种，在稻子分蘖后的田内，放入接种的袋装营养料（棉籽壳），在7月中旬便可以采菇。一般营养料接种后，要先放置一段时间，长满菌丝后才放入稻田。稻田间隔，留有操作行距。玉米田里种凤尾菇，不需要袋装，一般用玉米79%，阔叶树锯末20%，生石灰1%。在玉米苗高达1米左右时将培养料铺在田里整好的沟底内，先铺两寸厚，撒上一层菌种，然后铺1.5寸厚的料，用木板拍实后，再盖1厘米厚的细土，并敷上薄膜。出菇前控温30℃以下，注意排水浇水。实践证明，如果搞得好，产量可达2000千克，纯收入可达1000~1500元。

五、开发食用菌的条件与措施

（一）条件

食用菌的发展，一般应具备如下条件：

（1）要有原料资源。食用菌原料种类很多，一类是阔叶段木，如栎树、板栗树、桐树、槐树，可用来生产香菇、木耳、银耳、平菇等。二类是糠壳、马粪、牛粪、玉米心、麦秸、稻草等，可用来生产双孢菇、草菇、平菇等。

三类是工业下脚料，如废棉花、茶渣、甘蔗渣、木屑等，可生产香菇、草菇、平菇、猴头等。

（2）要有较多的安心于这项事业的劳动力。应有一批为振兴地方经济敢于开拓的有志之士。

（3）要有适合的气候条件。一般来说在5℃以上、27℃以下的气候区为最适宜，海拔700米以上较好。但因食用菌种类不同，各地都可以因地制宜发展不同的食用苗，如果人工控制小气候，实行工厂化生产，那么各种菇类在南北各地均可生产。

从以上条件考虑，食用菌可以在我国广大城乡分门别类地发展。我国每年产粮4亿吨，秸秆产量为6.8（4×1.7）亿吨，若用其1%来生产食用菌，即可产菇类680吨。所以，为了改善人们的生活，搞好农副产品的增值，振兴地方经济，发展食用菌是值得干而且可以干好的一项事业。

（二）措施

要想在一个地区把食用菌发展起来，并形成气候，创造一定产值和利润，必须有如下措施做保证：

（1）要做好宣传和组织。要让群众了解发展食用菌的意义，认识发展食用菌是致富的途径之一。要改变只知种粮种豆，不愿种果种菜的传统观念，要向群众传达信息和灌输商品经济观念，重视商品生产，引导他们向沿海地带和发达地区学习。

（2）要抓好人才培训。一切落后，均是人才落后导致的。要想致富，必须培养人才，发展食用菌生产，同样也需要培养人才，福建省为了发展食用菌，仅1985年，就办500期学习班，培养28000人，而且在全省建起10000个食用菌科技示范户，以点带面，全面发展。山西临猗县为了发展食用菌，一年办了130多次学习班，培养6000多人。只有大力培养人员，才能促进新技术、新经验的传播，才能推动面上的发展。

（3）要求菌种的统一供应。食用菌生产的关键是菌种。由于制种比较复杂，无法让千家万户进行这项工作，只有定点建立菌种站，保证菌种的供应，才能促进千家万户参加食用菌的生产。但是二级母种，要引导和培训菇农自制，这样可以降低成本，提高菇农收益。

（4）要解决必需的资金。起步资金在落后山区是发展食用菌的一大问题，只有宣传，不解决资金，难以迈开第一步。根据外地的经验，最好由县乡搭桥，统一贷款，以克服资金困难。

（5）要统一组织原料，设立原料供应站。因一家一户购买原料困难大，花钱多，而且容易把价格竞争上去。为解决这一问题，应在一定范围内，组织原料供应站，进行原料和药品的采购，做到服务到村、送货上门。

（原载《应用生物学杂志》）

日本“一村一品运动”考察报告

1986年8月

一、考察概况

为借鉴日本大分县开展的“一村一品运动”的经验，国家科委生物技术及“一村一品运动”考察团一行五人，于1987年7月24日至8月6日赴日本考察了大分县开展“一村一品运动”的情况和经验。

这次考察，由于得到了中国驻日使馆科技处的大力支持和日方接待单位三菱商事株式会社的密切合作，使考察进展顺利。在12天的访问中，中国驻日使馆科技处和三菱商事株式会社自始至终派人陪同，参观活动安排得十分紧凑，所到之处接待单位都表现出很大热情，较详细地介绍情况、提供资料和给予参观现场。

二、“一村一品运动”发生的背景

作为大分县振兴地方经济的运动，“一村一品运动”已经取得了重大成就，对地方经济的发展已经产生了重要推动作用。

“一村一品运动”的发生背景，首先与大分知县平松守彦到大分任职有关系。

平松守彦1979年由国家土地厅派往大分县任职前，因为70年代的日本工业化快速推进，大分县的农业人口大量流入城市和发达地区，农村经济发展缓慢，农民收入甚低，在大分工业基础本来就相对薄弱的情况下，大分县的经济十分落后。

平松守彦知县为了推进大分县的发展，多次深入村镇调研，他发现由于大分经济落后，人们对大分发展失去了信心，人口外流，农民减少是这个地方经济发展缺乏活力的根本原因。为此，平松守彦便设想，要振兴大分经济，一是必须号召大分人热爱大分、建设大分；二是必须要有一个大分经济发展的抓手和方略。于是大分县就此提出了在每一个村发展一种可以对外销售的产品，即用“一村一品”来带动大分经济，同时提出了“热爱大分、建设大分”的口号，激励大分人留在家乡参与这个“一村一品”的发展运动。这就是“一村一品运动”发生的背景，也可以讲“一村一品”是使大分摆脱贫困落后，为致富大分而奋斗的一个由大分政府领导推动的群众运动。

三、“一村一品运动”的具体内容和运作模式

“一村一品”，字面理解就是一个村发展一种商品，可以是农业的，也可以是工业的。这本身最大一个特点，就是各村利用各村的优势，面对市场需求，做到“八仙过海——各显其能”。改变了原先种稻、种麦的老传统，开拓出种瓜、种豆、种菜、养鱼、养虾、种菇和发展种花与编织等新产业。考察期间，我们在大田村看到的蘑菇生产场就是一例，大田村是个山村，有较多山地，种着松木和栎树。“一村一品运动”实施后，这个村利用林间的空地，将很多松木、栎木截成 1 米左右的长度，通过人工接种蘑菇，将其斜放在阴湿的林中，我们在现场看到很多段木上长满了花皮蘑菇。还有一个村，他们专门生产柠檬，我们到的时候正是收获柠檬的季节，很多农民正在现场采摘柠檬，有的在那里装箱，准备将其运往东京。

鉴于“一村一品运动”，有一些是由当地特产做大的，有一些是由外面引入的，本身产品做强做大也好，由外面引入新产品让其就地落根也好，都是需要人才的培训的，都是需要技术的指导的。为此，大分县专门成立了“一村一品”指挥部，作为政府行为进行组织和推动。同时，组建了“一村一品”协会和各种专业协会，通过协会，引进作物品种，培训专门技术人才，并建立了协会与农户的联结机制，让专门技术人员深入农村，指导农民，解决“一村一品”生产与发展中可能遇到的各种问题。

我们在大分看到的配餐西红柿的种植，就是需要技术指导的。这种西红柿不同于一般西红柿，这种西红柿穗状花，结果后形成穗状，个小，色艳，形似樱桃。而这种西红柿种植是外地引入的，要建设配餐西红柿生产大棚，保一年四季可以生产。所以在种植与管理方面都要有一些特别的技术要求，

以保证配餐西红柿正常生产，并产生较高收益。

四、“一村一品运动”的产品经营及效益

在我们同平松守彦知县的交流中，他认为搞好“一村一品”的关键是产品的经营，每种产品都要寻到好的市场，才能保障农民利益。他还认为，要打开产品市场，必须要把产品推到外地去。

为了帮农民打开“一村一品”的市场，县里和协会都设立有信息机构，与外地联络，取得市场信息后，及时传递给农民，从而保证了“一村一品”的顺利运行和日益兴旺。随着大分县，区域经济规划的制定和工业产业的引进，尤其是高新技术的发展，大分县经济实力迅速增强。我们去到大分时，这里已建起港口和机场，这也为“一村一品”的发展创造了更好的营销条件。很多农村，根据大分“临空农业”和“临海农业”要求，充分利用港口和航空优势，及时地把产品运到日本各地，直至出口国外。

我前面提到的柠檬、西红柿和花菇收获后，当天就可以通过航空运到东京等地。由于技术不断提高和产品销路的畅通，“一村一品”给农民带来了很好的效益。大田村的蘑菇种植，一个种植场 6 个人，每年创产值 3000 万日元，净获利 1500 万日元，人均收入 6.7 万元人民币。而配餐西红柿的种植，6.5 公顷的土地，年产配餐西红柿 250 吨，按亩计收益，每亩地一年收入可达 5000 元人民币以上，有着很好的经济收益。

五、“一村一品运动”对大分经济的带动和影响

1979 年平松守彦知县走进大分，启动“一村一品”不到八年的时间，利用大分农村、山区特有的条件，依靠广大居民“热爱大分、建设大分”的精神，不断加强信息工作，引进高新技术，已生产出 250 多种各具特色的、品质优异的产品。如今大分县不仅形成了“临空农业区”“临海农业区”“香菇之乡”“海洋牧场”等农村牧渔产品中心，而且出现了“软件园”，新产业都市等电子工业基地。由此，大分的投资环境大为改善，吸引力、凝聚力不断增强。日本很多大公司，如新日铁、索尼、佳能、石井、三菱等 30 多个公司相继在大分建起了高技术产业和研发机构。与此同时，旅游业也在兴起，大分山青、水绿、环境优美，正孕育着新的腾飞。“一村一品运动”也在日本引

起强烈反响，日本通产省已作出决定，召开都、道、府、县交流大会，动员各地以大分“一村一品运动”为样板，展开自助生产，发展地方经济。

六、关于在我国广大农村推广“一村一品运动”的建议

（一）大力传播“一村一品运动”的发展理念

日本大分的“一村一品运动”，经我们考察认为，这是一项十分有效的振兴农村地方经济的举措，值得我们关注和学习。我国是一个农业大国，引进“一村一品运动”推进农村发展，不仅是发展和致富农村的需要，也是整个国家发展与崛起的需要。为此，要广泛传播“一村一品”的理念，改变种粮、种稻的惯性作业，提倡种瓜、种豆、种果、种蔬，一方面丰富市场需求，另一方面促进农民增收。

（二）把“一村一品运动”的发展思路列入国家与地方发展规划

任何新鲜事物和新经验、新举措的推进，都需要有政府的关注和领导，如果能够把“一村一品”列入国家和地方的总体发展规划，将其作为我们发展的重要内容、重要举措，就一定会对上对下产生重大影响。也只有将其纳入规划，才能有资金、人才和技术的保证，才能保证“一村一品运动”在更广范围内顺利推进。

（三）要借鉴日本大分的经验，动员各地群众热爱家乡、建设家乡

“一村一品运动”之所以能够取得成功，是与平松守彦知事这一认识和这一理念的提出分不开的。平松守彦作为国家土地局的官员被派遣到大分县担任知县后，他发现这里因为贫困，农村青年大批外流。为解决这个问题，平松守彦提出了“热爱大分、建设大分”的口号，有了当地居民对当地的热爱，才可能有加强当地发展的坚强动力。为了推进中国农村发展，我们也要让当地居民爱家乡、建家乡，要善于总结和挖掘各地发展的有利条件，展示美好的发展前景，让更多的年轻人为振兴家乡努力奋斗。

（四）要专门培养一批发展“一村一品”的乡土人才

要搞好“一村一品”，重要的是人才。人才不仅决定现在，更决定未来，“一村一品”搞起来，需要多种多样的种植人才，养殖人才、植保人才、信

息人才、销售人才。我们一定要利用学校阵地，更多培养人才，也要组织培训班，进行技术培训，还要组织干部与科技人员到外地参观考察，开阔眼界。

（原载《现代化工》）

国外“公司+农户”的五种类型

1989 年 11 月

公司制经济组织是当代经济管理的重大创造，也是现代经营的最好模式。公司制经济组织不仅在工业领域得到了推广和普及，而且也在世界各国的农业领域内得到了广泛应用。一些国家在发展“一村一品”、促进产业和特色产业的发展过程中，大多都建立了“公司+农户”的专业合作组织，实现了种、养、加或产、供、销的一条龙，把市场经济体制引进了农村，推进了分工合作，提高了工作效率，推广了科学技术，拓展了产品市场，加强了民主管理，致富了广大农民。

近几年，就曾先后在日本、美国、加拿大和奥地利等国家考察了一些公司制农业合作组织的经营状况和发展过程。例如，奥地利咪丽米牛奶专业合作社，它是在以奶牛养殖为支柱产业的农村建立起来的，拥有社员 5000 户。该专业合作组织实行公司化经营，社员均拥有公司股份，是当然的公司股东。公司设董事会和监事会，监督和指导公司的管理和运营。公司除了负责向农民供应饲料、购置机械、提供运输和在国内外设立产品销售店铺外，还组织奶品的系列加工及兼营肉、蛋、酒类及果汁的生产等。他们富起来之后，又发展起旅游和酒店，使盈利的领域进一步拓宽。这样的农业专业合作社就像集团公司一样，不仅为股民提供了服务，开拓了市场，而且为农民创造了更多财富。

又如，日本北海道的一家农业协同组合包括 600 多户人家。在 20 世纪 60 年代，这些农户只会种马铃薯，收入都很低。待其农业协同组合建立后，便搞起一个土豆淀粉加工厂。刚一起步就使农民尝到了甜头，见到了效益以后，他们又办起一个以淀粉为原料的葡萄糖厂，使马铃薯进一步增值，农民进一步增收。这个农业协同组合，按照公司制进行经营和管理，不仅把产业扩大到机械修配、生物工程、产品加工，而且还把销售网点建到了大阪和东京。后来，他们还建立了生物工程研究所，用水培技术生产的网纹瓜、西红柿可以一年四季向市场供应。由于这个农业合作组织走向了公司化经营的现代农业产业之路，他们虽然所处地理位置十分偏僻，气候条件比较恶劣，但仍然促进了农民致富。我们在当地看到的农户，都有舒适的庭院，宽敞的住宅，自家的农机、大卡车、农用轿车和丰厚的银行存款等。

为了用现代经营形式推进农村经济发展，很有必要参考国内外的先进做法，结合我国农村合作组织的建设，积极倡导农村的公司化经营道路。根据中国农村实际情况，农村的公司化经营可沿用以下五种类型：

第一种类型：维持土地经营权不变的双层经营的模式，建立专业性合作组织（见图1）。

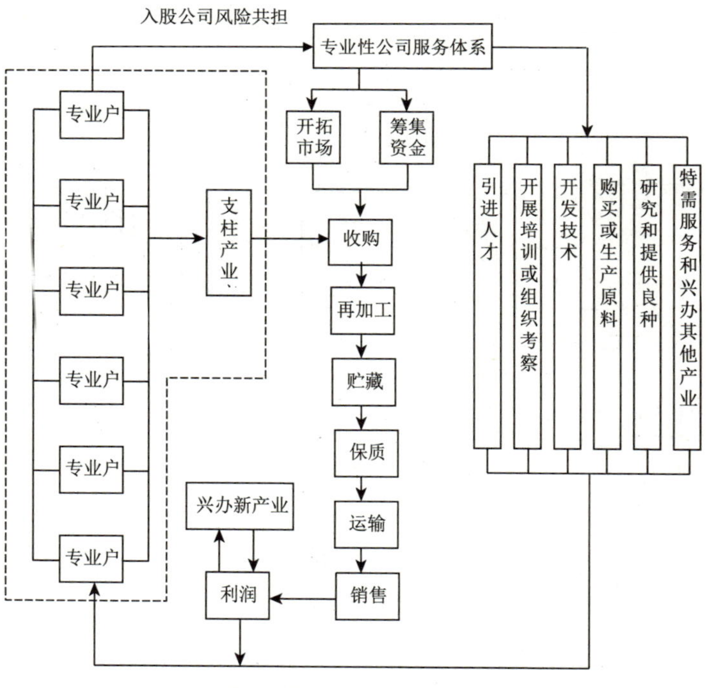

图1 专业公司模式的“公司+农户” 示意

注：虚线内为个体经营层。

这种模式适合于已经有了支柱产业的村和镇。支柱产业的发展，专业户的大量涌现，各专业户共同从事某项农牧产品的开发和生产，而农户本身又因人手不足，出现了销售产品与供应原材料的困难，有时虽然有中间商直接登门购买产品或上门供应原材料，但往往是低买高卖，给农户带来很大的经济损失。为了克服专业户卖产品和买原料的困难并抵制奸商的盘剥和欺诈，同一地区、同一村镇的农户共同组织起属于自己的专业性合作组织，建立起专业性服务公司，开展专业户产品的营销、加工，并由公司组织对专业户的各项服务。这样的专业性服务公司，可以是一个地区有一个，也可以是一个地区有几个，这要看当地的支柱产业种类，如果既有养牛的，又有种菜的，还有种水果的，也可以分别组织牛奶公司、蔬菜公司、水果公司等。公司的启动资金可由农民集资入股，更需要银行贷款给予支持。

第二种类型：可以把土地、公共资产全部股权化，建立综合性服务公司（见图2）。

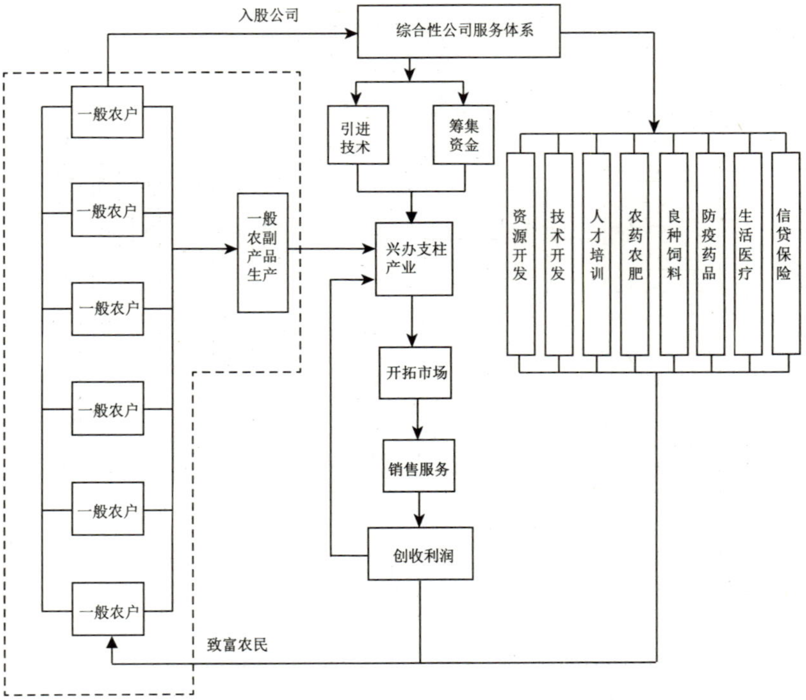

图2　综合性“公司+农户”示意

注：虚线内为个体经营层。

这种模式，适合于尚没有支柱产业，或有集体经济而经营效益不佳的情况，为改变单一种植业经济效益不高和集体经济缺乏生机的现状，大家组织起来，在银行信贷支持下，通过公司的管理服务模式，实行“资产变资本、农民变股东”，并以公司体制，把农民发动起来，发展支柱产业和新兴产业，促进农民增收，促进农村致富。

无论是第一种类型，还是第二种类型，都需要做到“以人为本”，在农民入股公司时一定要根据自愿原则，进出自由。农民入股公司的资产（包括土地）或应占有的集体资产股份，都要做认真评估、合理界定，做到公开透明、公平公正。公司的管理一定要民主，股东大会是公司的最高权力机构，公司资产的处置非经股东大会同意不得随意转让。集体的资金，不得随意挪用。公司实行董事会管理，总经理负责，让农民参加监管，企业的红利按股分红。

第三种类型：现代化企业介入农业生产组成的生产、加工、供销和技术服务体系。

这种服务体系，在经济发展中国家十分需要，特别对那些贫困地区，在农民缺乏经营能力和市场信息的情况下，能够有大型企业介入农业生产，组成生产加工和供销技术服务体系，这对于落后地区改变贫穷的面貌是十分必要的。

一个地域可以有一个现代化企业介入进行综合服务和多种产业的开发，也可以有两个以上的企业介入，各自根据专业特长进行不同产业的开发和服务。例如，养殖性企业，在它走进农村后，可通过提供优良品种、饲料配方、防疫措施和收购产品，做到使农民有利可图，而且公司本身也得到了较好收益。

第四种类型：集体农庄型的合作经济形式。

这种形式在苏联、东欧、以色列居多。我国过去的农业合作社、人民公社与此有相似之处。这种合作形式，不存在农民个体经营的细胞，一切生产资料均划归集体所有，作为生产集体可以进行公司制经营和管理，由固定数量农户产生董事，董事会为最高决策机构，农庄的公司可开展多种经营，开办工厂、酒店和多种服务性经营，其利润按股分红。

第五种类型：生产、经营的完全社会化。

产、供、销，以及技术服务、防疫服务、土壤分析服务，等等，均有专营公司，农业生产单位同供销及其他服务部门都有密切的联系，互惠互利，互相依存，随叫随到。这种完全社会化的经济服务体系，多出现在经济发达的国家。由于它们交通、通信都十分发达，所以生产部门仅靠电话就可以解决原料的供应和产品销售，以及其他需要服务的诸多问题。我们在加拿大看到一个四人办的万头猪场，还有三兄弟办的一个3万只鸡和450头奶牛的养殖场。他们除了依靠机械化操作之外，其他服务包括产品销售等，都是靠社会化的服务体系实现的。

为了使“公司+农户”的经营形式能在农村得以落实，还需要大力发展农村支柱产业，建立农产品加工工厂，放宽农村公司的注册条件，加大对这种公司的科技支持力度和金融扶植贷款，尤其要从税收方面给予必要的减免。另外，考虑到公司化道路的人才需要，还需由政府出面，专门为农村进行公司化经营，组织和培训领军人物及各种管理人才，以此促进农村“公司+农户”经营形式的新突破，促进现代农业的大发展。

（原载广西出版社出版的《农村服务体系建设》）

扶贫工作当总体推进

1997 年 3 月

扶贫工作已取得很大成绩，现在贫困人口降到了 5800 万人 。这与我在 1980 年第一次听到贫困人口数量为 8000 万人相比，已经减少了 2200 万人。

尽管如此，我们仍不能有丝毫的松懈情绪，扶贫工作的任务依然任重道远。即使按去年较高的扶贫速度推算，21 世纪能否全部脱贫，还值得研究。原因在于：第一，有的地方脱贫之后又返贫；第二，扶贫对象本身大部分还是农业人口，他们还是靠天吃饭，水、旱、雹、涝等自然条件人们还不能完全控制，农村脱贫有很大不稳定性。另外，现在所定的贫困线也会由于国家的发展、东部的发展及物价上涨而有所改变，并且会因为脱贫标准相当低，有可能在达到全部脱贫后又陷入相对贫困。

扶贫究竟应怎么扶呢？以己之见，必须要总体推进。

一、扶贫应作为较长期的、战略性任务，要制定总体扶贫战略

仅头痛医头，脚痛医脚，不能解决扶贫，或提出措施不认真落实，也将很难有预期效果。因此，有必要由国务院牵头，组织各有关方面专家，包括交通、建设、旅游、资源、社会发展和农业生产等方面的专家，进行全国的调查，制定宏观战略规划，做到从上到下的宏观与总体推进。

二、扶贫工作要抓紧贫困地区的交通网络建设，特别是公路和铁路网络

贫困地区，一般说来交通条件都较差，“要想富先修路”这是很有道理的。铁路比公路用地少，污染程度轻。因西部地域广阔，应首先抓铁路建设，并需加大公路建设力度，特别是贯穿几省的公路一定要修好。

三、扶贫工作要加强城市网络建设，大力推进城市化

从历史、实践经验看，凡靠近城市的地方，一般都较早富裕起来，由于城市集中有大量第二、第三产业，可以吸纳一大批劳动力就业。

要想提高劳动生产率，必须创造条件让人们相对聚集，而只有推进城市建设才能达到聚集的目的。在人聚集之后，就有了市场，商品经济才能更活跃，包括农村产品也才有更好销路。因而城市化是贫困地区脱贫的一个重要启动点。在贫困地区要推进城市化、并要建立“首领城市”，以增加凝聚力和辐射力。

四、在投资方向上，要对贫困地区给予大力倾斜

在20世纪80年代初以前，国家整个财政资金走向是拨款制度，银行的钱都是国家的钱，东部得到很多好处，取得较多投入，形成了它的工业和产业基础。在拨改贷后，东部地区已有吸纳贷款的载体，有了可以用作担保的资本，一些发达地区，贷款规模额度大，贷款的路子比较宽，银行支持较多，所以它们自我发展能力比较强。

相反，中西部由于开始未建好应有的产业基础，缺乏吸收贷款的载体，甚至没有可以用以吸取贷款的担保条件，缺乏自我发展能力。

迄今为止，我国资金流向是靠载体牵引的，靠效益驱使的。其结果是资金流向多为锦上添花，较少有雪中送炭，富的地方越来越富，穷的地方越来越穷，资金差距也越大。宏观上应高度重视财政与金融的配置与投入方向，向贫困地区大力倾斜，避免事实上可能出现的两极分化。

五、放宽产业政策，允许贫困地区进行外延发展

现在我国产业发展方向，多数都在推进内涵发展，反对铺摊子，搞外延。这对防止小而全，防止资金分散，使产业成规模，更好地创效益是十分必要的。但从扶贫角度考虑，在中西部一定要铺一些摊子，搞一些外延。不这样，西部就无法发展。

对于市场好的产品不管在东部扩展有多大效益，都应考虑和鼓励这些企业在中西部设厂，特别是在一些贫困地区设厂，对中西部贫困地区，应培养

真正的经济增长点，包括汽车、计算机。尤其要鼓励名牌产品在中西部建生产基地，建分厂。

铺摊子，并不一定要受资源、人才的限制，据目前情况，只要交通方便，资源实际是大家共享。东部许多地方并没有资源，照样干了很多大事，只要产品效益好，人才照样可以吸引来。在我们北海，就有这个体会，虽然炼油厂用的原油是从黑龙江省大庆油田调入的，而在企业中仍是最大交税户。因此，不能因为资源缺乏，就限制贫困地区的产业发展。

六、扶贫工作要重视干部的观念转变

落后地区本身，最大问题往往是思想贫困。干部相对知识欠缺，眼界较窄，对外面世界了解较少，观念比较落后，因而不能及时抓住信息，抓出效益。

转变观念，不是通过说教或他们自己读点什么书就可以做到的。要亲自去看，去领略，甚至多次接触才能有所转变。可考虑在发达地区开办包括讲解与参观相结合的培训学院。同时，国家每年应从扶贫基金中切出供改变观念的培训费，使贫困地区干部有机会到珠江、长江三角洲看一看，多听人讲一讲，包括企业家和农民等，都应通过不断培训，多接触外面的世界，这对转变他们的观念，解放他们的思想都有特别的意义。

过去反对考察旅游，其实许多干部转变观念就是在考察和参观中转变的。让后进地区干部到发达地区挂职锻炼也不失为一种转变观念的方式。同时也有必要从发达地区选择一些思想开放，具有拼搏精神，又能全心全意为人民服务的干部，到中西部地区、贫困地区挂职，为那里的发展传授经验。

现在干部交流主要停留在省级，地市级数量很少，我主张扩大地市县的干部交流。

七、推进中西部科学技术的普及与技术推广，创造一些农业开发区和示范点

扶贫工作要组织一些层次高的技术推广队伍，同时要鼓励一些民营企业，包括国营企业到贫困地区建立公司和龙头企业，增加面向农户的服务体系。国家还应投资，在一些偏远的贫困地方创建农业开发区和示范点。

八、立足长远，必须搞好治穷先治愚

希望工程现在解决了一批辍学者，但实际辍学的有4000万人，广西有一县，初中辍学率为50%，高中辍学率为80%，这种情况不从现在着手改变，若干年以后，不贫困的也会贫困。所以不能满足一个希望工程，要着手加大对教育的扶持和投入，国家对落后地区要多些关注，推进义务教育和文化建设要舍得花钱。

九、鼓励一些发达地区开办扶贫工业园

在扶贫园区内建立专门接纳贫困地区子女就业的企业，使更多的贫困地区的剩余劳动力走进发达地区务工劳动，让贫困地区家庭能因此成为工农结合户，可以得到外面更多支持，也可以得到一部分工资的扶植。这样，工农结合的家庭一般都可以在不太长时间内脱贫，起码不至于太贫困。

十、大力推进东西部合作

对口帮扶，是行之有效的。县有县的扶贫对象，乡有乡的扶贫对象，造成一个声势浩大的合作推进扶贫工作的群众性运动。东部县、乡、镇数量很多，可以对贫困地区进行一对一扶贫。要由国家牵头，每年举行东西合作洽谈会，为东西合作牵线搭桥，为贫困地区开发创造条件。

（原载《中国农民》）

大力推进城市化是最终解决我国农村和农业问题的必由之路

1998年6月

纵观古今人类社会发展历史和海内外经济发展与社会进步的过程，我们不难看出，城市化对社会进步和经济的发展起着决定性的作用。面对我国经济发展的诸多困难，且尚有9亿人口滞留农村的实际国情，我们不得不认真地考虑城市化对解决我国农村和农业问题的重要性。

实践证明，经济社会的发展是以提高劳动生产率为标志的。城市的形成和发展促进了劳动生产率的大提高。城市是经济发展的产物，也是经济发展的动力。因为城市聚集了人口、经济、商品、信息、文化、科技、金融和交通，它不仅为人们创造财富，提供了市场和方便，也向人们提供了分工效益和规模效益。正如恩格斯所说伦敦“因为聚集了250万人，使这250万人的力量增加了100倍”。所以，一个国家只有绝大部分人集中到城市里进行劳动，总的劳动生产率才能达到一个高水平。

我国农村和农业问题的核心是劳动生产率低下问题。我国有12亿人口，其中9亿人在农村。如此众多的人口在分散的、缺乏信息、缺乏技术、缺乏文化、缺乏管理的小块土地上从事低效劳动，这不仅是农村和农业落后的原因，也是整个国家经济发展所遇困难的根源，如果不从宏观上和战略上，采取根本措施来提高中国农民的劳动生产率问题，不仅广大农民难以加速致富进程，而且还会严重干扰全国的经济发展，并直接地影响我国第三阶段奋斗目标的顺利实现。

改革开放初期，天津大邱庄有1200人从事粮食生产，最高年产120万千克，是一个有名的贫困村。后来，该村走了发展工业，以工补农的路子，劳动力大量向工业转移，全村只留下9个人搞农业生产，全年粮食产量超过250万千克，总产量提高一倍多，人均产粮提高250倍。这一例子足以说明，9亿人口在农村，半数以上的劳动力搞饭吃，不仅没这种必要，而且也不利于提高农民的劳动生产率，不利于农业经济的大发展。

从市场经济学考虑，经济要发展，就要培育和壮大市场，市场永远是经济发展的支撑条件和推动力量。不管哪种产品的生产，最终服务对象还是人。因此，人口多的地区和国家，无疑市场发育的潜力是大的，市场的前景是好的。但是，市场并不完全取决于人的多少，市场容量的大小还取决于消费者富裕程度和购买能力的大小，取决于劳动者劳动生产率的高低和创造价值的多少。今天，我国很多商品供大于求，形成了买方市场，这不是因为没有人的需求，而是缺乏足够的购买力，归根结底是社会的劳动生产率过低，人们创造的价值有限。从另一方面讲，市场的大小也与人的聚集度成正比，人的聚集度越高，需要的服务项目越多，市场的规模就越大。而如果绝大部分人在农村，他们的消费又以饮食为主，形成半自给自足的消费状况，这必然影响整个国家的大消费市场的形成和服务行业的发展。而要改变这种状况，真正把我国的市场开发出来并使之发展壮大，必须从聚集人口和提高劳动生产率入手，尤其要把占全国1/4的农业人口的大部分聚集起来，把其劳动生产率提上去，把城市化的工作推起来，这是我国经济持续发展中具有战略意义的大事情。

为了提高农民的劳动生产率，改革开放以来已经采取了很多措施：推行土地承包责任制、大力发展乡镇企业、大搞水利建设、狠抓科技兴农，以及当前正在积极推进的农业产业化等。与此同时，在推进城市化方面，这些年也做了大量工作，我国的城市化率已由改革开放初期的12.5%上升到23%，我国的城市数量也由300多个发展到660多个。所有这些都极大地推动了农村劳动生产率的提高和整个国民经济的高速发展，为我国经济实现翻两番的目标作出了重要贡献。

但是，我们不能不看到，作为提高广大农民劳动生产率的最终出路——城市化的速度进展还十分缓慢。我们知道，很多国家都十分重视城市对经济的拉动作用，近30年来，世界上城市人口增长了5倍多，尤其发达国家都已完成了城市化。它们农业人口的比重都已降到10%以下，如美国为2.1%、法国为3%、德国为4%、瑞典为4%、英国为2.02%等。我国台湾地区经过20年的努力，从事农业的人口也降到了5%，人均所得已超过1万美元。即使这样，我国台湾地区仍然在致力于缩减农业劳动力，准备把现有的100万农业劳动者减少到30万人。在他们看来，这不仅有利于土地的进一步集约化、科学化经营，而且有利于促进工业的发展和壮大。而至今，我国还有占全国3/4的人口在农村，从事农业的劳动力仍在50%以上，这比印度还高出20%，是世界上少有的。针对这种情况，如果还不能把加速城市化提上议事日程，我国的现代化就会受阻，赶上中等发达国家的目标就会落空。

为了最终解决农村和农业问题，加速农村人口的非农转移和推进城市化进程，建议：

（一）端正认识

要认识城市是社会前进的动力，要看到我国的城市化已经大大滞后，要晓得9亿人口在农村不可能赶上中等发达国家。要知道3/4的人口劳动生产率的低下是我国市场发育的最大障碍，要理解城市化是解决农村和农业问题的必由之路。

（二）转变观念

既要转变“村村点火，户户冒烟”，发展农村经济的观念，又要转变“进厂不进城”“离土不离乡”的观念。既要克服下岗工人不可能推进城市化的保守认识，又要改变“守株待兔”等待城市化的自然观点，要相信城市化必将扩大市场需求，必将促进第二产业和第三产业的发展，必将使就业岗位大大增加。

（三）制定方略

把城市化提上议事日程，研究城市化方略，制定城市化政策，安排城市化任务，确立城市化目标，从而启动城市化，推动城市化，加速城市化。

（四）规划定点

除了制定全国性的城市化顶层规划外，重要的是各省、市要邀请专家进行规划，要从人文、历史背景和经济、交通条件，进行小城市的选址定点，促进一些新兴城市的日渐崛起和一些现有村庄的逐步消亡。

（五）消除壁垒

各国的实践证明，城市化肯定要经过一个痛苦的过程，现有城市一定要立足全局，从国家长远利益考虑，关心城市化、爱护城市化、支持城市化在城市户口管理上要打破壁垒。在地产与房屋价格上要有特殊优惠，对农民进城从事服务或开发产业要大力扶持。农民就近进入新设城市的，要防止乱收费，住宅用地可以划拨，也可用农民承包土地进行兑换等。

（六）资金扶持

城市化工作，没有资金不行。为了确保城市化的推进，从中央到地方各级财政都要切出相当份额的资金支持城市化的运作。各金融单位除专项贷款支持新设城市和旧城增容的基础设施建设外，还要支持农民在城市购买住房实行按揭贷款。此外，还要鼓励外商和民营企业向城市化投资，保证城市化的顺利推进。

总之，城市化是最终解决农村和农业问题的必由之路，城市化的工作做好了，我国农村和农业问题就好解决了。我们要高瞻远瞩，要从全局、宏观和战略上认识和对待城市化工作。千里之行，始于足下，尽早把城市化工作推上一个新台阶。

（原载《经济界》）

加速推进农业产业化，促进农村经济大发展

1998 年 6 月

一、农业产业化概况

所谓农业产业化，就是农业企业化，按照企业的管理、经营模式，推进农业生产的规模化、市场化、科学化、机械化，直到实现农业生产的现代化。

很多发达国家，随着城市化的推进，土地早已转移到少数人手中，较少的人经营较大面积的土地，大大推动了农业生产的产业化，不仅粮油、糖的生产实行了农场式、庄园式的规模化、机械化运作，而且在蔬菜花卉种植和畜禽水产养殖方面，也出现了大型的种植园和养殖场。有一些则是通过农民协会形式，建立了共同加工和销售组织或通过“公司+农户”的运作方式，实现了农业经济适应市场的产业化的不同模式。

发展中国家因看到农业产业化在国家现代化和农业现代化中的重要作用及其必然趋势，也十分重视农业产业化的推进。在调整农业产业结构、推进农业转型方面做了大量工作。实施了种养业的规模化、企业化乃至国际化发展战略。加速了农业产业化的大发展。

我国农业产业化的例子，较早产生影响的应该是对虾养殖，渤海湾曾经是我国对虾主要产地，但由于工业兴起、环境污染，至 70 年代末，渤海湾的对虾产量下降到 16 吨/年的低水平。那时餐桌上已几乎见不到对虾，即使见到了，价格也十分昂贵。进入 20 世纪 80 年代，在国家的推动下，特别是国家“星火计划”的实施，对虾养殖产业在辽宁东沟、庄河，河北唐山，山东烟台等地迅速崛起，后来又延伸到广东湛江和广西北海等地，使我国对虾养殖突飞猛进大发展。现在不仅可以吃到各种各样的大虾，而且价格比较便宜，既让人们得到了实惠，又促进了我国水产养殖业的大发展。

时至今日，农业产业化发展已遍及全国各地和农业生产的很多领域，在水产方面，扇贝、珍珠、河蟹、甲鱼、鲍鱼、鳗鱼等的养殖，都形成了较大的规模。水果生产，柑橘、苹果、桂圆、荔枝、杧果、梨、香蕉、山楂、葡萄、西瓜、草莓等，都出现了大批的农业产业。畜禽方面，无论鸡、鸭、鹅、牛、羊、猪，还是特种毛皮动物等，也都出现了一大批专业养殖加工集团，使传统产业走向了规模化、科学化和集约化。又如蔬菜种植，像山东寿光那样的蔬菜生产产业，已在全国产生了带动作用，生产蔬菜的塑料大棚已在东北、西北等寒冷地区安家落户，北方的蔬菜产业已经崛起，仅东北的辽阳市，温室大棚就已发展到16.1万亩，蔬菜产量达到67.2万吨。为了发展农业产业，一些地方调整了农业产业结构，种果、种花、种菜、种瓜的技术已大面积普及，有的县、市实行了“一村一品”或“一乡一品”，开发出支柱产业，形成了规模经济。有些地方还引进国外技术或投资，进行荒坡、荒山的开发，带动了当地农业产业的兴起，农民协会为农业产业化做出了贡献，“公司+农户”为农业产业化发挥了十分重要的作用。总之，农业产业化方兴未艾，势头凶猛，农业产业化的时代已经到来。

二、农业产业化的作用

（一）有利于现代化经营模式的示范，推动小农经济向规模经济转变

产业化的农业产业，一般都有一定的规模，都应用现代企业管理的模式进行经营，极有利于把先进的、现代化的管理经验、科学技术、优良品种带向广大农村，能促使农民长见识、开眼界，利于他们接收外面的信息、技术，推动一家一户小农经济向规模化、现代化目标的转变。1993年，北海市向美国都乐集团出让了40平方千米的丘陵荒坡，他们用美国的技术、美国的品种、美国的管理种起数万亩的柑橘园，不仅带动了北海的农民和企业家，也引起了广西各级政府和投资者的广泛关注，几年来大面积开发荒坡和荒滩，大搞水果、水产种养的农业企业，既推动了扶贫济困，又促进了小农经济向规模经济的转变。

（二）有利于引进国内外先进技术，提高农业的生产技术水平

仅靠一家一户的农村经济，既无资金引入外面的先进技术，也无人才可

以更好地消化吸收先进技术。而农业产业化的推进，出现了农业产业公司或农业产业集团，这些产业公司或集团为寻求更好的投入效益，必然四处寻找先进技术，有时甚至可以把世界上顶级的农业技术引入农村，它们不仅自己获得了好效益，也把这种技术传播和推广到农村。例如北海田野种业公司，为发展甘蔗建起了良种产业，引进了四个台湾含糖高、产量大的甘蔗品种，经过繁殖扩种，为北海和广西提供大批良种，促进甘蔗品种的更新换代。湖南和台湾地区的甲鱼养殖客商走进北海，建立数千亩的甲鱼养殖场，应用了高密度甲鱼养殖新技术，使本来无人养殖甲鱼的北海市，乃至广西的其他地市县，一下子涌现出了一大批甲鱼养殖专业户。

（三）有利于实施“公司+农户”体制，带动农村服务体系的建立健全

“公司+农户”是世界上发达国家推进农业发展的典型模式和重要途径。我们在实践中体会到，如果不推动农业产业化，不建立龙头产业，服务体系的建立会遇到很大困难。作为龙头的农业产业建立起来之后，实行“公司+农户”体制，才能保证产前、产中、产后服务体系的顺利建立。

（四）有利于开发“四荒”地，充分利用本地资源

此前，很多荒地、荒坡、荒山、荒滩因为归属权限问题和农民力量单薄而未能得到合理的开发利用。但随着农业产业化的推进，一些投资者把眼光投向了“四荒”的开发，加速了“四荒”的利用，这方面除了在北海、广西有很多例子外，在东北的辽阳也做出了突出的成绩。辽阳市最近统计，全市已出让“四荒”12 万亩，投入资金 8130 万元，兴建农业综合开发项目 65 个。被称为“天府之国”的成都平原上，过去认为已没有荒地可以开垦，但农业产业的发展，仅成都市郊区龙泉驿一个区，就已有 11 万亩非耕地被开发利用，仅 1997 年一年，该区就引进 28 家投资，对 3400 多亩非耕地实施了农业项目的开发。

四川黎江集团公司介入农业产业后在汉源县委和政府的支持下，立足于利用本地气候资源，开发本地特产，在海拔 1600~2200 米的 18 个乡建成了花椒、芸豆生产基地 9.5 万亩，在海拔 1100~1500 米的 8 个乡建成樱桃、辣椒、大蒜、洋葱生产基地 3.5 万亩，带动 28844 户农民走上了脱贫致富的道路，使农民的人均收入增加 1360 元。因此，农业产业化的推进，既促进了“四荒”地的开发，也充分利用了本地的自然资源，可为农村和农业发展做出更大贡献。

（五）有利于培养人才，提高生产效率和效益

农业产业化的实践，把农业生产的经营管理推向了科学化、现代化的高水平，在这样的企业化的管理运作中，必然要吸纳大量的技术人才和管理人才，必然为更多的人才走向农村和农业岗位搭起更多舞台，人才向农业产业流动不仅有利于缓解农村人才的缺乏，而且必然会给农村带来更多的信息、技术和经验，必然会影响、带动和培养起更多的青年农民走向知识化和科学化。

农业的产业化既需要人才，也有条件聚集人才，既需要技术，也有条件引进和吸纳技术。所以，它一定会在现代化的管理和科学化的运作中，提高农业的劳动生产效率和经济效益，一定会把我国的农业推向一个新水平。

三、农业产业化应重视的问题

（一）应重视龙头企业的建设

推动农业产业化，重要的是建立产业开发的龙头企业。实践证明，条件比较好的农村，可以由农民入股，组建龙头企业；基础比较差的农村，可以鼓励或吸引有雄厚资本的非农企业向农业产业投资，造就龙头企业，以带动农业产业的快速发展。一般说来，农业产业的龙头企业应该是食品企业，河北省的实践证明，发展农业产业的龙头企业有90%是食品企业，如酒厂、奶粉厂、果汁厂、粉丝厂、饮料厂、果酒厂等，为开辟市场做好技术开发，推出创意产品，创立知名品牌，并需搞好收购、贮存、冷藏、运输等工作。

（二）应重视“公司+农户”体制的建立

“公司+农户”是推进农业产业化的成功举措，在日本、法国、加拿大、奥地利等国家，我们都看见过成功的例子。很多农村发展种养业遇到的突出矛盾是运输和销售问题，但“公司+农户”的体制建立后，公司不仅承担了运输与销售，而且负责供应良种、供应技术、供应生产资料，这就为农民解除了后顾之忧，解决了生产中的各种困难。所以，要发展农业产业，就要大力促进“公司+农户”体制的建立，为公司带农户创造条件。

（三）应重视支柱产业的建设

任何产品，没有足够的数量，就不能占有足够大的市场，就不会有足够的知名度，这样，就不可能创出名牌产品和扩大自有产品的影响。所以，为发展农业产业，一定要有更多的农民联合起来，重视支柱产业的发展。日本大分县推出的“一村一品运动”，曾经致富了大分，也在世界造成较大影响。我国一些地方也推行了“一乡一品”，产生了很好的效果。所以，农业产业的发展，一定要有重点，要结合本地资源优势，发展支柱产业，像山东寿光那样创造产业名牌。

（四）应重视人才的注入和培养

“事在人为”。要推进农业产业化稳步、高效地向前发展，必须鼓励各种人才向农业产业化流动。国家应像珠海奖励科技人员那样，制定人才流向农业产业化的奖励政策。同时，有必要加大各大学对农村的招生力度。对那些学成后决定回农村的学生，要破格录取。总之，农村人才的缺乏，已阻碍了农业产业化的推进，大有必要在高等教育方面采取特殊措施，为农村培养更多的高水平的管理、营销和技术方面的优秀人才。

（五）应重视稳定土地承包责任制，不断推进城市化

稳定土地承包责任制，是稳定农村、调动农民积极性必不可少的措施。我们要鼓励农民在耕种好所承包土地的同时，千方百计发展农业产业，参与“公司+农户”的体制，提高劳动生产率，增加收益。但是，也要随着农业产业的发展，允许农民用承包土地入股农业产业发展集团，允许农民以有偿方式将自有土地转给别人代耕。总之，要通过农业产业化的发展，使更多的农民富起来并走出农业生产岗位，向城市或城镇转移，从而推进农业产业向更大规模发展，推进城市化的顺利进行。

（原载《经济界》）

大力发展牛奶产业满足市场增长需求

1999 年 3 月

一、大力发展牛奶产业的时机已经到来

20 世纪 70 年代，印度为推进牛奶产业的发展，曾提出“白色革命”的口号，并在此口号推动下，取得了奶品产业发展的长足进步。

我国的奶业基础十分薄弱，发展也比较缓慢。而今全球人均年消费牛奶 103 千克，我国只有 6.3 千克。如此大的差距，并不完全是饮食习惯问题，还有实际经济水平和原有的奶业基础问题，当然，也存在对牛奶的认识问题。迄今，全国年产奶量只有 1064 万吨，是世界上人均占有奶量最少的国家之一。

改革开放初期，由于粮食紧张，饲料缺乏，我们不可能拿出土地种草养牛与粮争地，也不能拿出更多饲料养牛与猪争食，在那时，很难发展“牛奶产业”，也无法做到人们多喝牛奶。但是，今天不同了。我国改革开放 20 年，农业和农村发生了巨大变化，不仅出现了粮食的阶段性过剩，而且出现了卖肉难的现象。仅成都市场外调猪肉 1998 年较 1997 年就下降 39.1%。正如中共中央、国务院最近出台的《关于做好农业和农村工作的意见》指出的，“粮食和其他主要农产品由长期供不应求转变为阶段性供过于求，人民生活总体上进入小康，我国经济社会发展进程中这一历史性跨越，为农业和农村的经济发展创造了新的条件和机遇，也提出了新要求”。在这个时候，为调整农业产业结构，提高人民生活质量，提出大力发展牛奶产业是符合国情的，也是十分必要的。

二、发展牛奶产业是提高人民生活质量的迫切需求

奶品，特别是牛奶是人们改善营养、增强体质不可缺少的理想食品，它

不仅对婴儿和青少年的成长十分重要，对中年和老年人的保健也不可缺少。世界各国都十分重视牛奶的生产和供应。发达国家肉、蛋、奶的消费比例为7∶1∶10，而我国目前肉、蛋、奶的消费比例为7∶2∶1。从绝对量比较，每人每天消费液体奶北美洲为738克，欧洲为897克，澳洲为964克，日本、印度都超过200克，而我国只有20多克。由此可见，我国在奶品的供应与消费方面，尚处在十分低的水平上。

相比之下，北京、上海因为经济、社会发展程度较高，所以，奶品的消费也较高。1997年，北京消费液体鲜奶11.8万吨，占全国总量的20.1%，上海消费液体奶18.9万吨，占全国总量的33%。这两个总人口不到全国2%的城市却消费了全国半数以上液体奶的现象，说明了奶品的需求与经济社会的发展有关联，也说明了中国人不是不爱喝奶，而是看有无条件喝奶，除了经济条件外，还包括奶的供应形态和供应渠道是否能满足客观需要。

最近，中澳合作研究结果发现，中国学童尤其是青春期女孩普遍存在钙及维生素D缺乏症状。有关方面根据牛奶补钙的良好效果，并参考日本“一杯奶强壮一个民族”的做法，推出了“学校牛奶加餐试验”，还有些营养学家主张让牛奶登上餐桌，进入茶馆，使其占据饮料和酒类的部分市场。如果这样，牛奶的需求将会出现巨大的缺口。

改革开放之后，很多产业的发展都表明了发达国家今天产生的消费需求，就是我们明天的消费需求。例如汽车、啤酒、饲料和动物蛋白等需求的从小到大，都说明了凡属随人均收入增加而增长需求的产品，都将会在我国迎来一个意想不到的大发展。牛奶产业也不例外，随着经济的发展，人民生活质量的提高，会出现一个巨大的市场需求。

三、大力发展牛奶产业是调整农业产业结构的最佳取向

改革开放以来，我国农业结构方面发生最大变化的是牧业和渔业。从1979年至1997年，牧业增长19倍，渔业增长75倍。但是同渔业和牧业总的增长速度相比，奶业的发展比较缓慢。从1979年至1997年，奶牛头数仅增长8倍，奶产量只增长6倍，远不及渔业发展的增长速度。

一般发达国家畜牧业产值占农业总产值的50%以上，如美国为60%，德国为57%，丹麦为89%，瑞典为90%，新西兰所占比例还要大。我国畜牧业

虽然已从80年代初所占农业比重的13.9%上升到1997年的31%，但同发达国家相比，还有很大的发展潜力。畜牧业要发展，也需要认真分析畜牧业本身哪些品种是紧缺的，哪些品种是过剩的。经过反复的研究分析，我们认为奶牛的发展应该成为今后畜牧业的重头戏，也应该成为农业结构调整的重要发展内容。

我国除拥有大面积的草原外，从南到北还盛产大量的麦草、稻草、玉米秸秆、油菜秸秆以及蔗渣、花生藤、红薯藤、甜菜渣等。不少地方秸秆为患，如能用秸秆发展奶牛的养殖，即可变废为宝。以广西为例，每年秸秆产量为4500万吨，加上可利用的草山、草坡，至少可养牛1800万头，若其半数为奶牛，按荷兰奶牛产奶水平计，一年可产奶300万吨，如按印度水奶牛产奶水平计，也可产奶200万吨，以后者为准可使广西牛奶产量比现在增长200倍，可创产值100亿元。

在南方发展水奶牛是值得重视的发展方向。我国1974年就引进了印度和巴基斯坦的水奶牛，20世纪80年代又将其列入国家“星火计划”，在广西建立了水奶牛养殖基地。现水奶牛的养殖和繁育技术已比较成熟，完全有可能在我国养有水牛的18个省份进行推广。

另外，根据中国农业科学院水奶牛研究的试验，可以利用部分农田种植水奶牛青饲料——象草，每亩地可产象草10吨左右，可养水奶牛1.2头，辅以配合饲料，可产奶2000~2300千克，可创产值1万~1.15万元，可创效益7300元，比用地种粮效益高出10倍以上。

四、发展牛奶产业需要采取的措施和对策

（一）提高认识，把发展牛奶产业作为农业产业结构调整的重头戏进行推进

发展牛奶产业是人民生活水平提高的必然需要，是经济发展的必然走向。在农业结构调整时，要高度重视牛奶产业的发展，认真做好规划，精心组织和布置，有声势、有规模、有得力措施地实施和推进。

（二）引导消费，大力宣传和开拓牛奶市场

要进一步宣传喝牛奶的好处，让“牛奶与人体健康”“牛奶与民族强壮”的关系家喻户晓。要大力支持学生的“牛奶加餐试验”，有组织地推进中小学

普及牛奶中餐。建立社区的牛奶供应网站，各奶品公司也要建立送奶队伍，使千家万户能够享受到订奶送上门、买奶在家门、喝奶随时有、质量有保证的服务。在饭店、茶馆、咖啡厅、冷饮站，都应该促进牛奶的消费，加大牛奶的供应，开拓牛奶消费市场。

（三）扶植龙头企业，发挥“公司+农户”在牛奶产业发展中的积极作用

牛奶产业绝不能像“老太太养鸡”那样去发展，基于奶品生产连续性和保鲜的特殊性，必须有上规模的公司做龙头。像石家庄三鹿集团那样，使其与农民进行联合，按照“公司+农户”的体制，向农民提供奶牛、饲料、防疫和收购、消费与销售服务。把牛奶产业的发展引向规模化、科学化、现代化。

（四）减少奶粉生产，扩大消毒鲜奶和酸奶的市场供应

在奶品的发展中，一方面是产地与消费地相距较远，另一方面是为了追求利润，所以发展奶牛的地区，往往首先是发展奶粉工厂，而且还要搞加糖奶粉，结果把奶品的发展引向了歧途，出现了国产奶粉的市场阶段性过剩。如能将消毒奶和酸奶供到各级市场，牛奶产业就一定会大有希望。

（五）强化扶植政策，打开牛奶产业发展的新局面

牛奶产业能否大发展，除重视以上措施外，还要加大政策扶植力度。既要从减免税方面进行扶植，又要从贷款方面进行倾斜，更需要从科技方面给予更多的关照和呵护。不仅要重视奶牛新品种的引进和推广，也要进行奶牛新品种的创新和繁育，重视优良奶牛的胚胎分割和移植，对奶牛的饲草种植与饲草青贮、疾病防治以及奶品的加工、保鲜、包装、运输和销售都需要纳入国家计划，加大研究力度，增加科技投入。

（原载《中国生物》）

迎接二十一世纪，推进西部大开发

1999 年 8 月

在新的世纪和新的千年快要到来的时候，我们不仅可以自豪地回顾我国 50 年来发生的天翻地覆的变化和取得的辉煌成就，而且可以信心满怀地预测我们的前景将更加灿烂，我们的未来将更加美好。

由于自然和历史的原因，西部的发展是滞后了，西部与东部的差距是拉大了。但是，我们没有悲观，没有失望。无论从历史逻辑和时代趋势进行分析，还是从政策导向和现实可能进行探讨，我们都相信，21 世纪将是中国西部的世纪，21 世纪一定是西部大开发的世纪。

一、西部大开发的必然性

西部大开发不仅是中国经济发展大潮的必然走势，也是世界经济发展逻辑的必然取向，现提出以下三种理论，借以支撑这一观点。

（一）经济势能推动理论

纵观世界各国历史，其发展不可能是各个地区齐头并进的，也不可能是先发的总是先进的，后发的总是落后的，平衡是暂时的，不平衡是绝对的。往往由于先发展地区同后发展地区形成的差距，而造成一种新的经济势能，反转来带动和促进后发展地区的发展，有时后发展地区的发展，又可能超越先发展地区，成为先进地区。中国西部同东部地区的差距有历史的因素，也有改革开放后的政策因素，20 世纪 80 年代，由于我国为了在财力不足情况下加快发展步伐，实行了沿海发展战略，让沿海先走一步，这不仅使有限的资金发挥了最大的效能，而且事实上对内地的发展起到了很大的带动作用。

先富起来的沿海地区，其经济地位同中西部地区相比，就相当于一个大江高处的蓄水库，形成了强大的具有发电能力的落差和势能。水的落差和势能可以发电，经济的落差和势能可以促进经济的发展。东部地区经济实力的增强，管理经验的提高，不仅增强了国家对西部开发的力量，而且会对西部起到推动、示范和激励作用，给西部地区开发营造了外部环境，创造了开发条件，使西部在21世纪的大开发势在必行。

（二）生产要素梯度扩散理论

生产要素总是由高发达地区向次发达地区逐步传递和进行梯度扩散的，就像可溶解的化学物质，由高密度空间向低密度空间扩散，有一个梯度扩散的必然性。经济发达地区高度密集的生产要素向次发达地区的宽松空间扩散和转移是一种不可避免的现象和规律。

改革开放20年，中国之所以取得如此辉煌的成就，固然与全中国人民在邓小平理论指引下艰苦奋斗分不开，同时也与世界上经济高度发达国家的生产要素的扩散相关联。欧美的高度发展，日本的后来腾飞以及东南亚“四小龙”在六七十年代的崛起，它们在资金、技术、设备、人才等方面的铺垫，给中国的发展提供了百年不遇的良机。

中国的改革开放政策和对资金、技术、设备、人才等的需求，就如同在平平的海滩上挖了一个坑，为世界各发达国家和东南亚“四小龙”的生产要素流入中国，创造了十分有利的条件，加速了中国的振兴和崛起。东部地区特别是珠江三角洲、长江三角洲、渤海湾经济圈，由于地处沿海、交通便利、人杰地灵，商品意识较浓，成了最先吸纳国外生产要素的地区，也成了发展最快、最好的地区。但是随着经济的发展，这些地区一方面因生产要素过度集中，另一方面因资源欠缺，劳力升值，工业成本增高或因一些项目需要更新换代，这就会造成生产要素从发达地区向欠发达地区的转移。近几年，不仅沿海地区有一些企业家开始向西部投资，而且我国港澳台地区和国外的投资者也开始向西部走来。例如昆明，仅仅今年上半年就签订了引资合同128亿元。由此，不难说明，随着中国经济的进一步发展和世界500强逐鹿中华，中国西部必将成为生产要素进一步扩散的重要选择，西部的大开发也必须由此展开。

（三）滚动发展与边际效应理论

远在20世纪80年代，人们就预言：随着经济的滚动发展，21世纪将是亚太经济的世纪，尽管东南亚的金融风波对这个地区带来了较大的冲击和影响，但以中国为重要支撑力量的亚太经济在21世纪到来的时候，一定会迎来新的崛起。

因此，我们有理由相信，中国的中西部也一定会从这种滚动发展中得到恩惠、赢来大开发的良机。

中国西部的大开发不仅将受益于这种“滚动发展”论的大潮，而且还可以从另一种被称为“边际效应”，理论中汲取大开发的营养和动力。

所谓“边际效应”，是指处于边境地区的省市县，由于受到相邻两国文化、技术及商品的交流和融合，其发展活力一定增强，发展速度一定加快。

中国西部与14个国家接壤，改革开放之前，因为政策封闭，断绝了同邻国的交往，所以越是沿边的地方，经济发展受制约越多。改革开放之后，国务院决定开放19个沿边口岸，开通了同十几个国家的贸易往来和经济、技术交往，就连西藏也揭开了同印度和尼泊尔的经贸合作的新篇章。

边境口岸的开发，不仅仅方便了边民生活，促进了边疆市、镇的发展，而且也带动了相关省市的国际经贸、旅游和技术交流，甚至对整个西部走向世界都起到了促进作用。

随着交通条件的进一步改善和国家经济实力的增强，特别是周边国家在21世纪的大发展，“边际效应”对中国西部的开发所起的作用将更加显著，西部各省的受益也将会加强。

二、西部大开发的可能性

西部地区不仅是高山嶙峋，交通不便，而且不少地方气候寒冷，干旱缺水，沙漠、戈壁也都集中于这个地区，先前的区域封闭性和信息的隔离性导致了人们观念的落后，意识的保守，一些局部地区人口素质较低，文盲比重过大，经济上还存在着自给自足的传统模式。看到这种情况有人对西部的开发缺乏信心，或认为根本不存在大开发的可能性。

但是，随着改革开放的推进和交通、通信条件的逐步改善，西部的情况已经发生了很大的变化，在权衡西部各方面条件的基础上，我们认为西部的大开发不仅存在有前述的必然性，而且有实际的可能性。加快西部开发的条件已经具备，西部发展的时机已经到来。

（一）中央关于加速中西部发展的政策是西部大开发的有力保证

我国是社会主义国家，社会主义的优越性之一，就是要谋求共同富裕，防止两极分化。邓小平同志多次讲过，两极分化不是社会主义。改革开放之后，邓小平同志提出：“一部分地区有条件先发展起来，一部分地区发展慢点，先发展起来的地区带动后发展的地区，最终达到共同富裕。”为了实现这一目标，改革开放之后，中央选择14个沿海港口城市和四个特区，接着选择海南，后又选择上海，把整个沿海作为突破口，给予优惠政策，促进改革开放，让这个地区先发展和富裕起来。这一英明决策，不仅赢得了沿海的高速发展，而且带动了整个中华民族的振兴。

1998年，中国经济总量已跃居世界第七位，全国农民收入同1978年相比增长15.1倍，城镇居民收入增长14.9倍。这一翻天覆地的变化，是改革开放的成果，也是邓小平理论的伟大胜利。

为了让先富起来的地区带动后发展的地区和缩小东西部差距，江泽民总书记在中共十五大的讲话中指出：“中西部地区要加快改革开放，发挥资源优势，发展优势产业”，并且强调：“国家要加大对中西部地区的支持，优先安排基础设施和资源开发项目，逐步实行规范的财政转移支付制度，鼓励国内外投资者到中西部投资，进一步发展东部地区同中西部地区的多种形式的联合和合作。更加重视少数民族地区的经济发展。”

中共十五大以来，党中央和国务院出台了一系列促进中西部发展的政策，加大了对西部的投资，推动了沿海与西部结对，采取一帮一的扶贫举措，西部的发展在逐渐加快步伐，西部的面貌也在加速改变。新中国成立50年来的经验证明，中国12亿人口，只要凝聚在中国共产党的领导下，就能战胜任何艰难险阻，就没有克服不了的困难。因此，在中央决定加快中西部发展的情况下，对我国西部的开发就更加无比振奋和信心十足。

（二）西部的辽阔国土和丰富资源是西部大开发的坚实基础

我国是一个人口众多的国家，过去说是用占世界7%的土地养活着占世界22%的人口，其实今天的负担比这个还要重。东部地区乃至华北大平原的一些中部省份，那里的农民有的只有几分地，由于人口密集，发展的空间十分有限。但是西部就不同了，西部人口约占全国的1/4，土地面积却占了全国的

57%，草原面积占全国的55.9%，森林面积占全国的36%，如此辽阔的空间，是西部大开发的重要条件。

对西部的土地利用，有些地方确有较大困难。如高山、雪原、戈壁、沙漠的开发都是十分困难的，但是，戈壁、沙漠较集中的西北地区，也不都是戈壁和沙漠，高山、雪原较集中的西南也不都是高山和雪原。西南和西北还有近8亿亩未开发利用的土地，甚至有些地方条件之优是东、中部某些地区无法比拟的。例如云南，一个省内既有热带气候，也有寒带和温带气候，那里的植被有黑龙江可以找到的，也有海南岛可以拥有的。人们都知道昆明四季如春，其实四季如春的远不只有昆明。以前，中国种郁金香必须由荷兰进口鳞茎，认为中国不适于郁金香的种植，但是，在云南的中甸，那里不仅被称为世间的香格里拉，而且成了郁金香最好的种植地方。昆明西南的西双版纳、昆明南部的元江、昆明北部的元谋，还有四川的攀枝花及西昌部分地区完全是一派热带风光，即使严冬季节，这里依然百花盛开，如春天般的温暖，这些地方都有很大的发展潜力。

我在四川考察时，发现雅安地区存在着较大面积的可开发土地。如离成都只有200千米的芦山县，拥有1700平方千米的国土，只有18万人口，那里气候温和，林木茂密，雨水充足，矿产资源和原始森林都因交通不便，尚没有进行开发。新疆是天然降雨甚少的地区，但是天山的雪水不时地流淌，为新疆的农业发展提供了保证。即使一年只有16毫米降雨量的吐鲁番，也能出现葡萄沟这样的好地方。甘肃河西走廊，虽然干旱少雨，但也随着科学技术的推广，出现了片片绿洲。青藏高原，地势高峻，作物种植有较大困难，但发展畜牧业已展示出好的前景。对西部的看法，不能只用旧的眼光，要看到改革开放给西部带来的勃勃生机，要看到交通条件逐渐改善给西部带来的从未有的机遇，还要看到现代科学技术会使西部的很多不可能变成可能。

除了国土辽阔之外，西部的另一特点就是资源丰富。西部有丰富的矿产资源、石油天然气资源、水能资源、动植物资源，特别是旅游资源，在西部有极大的开发潜力，从云南到四川，从陕西到新疆，不仅天然景观众多而奇特，而且人文景观量大而古老，对区内、国内和国外的游客都有很强的吸引力，开发前景将极为广阔。

就物产资源而言，全国已发现的160种矿产中，西部均有发现。已探明储量的130多种，其中有钒、钛、铜、汞、铅、锌、钴、钾、镍、云母、石棉等30种矿产储量均居全国第一位。煤的储量占全国38.6%。石油储量占全国41%，天然气储量超过6000亿立方米。铁的储量占全国46.8%，钾的储量占全国96.7%，四川攀枝花钒钛矿居世界第一，甘肃金川的镍矿居世界第二。特别是西南还是水能资源最丰富的地区，总储量达到5.75亿千瓦，占全国总量的82.3%。因此，无论从土地空间考虑，还是从资源优势着眼，西部都应该是中国经济的后方，应该是21世纪大开发的地方。

（三）民族团结、改革开放是西部大开发的重要条件

我国有56个民族，西部又是少数民族的聚居地，新中国成立后50年来的经济发展，特别是改革开放，给各族人民带来了诸多实惠，人民生活水平得到很大提高，国家安定，民族团结，这给西部的大开发创造了必要条件。

20年的改革开放，我国经济翻了两番，经济实力大为增强，特别是东部沿海地区的大发展和乡镇企业的崛起，为西部的发展提供了良机。此外，大批外国企业在中国的落户和一批民营企业的兴起，也为西部吸引海内外投资、技术和人才创造了很好的外部环境。

改革开放以来，随着“孔雀”东南飞，也有一大批西部的民工走向东部和南部，在那里赚到了资金，学到了技术，并且转变了观念，增长了才干，有的已回到家乡创业，有的也对家乡产生了传输信息和更新观念的好影响。

伊宁、塔城、畹町、瑞丽、河口以及凭祥、东兴、防城等十多个城市和口岸的开放，使西部同相接壤的14个国家加强了贸易往来和技术、信息的交流。使我国的蚕茧、丝绸、名酒、中药同邻国的橡胶、石油、木材、椰油等进行余缺互补。同时也使20多个少数民族与邻国的同一民族增进了友谊，密切了族缘关系。

作为改革开放的成果，欧亚大陆桥的开通，大西南出海通道的建成，成都至北海高速公路的竣工和航空事业在西部的发展，为西部地区“东引西联”“借船出海”、改变封闭，走向世界，提供了方便。

三、西部大开发的对策建议

西部大开发的任务是伟大的，但是面临的竞争和困难也是十分激烈和严峻的。西部大开发需要付出艰苦的奋斗，也需要一个较长的历史过程。但是，有中央的重视，有全国人民的支援，西部的大开发一定会迅速到来。为加快西部大开发的推进，提出如下对策建议。

（一）更新观念，做好发展规划

如前所述，西部大开发有其历史的必然性，也有其现实的可能性，为了迎接西部大开发时代的到来，各有关方面，都需要重新研究西部的现实和认识西部的前景。要认识没有西部的大开发，就没有全国的进一步大发展，没有西部的现代化，就没有全国的现代化。一方面，要借鉴东部发展和国外发展的经验，转变西部不可能大发展的旧有意识；另一方面，要排除仅仅把西部作为提供原材料的供应基地，只能发展资源产业的传统观念。做到解放思想，从实际出发，把西部大开发作为全局发展的重大战略，作为增强综合国力的重大举措，进一步做好各种层次的发展规划。国家要有规划，省和自治区要规划，地、市、县也要有规划。此中既要有经济的规划、旅游的规划，也要有科技和教育的规划，还要有交通通信的规划，更要有环境、人口和持续发展的规划。

（二）解放思想，放宽西部政策

西部落后于东部除了通常讲的原因外，西部的信息不灵、思想保守、动作缓慢也是一个重要因素。在前 20 年改革开放中，每当一个新的发展政策出台时，西部比东部地区的行动总是慢“半拍”，东部地区很快行动，获益匪浅，西部地区经常是因为观念或意识等原因，翩翩来迟，常常是未等得益，就又遇上政策刹车，进而错过了不少发展良机。东部地区当初起飞时，国家除了宪法，还很少有什么法律和规定，例如对土地的使用，当时广东一个镇长就可以说了算。而今西部要发展时，国家已经立下了 700 多部大法，如果政策全国“一刀切”，西部的发展必然会受到多方面的制约。为了促进西部的发展，需要解放思想，按照“三个有利于”的原则，给西部松绑，可以考虑专门为西部大开发出台一批放宽政策的规定，让西部在闯和冒中，求得更大的发展。

（三）激活金融，服务西部发展

金融业是经济发展的命脉和心脏，西部金融的落后，限制了西部的发展。西部需要发展资本市场，需要建设证券中心，需要外资银行，需要给西部更多的股票上市机会。既应考虑在西部建立区域性商业银行，还应考虑建立西部发展基金。现有银行的工作，更需要激活，曾经为了惩治银行的腐败现象，对银行进行了大力整顿，结果一些银行的工作，由一个极端走向另一个极端，“一次被蛇咬，十年怕井绳”成了一种普遍现象。因为“怕井绳”，银行弱化了促进经济发展的作用和功能。为了加速西部发展，十分必要改变这种现状，并要扭转“嫌贫爱富”的思想，不只是“锦上添花”，更要重视“雪中送炭”，让银行为西部的发展做出更大贡献。

（四）措施诱导，大搞招商引资

西部能否大发展，取决于西部能否有大投入。西部大开发，需要国家加大投入，但仅有国家投入是远远不够的，要扩大投入，就必须吸引各方面的资金，例如民营企业的资金、东部沿海地区的资金、我国港澳台地区的资金和国外资金。吸引投资需要大搞招商活动，更需要营造良好的投资环境。西部应该在营造投资环境方面多下功夫，例如吃的条件、住的条件、交通条件、办事效率都是十分重要的。西部还应该向沿海地区学习，搞好城市的美化，教育干部和群众树立“人人都是投资环境的观念和意识”。为了使投资者在西部得到好的回报，还应从国家到地方出台一些诱导措施，考虑资金的补贴方式和税收的减免办法等。

（五）发挥优势，推进农业产业化

土地辽阔，发展空间较大，这是西部的最大特点，需要珍惜这一优势，利用这一优势。可以把荒地、荒坡、荒山和草原承包给农民，也可租给东部企业和国外的经营者，大力发展农业产业。中国人口还要增加，吃的需求不仅要有量的扩大，而且要有质的改善。例如绿色食品的需求、牛奶的需求、优质水果的需求都提到了世人面前。西部要结合这种市场需求大力推进这些农业产业的发展。为了发展好农业产业，要做好三个重视，即重视高新技术及优良品种的研究和引进、重视龙头企业的建设和孵化、重视人才的引入和培养。

（六）建立增长，点加快城市化

经济的发展是需要增长点的，如同树木一样，没有尖端的增长点，其就长不成参天大树。为了推进西部大开发，就要有意识地建立一些经济的增长点。除了要瞄准市场，建立产业的增长点外，更要推进城市化，建立区域经济的增长点，城市发展是经济的火车头，一个地区没有城市的建设，是不可能有大的发展的。西部相比之下城市化是严重落后了，可以带动经济发展的城市太少了。城市的功能是聚集和辐射，聚集越多、辐射面积越广的城市，其功能越全、带动性越大。为了推进西部的发展，必须要推进城市化，既要重视城镇的建设，也要重视中等城市和大城市的建设，甚至需要重视特大城市的建设。推进小城镇建设中，不能过多、过烂，要注意使人口向城镇集中、乡镇企业向城镇的小区集中、土地向种田能手集中。做好城镇规划，放开户籍管理，引导三产发展，注意保护环境和爱护土地资源。

（七）立足市场，调整产业结构

西部的工业基础是很好的，但是除了三线国防企业之外，很多是原材料工业或资源产业。这样的产业结构，虽然安排了当地一些人员就业，但当地并未得到太多好处。西部的农业，也因为信息不灵，缺少市场引导，停留在传统模式上。西部的日用工业品和诸多饮料食品市场基本被东部沿海企业所占领，广货、海货西进势头越来越旺。这样造成了省际贸易逆差越来越大，西部有限的资金，又顺此渠道大量东流。为了开发西部，必须以市场为导向，既要调整农业产业结构，也要调整工业产业结构，还要加大非公有制经济发展。在工业方面，要立足于富民强区，改变单纯的资源产业导向，实行市场导向为主，结合西部人民生活需要，大力发展高新技术工业、日用品工业、食品加工业、医药工业。西部农业产业的结构调整，也要立足市场改变种粮为主的传统，发展瓜、果、蔬菜和花卉，尤其要重视畜牧业的发展，以及旅游业的发展，这是西部致富的必由之路。

（八）以人才为本，坚持科教兴国

我们的时代，已经进入知识经济时代。在这场无声的产业革命到来之时，西部的大开发不能不受到严重冲击。在知识要经济化、经济要知识化的形势下，未来各方面的发展都需要知识，都需要创新，知识越多，创收越大，贡献越大。因此，西部的大开发要高度重视知识，高度重视人才。事在人为，西部大开发能否搞好，能否加快，这一切都取决于开发者的品德和开发者的水平。西部的开发一定要突出科教兴国战略，从人才的培养和选拔抓起，要在西部大力发展教育，治穷先治愚，首先要对占西部人口30%的文盲进行扫盲脱盲；其次要抓好中小学教育和大学的发展；最后要创造吸引人才、留住人才的环境，搞好国内外人才的招聘，推进东西部干部的交流。在人才选聘的基础上，还要大力推进现代化的管理，推进信息网络的建设，推进科学技术的研究，包括利用基因工程培育耐寒作物、耐旱作物、沙漠植物以及研究节水技术和太阳能、风能的利用等。

西部大开发的时机已经到来，让我们珍惜机遇，利用机遇，为西部的大开发做出贡献。

（原载《经济界》）

知难而进大力推进户籍制度改革

2001年3月

随着改革开放力度的加大和城镇化建设的推进，我国户籍制度的改革引起了社会各方面的特别关注，不少地方通过解放思想、转变观念，已经放开了户籍管理，取得了可喜成绩。但是，户籍制度问题是一个涉及全局的问题，仅靠局部地区或少数城市进行户籍改革，既不可能化解户籍制度引发的城乡壁垒和二元经济，也不可能扭转户籍制度造成的一系列与经济、社会改革密切关联的严重问题。因此，户籍制度的改革应该作为一件国家大事，需尽早解放思想、转变观念，学习国外先进经验，做到与国际接轨。

一、户籍制度对经济、社会改革造成的危机

不能说户籍制度没有发挥过积极作用，但至少改革开放以来，户籍制度没有起到积极的作用，而且对经济发展、社会进步造成的危害十分严重。

第一，户籍制度的长期存在，造成了我国城乡的严重分离和城乡差别的越拉越大。仅以城乡居民存款为例，城市居民的存款超过农村居民存款的14倍。如此大的城乡差距，固然有很多原因所造成，但户籍制度造成的城乡壁垒把广大农民长期捆绑在农村的土地上，应该说是主要原因、根本原因。

第二，户籍制度的长期存在，造成了城市与城市的分离和严重的地区差距。有报道指出，北京人均消费已超过巴黎、中国香港地区，位居世界第八，而我国有些城市和地方因财政困难，该涨的工资涨不了，该发的工资发不下来。西部与东部，内地与沿海差距越来越大，这也与户籍制度筑起的堵堵“围墙”，限制了交流、阻碍了平衡分不开。

第三，户籍制度的长期存在严重制约我国的城市化。改革开放后，我国十分重视城市的建设和发展，特别是进入20世纪90年代后，城市化的进程被大大加快。但是1990年至1998年的9年间还没有1949年至1957年的9年

走得快，新中国成立初期的 8 年城市化率还高出我们认为城市化最快的 1990 年至 1998 年 0.8 个百分点。由此可见，户籍制度在严重阻碍着我国城市化的快速推进。

第四，户籍制度的长期存在造成我国农业总人口占到世界农业总人口的 34%，成为世界农业人口最多的国家。很多发达国家，农业人口仅占总人口的 5%左右，而我国至今农业人口比重仍高达 70%以上。农业人口比重过大既是我国经济发展的最大制约因素，也是各类社会矛盾和问题的源头所在。

二、户籍制度改革难以快速推进的原因

由于社会的呼吁、专家的建议，户籍制度的改革本来早已启动，但是迄今，户籍制度还迟迟不能被打破，分析其原因，有以下几点：

第一，观念上的严重滞后。很多人，特别是不少业内人士总是认为打破户籍制度会造成农民盲目流进城市，担心会出现 18 世纪欧洲城市化过程中，农民到处漂泊、涌进城市、流浪街头、沦为乞丐和在城市出现贫民窟的可怕场面。其实这种担心是多余的，这种认识是没有从我国实际出发，忽略了我国农民和当初欧洲农民的根本区别。18 世纪欧洲农民大量涌入城市，沦为乞丐，是因为农民的土地被剥夺，破了产的农民，不得已而为之。而我国广大农民有安居住所，有承包土地，他们绝不会不顾自身的实际和承受能力而盲目流向城市的。再加上城市管理的严格和规范，不会也不可能在城市里出现大批贫民窟。

第二，认识上的重大偏颇。很多业内人士认为，现在社会犯罪主要是“三无”人员所为，为了减少盲流犯罪，必须从严户籍管理。“三无”人员犯罪居多这是事实，但这并不是通过从严管理户籍就能解决的。可以说，世界上任何一个国家和地区的犯罪多是非本地人员所为，“兔子不吃窝边草”，要犯罪就要远离家乡，这是一种常理。如果认为限制了外来人员入城就会减少社会犯罪。显然过于天真。世界上经济最发达的地方，往往是最开放的地方，纽约、伦敦、巴黎、东京，那里并没有实行像我国的这样造成地域壁垒和城乡壁垒的户籍制度，但仍然是管理有序，其犯罪现象也不像我们想象得那么可怕。因此，“三无”人员犯罪多，关键不在于户籍制度，更重要的是如何规范我们的管理。

第三，户籍功能过多过繁。户籍本来仅是居民存在的一个标识。按理说对这样一个功能简单的户籍制度进行改革，不应遇到太多难题，但是由于种种原因，我国户籍的作用，除了标示人的存在外，又担负起一系列本不属于它的功能。例如儿童入托、子女上学、购买房屋、就业工作、享受社保、办理出国等都同户籍挂起钩来。所以才有人慨叹，户籍制度改革之难，难于上青天。

第四，既得利益岂能舍弃。多少年来办户籍走后门、买户口、卖户口频频发生，这不仅给执管户籍的部门带来了寻租机会，也给这些部门带来了既得利益。改革户籍制度，取消这些部门的既得利益必然会遭到他们的拒绝，受到他们的反对。如果遇上腐败贪心严重的，还会给户籍改革设置更大的阻力，这就是户籍制度难以被打破的要害所在，也是户籍制度难以松动的核心原因。

三、关于改革户籍制度的几点建议

第一，为了更好地贯彻“三个代表”的精神，体现社会主义制度的优越性，给最广大人民公平的国民待遇，为此建议修改宪法，恢复公民迁徙自由的条文，希望从这里进行突破，以促进户籍制度改革的快速推进。

第二，户籍制度的改革，最重要的问题是要尽快打破城乡壁垒，这不仅是经济发展必需的、推进城市化必需的，也是解决诸多社会矛盾和最终减少社会犯罪所必需的。因此，建议各个城市都应取消对农民的歧视，既要重新审视“三证”制度，又要严禁在街头随意抓人，要出台保护农民工的政策和法规。

第三，实行身份证管理，取消地域户籍。世界上很多国家的公民都是持身份证走遍“天下”。在我国政权高度巩固，信息技术高度发达的今天，取消地域户籍，实行身份证管理，不仅是完全必要的，也是十分可行的。为了保证社会安全、防止犯罪行为发生，可以在车站、机场、宾馆、小区设置身份证“刷卡”设施，实行无人验证制度，有关安全管理部门可通过这种办法获得人员流动信息，进行安全管理。

第四，公示预警规则，堵塞可能漏洞。为防止一些无生活能力的人聚集城市，可以从城市管理角度公示城市管理规则，诸如禁止露宿街头，禁止在城市和四郊搭建棚铺等。又如为防止少数人住进城市时不主动出示身份证，可公示一些警示规则，如遇犯罪事件发生，将可能把不“刷卡”者作为嫌疑对象，有权对其进行传票和提审，以此提高人们的自觉性。

第五，统一全国的社保待遇和居住地的居民权益。打破户籍制度遇到的最大问题是入城人员的社保待遇和其他应享受的居民权益等。为了确保户籍制度的顺利实施，国家应利用国家财政收入逐年增加的有利条件，下大决心统一全国的社保标准，全国各地都应取消入托、入学、购房、就业与户口挂钩的具体规定，以保证每个公民的迁徙自由和合理流动。

（原载《中国政协》）

扬旅游资源之长，促西部经济增长

2001年8月

一、西部旅游资源十分丰富，旅游业前景无限广阔

西部幅员辽阔、山川壮丽、历史悠久、文化璀璨。作为旅游资源，西部数量之多，规模之大，品位之高，令人惊叹！

西部地区不仅因汇集有高原、盆地、山地、丘陵、雪山、峡谷、江河、湖泊、戈壁、沙漠，而致风光旖旎，景象万千，而且因其是中华文明的发祥地，沉积下数以万计灿烂辉煌的文化遗存，造就了灿若星辰、美不胜收的文化景观。

从自然风光看，西部有众多嵯峨深峻的高山，有许多激流澎湃的河流，有惊险神奇的峡谷，有耸入云天的雪峰，有旖旎多彩的岩洞，有如诗如画的天池，有烟雾缭绕的瀑布，有令人向往的西藏高原；有人间仙境黄龙寺，有神话世界九寨沟，有风景秀丽的崆峒山，有海拔最低的吐鲁番；有高原明珠抚仙湖，有世上奇观火焰山，有世界屋脊帕米尔高原，有“三江”源头巴颜喀拉山……

从气候条件看，西部地跨南北4000多千米、上下落差8000多米。包括寒带、温带、亚热带和热带各种气候，甚至在同一地点也可出现春夏秋冬各种景色，“一山有四季”“十里不同天”，就是对这种独特风光的描写。西部地区拥有国家自然保护区34个，占全国34.3%，拥有国家级风景名胜区40个，占全国33.6%，拥有国家森林公园114个，占全国27.7%，由于西部交通所限，开发力度较低，所以还有很多优秀的自然风光景区尚没有取得国家的命名和保护。从长远看，西部的自然风光景点不仅规模大、知名度高，而且待开发的潜力要比东部大得多。

从人文景观看，西部保留有我国多个历史发展阶段的文化遗产，堪称天

然的历史博物馆。主要有：①古生物化石博物馆，如自贡恐龙博物馆；②古人类遗址博物馆，如云南元谋古人类遗址、西安半坡人遗址；③巴蜀文化馆，如四川广汉三星堆遗址；④王朝故都，如历经十一朝的西安、秦都咸阳、西夏都银川、南昭都大理，蜀国都成都，以及新疆境内，已经只留下遗址的西域古城高昌和交河等；⑤陵寝墓葬，如陕西的黄帝陵、临潼的秦始皇兵马俑，重庆奉节的白帝城，内蒙古东胜的成吉思汗陵以及新疆喀什的香妃墓等；⑥古长城，有秦长城、明长城、嘉峪关、玉门关等；⑦古建筑及石窟，如丽江古城、布达拉宫、成都杜甫草堂、甘肃敦煌莫高窟、重庆大足石刻、四川都江堰、广西灵渠、新疆坎儿井等；⑧古丝绸之路、唐蕃古道，沿途拥有城池、古庙、泥塑、绘画、纸木文书等；⑨革命圣地，如延安、遵义以及航天城等。

西部除拥有包括丽江古城、敦煌莫高窟、西安秦始皇兵马俑、乐山大佛等世界级文化遗产外，还有国家级重点保护文物138处，有国家历史文化名城34座。各省还有一大批省级保护文物，如四川有24个省级文化名城和268处省级保护文物；陕西有省级保护文物355处，古建筑2604处；此外，西部是我国少数民族聚居地，绚丽多彩的民族文化和民族风情，同自然风光、人文景观相呼应，为西部的旅游业赋予深厚的文化底蕴，充满了灵气和特色，神秘和生机，展现出西部旅游业的巨大发展潜力和无比美好的光辉前景。

二、旅游业作为朝阳产业，应成为西部新的经济增长点

随着世界经济的发展，人民生活水平的提高，特别是交通工具的快捷和便利，给旅游事业的发展创造了优越的条件和广阔的空间。跨国旅游的人数越来越多，国际旅游蓬勃发展。旅游业，作为当今的朝阳产业，近年来表现出强劲的发展势头。

从全世界情况看，1995年的国际旅游人数达到5.67亿人，占全世界总人口的1/10，比1990年增长23.5%，年均递增4.3%。国际旅游收入达到3726亿美元，比1990年增长40.8%，年均递增7.1%。这一增长速度不仅远远高于同期世界经济的平均增长率（3%），而且也远远高于同期工业生产的增长率（3.2%）。最近，世界旅游组织秘书长弗兰切斯科·弗兰贾利在芬兰举行的2000年旅游研讨会上说，2020年，世界出国旅游人数将从1999年的6.68

亿人增长到16亿人，世界旅游产业的收入将增长3倍。他预测，日本2020年的出国旅游人数将从现在的世界第九位，上升为仅次于德国的世界第二位，每年将有1.4亿人出国旅游。弗兰贾利对中国的旅游业发展极为乐观，他认为中国在21世纪将取代法国，成为世界上接待游客最多的旅游大国。

从国内实际情况看，旅游经济正呈现出一派方兴未艾、蓬勃发展的好势头。特别是，国务院决定延长春节和“五一”“十一”假期之后，旅游业之火爆前所未有，很多城市和旅游景点准备不足，车辆无处停放，游人无处住宿的情况十分普遍。报纸曾这样报道：①四川雅安碧峰峡旅游点，因游人过多，车辆排了16千米长，进不去，也出不来；②云南中甸，人满为患，超过了接待能力的一倍以上，不得不动员学校和居民开房迎客；③四川九寨沟游人也高出接待能力的一倍，很多游客无处可居，只好在车上过夜；④去杭州的游客不得不到100千米之外的余姚找房住宿；⑤春节期间，仅北京飞往北海的飞机每天就增加了12个航班；⑥“五一”期间，云南每天旅游收入上亿元。今年“十一”，因受“五一”过于拥挤的影响，外出游人相对减少，但假日的增多和延长，必定为旅游业的大发展提供了机遇和空间。特别是西部大开发的动员令发出之后，到西部考察和旅游的国内外客人越来越多。最近三个月，我两次到丽江和大理进行考察，那里不仅中国人很多，而且外国人也随时可见。在大理的洋人一条街上，路边的餐馆和咖啡厅总是挤满了蓝眼睛、高鼻梁的外国人。

1990年，来我国旅游的外国人303万人，到1998年猛增到1043万人，8年增长三倍以上。我国旅游业的外汇收入，也从1990年的22.4亿美元增加到1998年的107.6亿美元，增加4.8倍。在西部的云南省，近几年狠抓旅游业，也取得显著成效，1999年旅游年收入已达204亿元，五年来年增长35.16%，如此等等，展现了我国旅游业的巨大发展潜力和迅猛发展的势头。

由此可见，旅游业在中国作为一个发展中的产业，不仅其自身有较大发展潜力，而且对整个经济发展的拉动作用不可低估，旅游不仅可以促进一个地区的对外开放和知名度的提高，而且可以推进招商引资，鼓起地方经济腾飞的风帆。旅游在西部大开发的战略中，有举足轻重的地位，西部应扬旅游资源之长，将旅游作为西部经济发展的重要增长点。

三、西部旅游业发展遇到的困难和问题

西部近年来旅游业的发展尽管取得了长足的进步，但同东部相比，特别是同其拥有的旅游资源相比，西部的旅游业还相当滞后。按1998年统计，西部接待的外国游客，不到全国的8.15%，加上广西和内蒙古，也只有全国的10%，从旅游取得的外汇收入看，在西部以陕西、云南两省最高，但也只有北京和广东的1/10左右，其他各省仅是北京、广东的1/30。有些省份赶不上北京、广东的千分之一。

西部各省旅游业发展遇到的困难和问题有以下四个方面：

（1）交通不便。西部的铁路公路均欠发达，而且因为路况不好，车辆运行缓慢，如成都去昆明的火车，因为是单轨铁路，路程虽不算远，也要运行20多小时。成都至北海，虽然只隔一个贵州省，却要运行40多小时。公路建设虽有好转，但一些景点的路况还很差。航空运输在西部更为滞后，不仅机场少，而且飞机航班少，例如著名的凉山彝族自治州首府、中国航天城西昌有可供波音747起降的大机场，至今才只有三条航线，路程远，价格高，而且对这些边远机场，无优惠、无减价。旅游业发展的经验证明，“旅游大发展，改善交通是关键”。在西部有很多富有吸引力的旅游点都热切期待着交通条件的改善。

（2）中心城市少。旅游需要城市的支撑和带动。一般说来，旅游活动多是以城市为中心向外辐射的，城市越大的地方，也是旅游活动越多的地方。西部虽然可供旅游的风景名胜极多，但因为城市较少，托扶力较弱，很多旅游资源不能充分发挥其应有的功能。据统计，西部10个省，50万人以上的城市总共只有9个，同辽宁一个省拥有的50万人以上的城市画等号。大城市少，必然造成交通、信息的聚集能力和辐射能力差，同样也造成居住条件差、服务设施差，因而制约了西部旅游业的大发展。

（3）资金十分紧缺。一切事业的发展都需有资金的支持。西部旅游业滞后也因为西部缺乏经济实力，资金的紧缺，造成开发力度不够，宣传推销不够，旅游资源不能联网、联片，旅游设施和旅游服务都很不健全。

（4）超前意识缺乏，创新观念不强。西部旅游开发滞后，固然与基础设施较差、交通条件不便有直接关系，但人的旅游观念淡薄、超前意识缺乏、

创新观念不强也是造成西部旅游业远落后于东部的重要原因。欠缺对旅游资源的正确判断和认识，更缺乏对资源价值的恰当评估和包装，开发旅游思维定式，创新不足。

四、关于加速西部旅游业大发展的几点建议

（1）为大力开发西部旅游业，要进一步加大西部基础设施的投入，特别要加快西部的铁路、公路和机场建设。对已有铁路争取早日建成双轨，对新开设的机场和铁路要解放思想，多开通一些航班和列车，并争取初始阶段减价、优惠，改善旅游发展大环境，带动西部旅游业的快速发展。

（2）加快西部的中心城市建设。结合公路网、铁路网和飞机场的建设，有意识地在一些人口密集地区，做好城市发展规划，强化现有城镇的交通设施，促进城市崛起。对一些已具备条件的旅游重地，要创造条件，建立城镇、发展城镇，特别是旅游景点较多或旅游层次较高的景点所在地，一定要结合经济发展和城市化的推进，把大型的中心城市搞起来。

（3）各级政府要把旅游作为一个重要产业列入开发日程。把旅游业作为产业抓紧抓实，把资源优势转为产业优势。像云南省那样，加强领导，加强管理，搞好旅游业发展规划，加强宣传促销，加强服务培训。特别是要结合假日经济，认真研究如何搞好接待和服务。

（4）实施旅游名牌精品战略。旅游的推销和商品一样，需要实施名牌战略。西部有很多旅游资源可以打出名牌，需要策划，需要宣传。要做好路线的设计，以精品旅游资源为主，带动沿线旅游景点的发展，并围绕名牌战略重视民族文化旅游开发，重视旅游商品生产，重视旅游度假及旅游区的生态环境保护和建设。

（5）搞好旅游人才的培养选拔。一定要选拔优秀人才走上旅游管理部门的领导岗位，要大胆起用学历高、品德优、经验多、阅历丰富、有创新思路的人去抓旅游工作。要大力提高导游人员的业务水平、外语水平。宾馆、商店、机场、车站，要书写外语标志和开辟外语广播，做好涉外服务。

（6）与国外旅游公司合资建立合作旅游公司，有条件的还要到国外办旅游公司，以便从国外组织客源。同时，还要在西部多一点地方实行落地签证和大力简化口岸出入境手续，方便游客进出国境。

（7）要广开融资渠道，加大西部旅游的投入，搞好对东部地区、港澳台地区和国外的招商引资，加快西部旅游资源的开发，以促进西部旅游业的崛起，并带动西部经济的腾飞。

（原载中央统战部《献计献策》）

农民问题是中国一切问题中的大问题

2001 年 8 月

在庆祝建党 80 周年之际，全国人民无不感慨地喊出“没有共产党就没有新中国”。80 年来，中国发生了翻天覆地的变化，特别是改革开放 20 年来，中国发展之快、变化之大，人民生活改善之多，令人瞩目，震惊中外。

但需要指出的是，占总人口 70%以上的农民的大多数，还处在比较穷的境遇中，农村、农业、农民问题依然是中国的最大问题。农民苦、农村穷、农业落后的问题，还在不少地方存在着。

农业是国民经济中一个弱势产业，资金匮乏、人多地少、天灾不断、技术落后、人才稀缺、观念陈旧、竞争激烈、交通不便、税负奇高、管理混乱等问题严重存在。由此而导致的农民收入与城市居民相比，差距越拉越大。1985 年后，农民收入增幅逐年下降，1999 年，农民收入增幅已下降到 3. 8%，一些地区出现了负增长。2000 年，农民人均年收入在 500 元以下的又增多 0. 75 个百分点。年收入在 500~1000 元的又增多 0. 43 个百分点。这个比重超过了 1996 年。这部分农户约占总农户的 14. 18%，相当于 3424 万户，人口总量不少于 1. 3162 亿人。拿这部分人的收入同全国城镇居民可支配收入相比，相差 5. 85~11. 65 倍，若同北京、上海相比，城乡差距高达 20~30 倍左右。

另外，农民的收入还不像城镇的收入统计那么实，一些干部为了升官，虚报政绩，不少有关人均收入的统计严重不实，例如中央电视台披露的浙江乐清县双峰乡陈长村，本来人均收入只有 900 元，乡里上报数字却为 3000 元。像这样的虚报浮夸，在广大农村随处可见。因此，如果按真实的农民收入来研究问题，中国农民同城镇居民收入的差距不知还要大多少，不知还要涉及几亿人。

从比较实在的居民存款来分析，2000 年，全国城乡居民存款为 63500 亿元，其中 52000 亿元为城镇居民所有，农民存款为 11000 亿元。经计算城镇人均存款为16473.94元，农民人均存款为1177.26元，农民人均存款仅为城镇居民存款的1/14，再说这11000亿元的存款又多分布于沿海和少数暴发户的手中，实际内地很多农民根本没有存款或存款少得可怜。以此来衡量城乡差距，少说为14倍，多说则为几十倍，甚至上百倍。

1997年农民人均出售农产品的收入为1092元，到了2000年，陡然降至600元，下降幅度高达45%，相当于全国农民总共减少收入3972亿元，等于每个农民比1997年少获现金492元左右。现在农产品价格连续五年不断下滑，同1995年相比已累计下跌22.6个百分点，粮食收购价累计下跌27.59个百分点，2000年最为严重，同1999年相比，2000年粮价下降8.8个百分点，经济作物收购价下降19.5个百分点。

这种价格下滑造成的严重亏损，使广大农民已经无法承受，农民同城镇居民的收入差距，不仅无法遏制，而且还将继续明显扩大。美国经济研究会前会长、芝加哥大学教授约翰逊在深入研究了中国的情况后得出结论，中国是世界上城乡差距最大的国家。特别值得注意的是，1994年财政体制改革后，造成很多农村县、乡财政极度困难。截至2000年6月底，广东有26个县欠发工资8.1亿元。山西、河南、广西、四川、贵州县乡财政赤字超过60%，云南、陕西、新疆、青海县乡财政赤字超过80%，全国有60%的县，2/3的乡镇不能按时给干部、教师发工资。河南有的教师反映有近一年没发工资，退休的农科人员已经是三年没见工资了。

随着中央对于加强广大农村教育事业的推进，广大农民已经认识到治贫先治愚的重要性，但是想让孩子读书，因为没有现金支付，加上学校收费太高，有学上不起，有书读不成，不是不想学，而是不能学。

由于城乡差距拉大，生活的艰难和心理上的不平衡，在农村出现了“死也死在城市，下辈子绝不能做农民”的意识倾向。一些人走进城市铤而走险，偷盗抢劫对社会产生了极大危害。也有些农民进城市出卖苦力，最近北京一位博士沿着上个世纪初刘少奇经过的足迹去安源煤矿调查，发现“那里的矿工包身现象和旧社会没有两样”，可想这包身工肯定都是农民。去年河南上蔡县发现两个“艾滋病村”，每村患艾滋病的超过1000人，则都是因为生活艰难，出外卖血、长期卖血而被感染的。最近北京捕获的一个全为20多岁的农民盗车团伙，在供词中说，“看到别人吃香的喝辣的，而我们穷的连老婆都娶不上"，这就是他们冒着被枪毙、坐牢的危险进行盗窃的动因。

共产党是为广大人民谋利益的，依靠人民，为了人民是共产党立党之本。"代表最广大人民的利益"才是三个代表的根本和灵魂。中国有9亿多农民，农民的收入上不去，农村的问题不解决，中国的富强和现代化就缺乏稳固的根基，中国的第三步战略目标就无法顺利实现。

出现城乡差距越拉越大，农村贫困人口仍然较多的情况，固然有很多原因，但根本原因，还是对农村的困难和问题知情不够、对改变农村面貌的重要性认识不够、对农村的政策倾斜不够、对农村的基础设施建设关心不够、对农村和农业的投资和支持力度不够。

具体有以下六个问题：

一、1994年财政体制改革，导致农村丧失了元气

1994年财政体制改革，造成财政过于向上倾斜，各方面的支出过多地向下推卸，使得县乡基层财政出现了越来越大的困难。财政改革前的1993年全国县乡财政赤字为42.21亿元，到改革后的1995年，县乡财政赤字迅速扩大到827.7亿元，这个财政赤字成20倍的增长，不是别的原因造成的，主要是财政体制改革不当导致的。

二、财政支出极不公平、极不合理

根据国家统计局2000年中国统计摘要公布数据，我国城市的非农人口仅为2亿人，也就是说，差不多有10亿多人口为农业人口，但政府财政支出用于农民的仅有5%，也就是说，城市2亿多人用去了财政的95%（包括国防与公共安全等），而农村的10亿人仅享用财政支出的5%。由此可见，我们所谓重视农业还只是停留在口头上，我们代表最广大人民的利益也还没有落到实处。

三、农牧税的增长是所有税种增长最快的

同1985年相比，1998年我国农牧税增长9.5倍，而此期间国家财政总收入增长5.6倍，地方财政增长4.5倍，国家工商税增长6.9倍，由此看出农牧税增幅是最高的，说明赋税加给农民的负担是最大的。

四、国家对农村基础设施建设的关心和支持不够

在城市内或城市之间，不断加大投入建设高速路、地下铁的时候，我们很多农村、乡镇，不要说山区了，就连很多平原地区的农村，乡镇还没有像样的道路，下了雨泥泞不堪，进不去、出不来，怎样发展经济？

五、乡、村机构庞大，吃皇粮者越来越多，各种收费让农民难以承受

过去一个乡镇吃皇粮的干部多为几十人，现在普遍发展到几百人。由于机构改革层层下放，乡政府便成了最后的“收容所”，再加上买官、卖官的盛行，无处安置时，只好送到乡政府。一个乡政府所谓的“七站八所”，人浮于事，我曾看到一个三四万人的乡，仅土地所就有 14 人。这么多人，要吃要喝，要发工资，还要统一着装，钱从哪里来？当然是落在农民的肩上。

六、进行江河治理，整顿“五小”厂矿，关停大批县乡企业，也造成农村经济的萧条

例如治理淮河，关掉了数以千计的县、乡办的工厂，不仅给县乡造成了损失，减少了收入，而且也关掉了大批农民工的就业岗位，很多为这些企业服务的原料基地，服务行业也不得不就此倒闭。所有这些都造成农民收入减少，农村更加困难。

在新中国成立初期直到开放后的先期阶段，一直把农业作为工业经济、城市经济的基础，不仅靠农业提供城市人民需要的粮、棉、油、肉、蛋、奶、瓜、果、菜，还要靠农民提供各种工业发展需要的多种原材料，农民还要通过纳粮、交税、义务劳动，为工业经济和城市经济的发展做贡献。在解放初期、开放先期这样做是必要的、应该的。但时至 21 世纪，我国的工业经济已经在很多方面迈进了世界第一，我国的城市经济已经在交通、通信、科技、教育、居住、饮食、文化、娱乐方面贴近国外，差不多应有尽有了，特别是高楼大厦，无论数量、质量都是在国外见之不多的。这个时候，我们依然停留在早期的工业经济、城市经济模式上，仍旧对农民只取、不予或是取多、予少。显然，与中国共产党代表最广大人民的利益的宗旨是不相吻合的。

鉴于我国即将加入 WTO，又考虑到我国很多粮食价格已高出国际市场价

（小麦高出26%、玉米高出32%、大米高出8.6%、大豆高出38%、豆油高出86%、花生油高出23%），农业将面临严峻的挑战。为了预防我国农业可能遇到的危机和可能带给农民的困难，我们需要针对上述造成城乡差距越拉越大的主要成因，采取实实在在的措施，改革不合理的财政体制，减轻农民的税负，加大对农业的投入，在大力推进城市化、非农化和农业产业化的进程中，把农村的现代化建设推上新台阶。

（原载《中国政协》）

关于出台节水政策和法规的建议

2002 年 4 月

一、我国水情令人触目惊心

（一）我国淮河以北地区水资源总量仅占全国的 1/8

从总体上看，中国人均水资源量为 2400 立方米/年，相当于世界人均水量的 1/4，排行第 121 位，缺水问题似乎并非十分严重。但是由于我国水资源量的时空分布不均造成很多地区极度缺水，在我国以淮河为界的北方地区，包括华北、西北、东北和部分华东地区，占全国 3/5 的辽阔国土上，水资源总量仅占全国的 1/8。人均水资源不到 300 立方米/年。世界上公认的缺水国家为人均水资源 2000 立方米，极度缺水国家索马里水资源量为人均 980 立方米/年，以色列为 461 立方米/年。而我国北方地区连索马里、以色列都不如。

（二）水资源减少日益加剧

我国水资源逐渐减少的情况日益加剧，这是最令人担心的大问题。华北地区 1980 年前后，水资源人均占有量为 383 立方米/年，到 1990 年已下降到 274 立方米/年，近十几年来，人均水资源量又有大幅度的减少。被誉为中华民族母亲河的黄河，在河南花园口的雨季流量 1958 年为 23200 立方米，到 1999 年，居然下降到 200 立方米，尚不到 40 年前的 1%。海河的情况更不堪回首，到 2000 年，已有近 300 条支流完全干涸。天津、河北、内蒙古、山西、宁夏等省区，有数万亩农田因缺水而无收成，许多地方连人畜饮水都无法保证。北京有官厅、密云两大水库，可存水 400 亿立方米，1980 年前后每年上游来水可达 40 亿立方米，至 1999 年，两库上游来水合计只有 3. 36 亿立方米，2000 年仅有 1. 8 亿立方米。由于水源日趋减少，在西北地区，继偌大的罗布泊消失之后，闻名遐迩的艾丁湖、台特玛湖已无踪影，博斯腾湖、乌伦古湖、艾比湖危在旦夕。因缺水造成的沙漠化面积每年约为2500平方千米，相当于每年减少一个中等县的耕地面积。沙尘暴之所以愈来愈严重，缺水和水源的日渐枯竭是其根本原因。

（三）地下水过度开采并面临严重污染

地表水如此，地下水的情况也不乐观。近10年来，在河北省，有约4.8万口深水井干涸无水，由于地下水的超量开采，我国北方已出现十个地下水区域水位降落漏斗。北京市东郊有600平方千米地面下沉，中心区现已下沉0.55米。河北省一些地区开采深层地下水，由于含氟量高，造成氟斑齿、氟骨病，氟中毒患者超过50万人。浅层地下水污染情况也很严重。北京年污水排放量13亿立方米，60%的污水直接排入河道，渗入地下，作为千年古都，有上万个渗井渗坑，是地面污水进入地下的直接通道。另外，北京市郊有4000座垃圾堆，因没有任何防漏措施，使垃圾的滤液直接污染地下水。

二、节水革命势在必行

1997年，联合国向世界发出警告：如果在用水方面不来一次革命，今后30年，全世界将有2/3的人面临缺水的压力，有1/4的人将为水资源发生争斗。中国是人口特大国，缺水问题显得特别严重，为此，很有必要进行节水革命。

节水革命，就是要革掉浪费水资源的现象，就是要建设节水城市、节水农业、节水工业、节水生活方式，建设节水型社会。

在国外，十分重视节水研究，如德国经过研究，使棉纺厂生产用水降低80%。美国北加利福尼亚三菱半导体公司经过实验，在产量增长30%的同时，生产用水降低70%。在居民用水方面，美国加利福尼亚州Goleta地区，水务局帮7.4万户居民安装了节水盥洗室，使每户居民用水量比前8年减少50%，在亚利桑那州图森地区，居民用水量较一般地区减少67%。澳大利亚和瑞典的厕所用水分别减少80%和84%，此外，中水、雨水也在世界许多地方包括夏威夷、加勒比海、澳大利亚等地推广使用。农田节水工作，各国做的更多，从80年代起，美国、以色列等就有农场用地下滴灌代替漫灌，水利用效率提高到95%，节水1.6倍，同时，又减少了氮肥施用量25%~50%，农作物产量提高15%~50%，有人把滴灌用于棉花种植，除了节水外，还可使表层土流失减少 15 倍。

在我国，为了节约用水，朱镕基总理在“十五”计划的建议中指出：“必须把节水放在突出的位置，这是缓解水资源供需矛盾的根本途径。”温家宝副总理也强调指出：“在一个水资源严重短缺的国家，不搞节水是没有出路的。”为解决水资源短缺的问题，政府已做了大量工作，出台了一系列节约用水的法规和措施，关停并转一批污染江河、湖泊的生产企业，对地下水的使用做出了限制性规定。退耕还林、还湖、还草，涵养水源，以及推广中水利用技术等措施都对保护水源、节约用水起到了有力的推动作用。正在紧锣密鼓地进行南水北调工程，是解决华北用水短缺的战略行动。

但是，根据调查，我们在节水方面还存在不少的严重问题：

一是水资源浪费严重。我国工业产品生产的单位耗水量比发达国家高 5~10 倍，工业用水重复率不到 1/3，万元工业产品用水量比外国高 10 倍以上，农田用水量是世界平均数的 2 倍以上。从居民用水看，少的人均用水仅有一两吨，多的则高达数十吨，由于收入的不平衡，很多高收入人士集中于城市，用水的奢侈之风盛行，也造成水资源的极大浪费。

二是对水资源经济的研究极为短缺。作为世界上头号缺水大国，有 5 亿~6 亿人口生活在严重缺水与高度缺水地区，但作为政府专门从事水资源经济的研究单位很少，经济学家可谓众多，而研究水资源经济的则寥寥无几，研究经费和人才都很不足。

三是对节水技术的研发与推广支持不够。针对如此重要、事关全局的节水问题，研发节水技术与节水产品是十分重要的环节，在国家研究开发计划中，对这方面的支持力度较小，例如，滴灌技术在国外已应用 20 年之久，但我国始终未开发这方面的产品，直至去年以色列在库尔勒合作建厂，方才填补了这方面的空白。另外，虽已有些民间专利节水技术，却因缺少普及和推广的支持，而不能得以应用和进入市场。

四是水价不合理造成水资源的严重浪费。价格是引导需求的唯一杠杆。国际上人均水费支出通常为人均收入的 2%~3%（非缺水国家），中国现价人均水费支出不足人均收入的 1%，以色列水价为每立方米 14 美元，折合人民币 116 元，为中国水价的 58 倍，由于水价过低造成千家万户对水的严重浪费。现在瓶装饮用水 5 加仑售价为 10 元，是自来水价的 400 倍，其销售十分看好，为什么自来水价就不能提升呢？

早在1982年召开的“中美能源资料环境”会议上专家们即已指出，要把水作为商品，充分发挥水价的经济杠杆作用。过低的水价向社会发出一个错误的引导信号，这不仅不利于建立人们的节水意识，使得节水宣传难见实效，而且给节水科技产品的开发与推广设置了障碍。

三、开展节水革命的对策建议

为了保证社会的可持续发展，搞好节水革命，需要把环境养水、政策管水、适价用水与措施节水综合起来进行推进，做到先养后用，先管后用，先节后用。为此，建议采取以下对策和措施：

（1）为彻底理顺现行的水资源管理体制，建议成立中央直管的节水、管水主管部门。打破现行的行业和地区的分割现状及政出多门的“多龙治水”弊端，强化对水源开发、应用的监督和管理，负责制定国家河流、水库及地下水开采办法，研究用水和节水政策，出台有关用水、节水法规。

（2）提高对管水、用水和节水的宏观意识和政策指导水平。当前要狠抓水资源经济的研究，搞好管水、用水、节水的战略研究，经常组织节水研究论坛，加强学术交流，集中国内外水资源经济研究学者、专家的聪明才智，提高我国在水资源经济方面的理论研究与实际操作水平。

（3）增强对水资源开发和节水技术研究的支持力度。国家各有关方面的研究发展计划都要重视用水、节水的研究，科技部应把节水、用水纳入国家研究开发计划，重视人才培养，加大资金扶持力度，尤其要关注节水技术和节水产品的推广，促进相关技术与产品的产业化。

（4）重视水资源保护、管理、使用与节水的立法。应该像重视计划生育一样，把水资源可持续利用与建立节水型社会作为我国战略发展的一项国策，要尽早出台相关的法律，以法律形式保护和节约水资源。

（5）推动和实施水价改革，尽快制定与水资源供需相适应的水价政策。本着满足基本需求、减少充分需求、控制奢侈需求的原则，制定用水数量及相关价格体系，使水价能够充分发挥调节市场供求和节约用水的巨大作用。

（6）狠抓节水宣传，培养全民节水意识。要通过各种媒体和渠道大力宣讲我国水情，讲透节约用水的重要性与紧迫性，以唤起社会的良知和义务。各类学校也要重视节水教育，形成一种作为全社会公德的节水氛围，增强公民节水的使命感、责任感，为建设节水型社会做贡献。

（原载《国务院参事建议》）

关于发展城市农业的思维与管见

2002 年 5 月

城市农业，是在城市内和城市郊区的土地上，依托城市的市场，利用城市的资源，发展起来的种植业和养殖业。为了使“城市农业”更有效地利用因濒临城市而拥有的种种社会资源，提高城市农业的经济效益，应该认识和把握城市优势，探索与城市优势相适应的城市农业特点。只有把握这些优势，突出这些特点，才能搞好城市农业的定位和创新，取得更大的效益和发展。

一、城市农业发展中应把握的客观优势

（一）区位优势

城市农业的最大优势是其所在区位与城市相毗邻。城市作为聚集人口、商品、工业、文化、信息、交通、科技、教育、金融、服务的地域系统，既有聚集功能，也有辐射作用。根据经济学的梯度扩散理论，城市高度发达的经济、科技、文化、信息的冲击波，首先要向离它最近的地方流动和扩散。城市农业的发展区位，既然与城市相衔接，城市农业就一定能够在“近水楼台”的位置上，成为城市经济冲击波首当其冲的受益者。关注城市农业，就首先要关注区位优势，研究和利用区位优势，是城市农业发展的关键。

（二）市场优势

同一般乡村农业相比，城市农业更加邻近市场。城市作为工业与人口最集中的场所，而且是高收入阶层的聚居地，无论是工业原料的消费，还是生活资料的消费，需求都是最大的。需求的旺盛是经济发展的动力，城市农业可以面向城市的市场需求，得到更好的发展。近年来随着城市人均收入的增长，市场对农业的需求有了很大的改变，多样化、优质化、专用化、高档化的市场需求在不断增长。城市农业，要善于抓住机遇，面对城市人不断增长

的农产品需求，开发更多适销对路的高档优质农产品，就可以赢得城市农业大发展。

（三）交通优势

交通的便捷，是带动经济发展的重要条件。处在城市周边位置上的城市农业，道路纵横，交通十分方便。这样不仅利于原料运入和农产品的运出，而且能方便地吸收城市人到城郊休闲和购物。另外，由于城市，特别是大城市多处在水陆交通的枢纽位置，海、陆、空交通的便捷同样为城市农业的发展带来极大的便利。城市农业不仅可以依仗能通往城市的交通，把产品销到企业、机关、餐厅、超市，而且可以利于处于枢纽位置的海、陆、空运输条件，集散更多的市内外的农产品，销售到国内各大都市或 WTO 成员国的各国市场。

（四）信息优势

现在已经进入信息时代，发展城市农业离不开信息的支持。城市因有较好的通信设施，有更多的信息机构和信息网络，再加上各种传媒采集信息、传播信息，效率极高，覆盖面甚广。因此，城市农业能及时快速地收集到技术信息、市场信息、政策信息和人才信息，利于生产上抢占先机、销售上抢占市场。曾做过日本首相的田中角荣为发展日本经济曾提出“收集信息快”“加工生产快”“占领市场快”的振兴经济战略，并对日本 70 年代的经济振兴起到了重要作用。城市农业因为靠近信息资源，必然利于“三快”的实现，利于城市农业的快速发展。

（五）人才优势

“城市农业”的发展是一种创新，而且只有不断地创新，“城市农业”才能适应发展的形势，才能办出城市农业的特色。创新靠什么？就是靠人才。人才是隐藏在生产要素后的重要动因，是人才把生产要素有机地组织起来，并不断创新，才推动了经济的快速发展。城市农业在城市近郊发展，需要重视和依仗城市拥有的各种人才。城市有高等院校、研究院所，特别是特大城市，人才优势十分突出，在职的、退休的、国内的、国外的、专职的、兼职的、业内的、业外的人才比比皆是，城市农业一旦把这一优势利用起来，城市农业就会大有希望、前途无量。

（六）资金优势

城市农业的投资主体将包括城郊农民、城市有志发展城市农业的企业家及来自国内和国外的投资者。投资主体较多，这是城市农业发展的优势所在。作为城市农业的主要参与者的郊区农民，同一般农村相比，富裕程度较高，资金实力较强，对发展城市农业能给予较大的支持。作为第二个层次的投资主体，城市的企业家和国内外的投资者，对城市农业的发展，更是不可忽视的力量。另外，城市经济实力较强，随着城市化的推进，农业产业化和城郊城镇化将会作为今后一个时期的推进重点，政府会因此在基础设施、农业科技方面给予资金的扶植。尤其因为城市特别是大城市金融事业比较发达，只要有了好的项目，进行融资和贷款相对方便。所有这些资金方面的有利条件，都值得在城市农业发展中给予高度重视和充分利用。

（七）文化优势

文化和经济不可分割，相辅相成。文化氛围对当代经济的发展举足轻重。很多人的成功，发展较快的地方，都得益于已有的文化背景。城市中深厚的文化根基和勇于担当风险、富于创新的精神是支持创业、推动创业的重要条件。在城市市郊发展城市农业容易得到城市中创业文化的冲击，城市文化对城市农业可以通过耳濡目染发挥促进作用，不仅可以促进人们扩大视野、拓展思维、解放思想、勇于创新，而且可以使人们增强信心，增强勇于挑战的自强性和善于抓机遇的敏感性，这对发展城市农业来说是弥足珍贵的。

（八）科技优势

当今处在科技爆炸的时代。只是由于中国二元经济的制约，这种科技的聚集和施惠还主要停留在城市中。作为一般农村虽然也有较多的受益，但利用这些科技成果为农业服务还面临很多难题。城市农业不同，它可以因同高等学院、研究院所距离较近，人员较熟，信息灵通，而能以充分利用城市的科技优势为城市农业的发展更好服务。城市农业有条件充分展示它的科技优势，为中国大农业的技术、品种、管理和创新，做出更大的贡献。

二、城市农业发展中应突出的主要特点

（一）“三高”特点

（1）技术高。当今企业与企业的竞争，归根结底是科学技术的竞争。谁

掌握了先进技术，谁就是强者，谁就能掌握竞争的主动权。作为城市农业，面对竞争，就要采用最先进的技术，引进最先进的品种。只有把城市农业定位于“名、优、特”产品的生产上，才能利用“人无我有、人有我优、人优我廉”的产品优势，在激烈的市场竞争中，出奇制胜，站稳脚跟。

（2）投入高。这些年，一些农村水果烂在地里，蔬菜拿来喂牛的事屡屡发生，究其原因是，农民在缺乏投入的情况下，只能你干啥我干啥，大家都来生产大路货。在低投入水平上发展大路货的结果是，必然进入一个“少啦、少啦、多啦多”的恶性循环。因为中国的农民人口比例特别大，所以种养的人远比消费的人多得多。低投入的产品大家都能干得起，所以一旦发展，必然过剩。作为城市农业，最好不要同普通农民去竞争大路货的种养，而应该利用自身优势，发展高投入的设施农业，这样才能显示出城市农业的特色，取得高水平的发展。

（3）效益高。现在很多地方农民因产业结构未能得到调整，种一般作物，创造效益极低。人们说，“辛辛苦苦干一年，一亩地赚不了一条烟”，如果把劳力作价计入成本，几乎是无钱可赚。城市农业的发展，为了避开高投入的高风险，就一定要跳出传统农业的圈子，摆脱小农经济的约束，在经营模式上，一定面向城市中上收入阶层和出口外销，开发高值农业产品。在项目的选择上，一定要走科学化、现代化的路子，发展水培作物、大棚种植以及养殖方面的人工受精、胚胎移植、高密度饲养等高效益的种养新项目。

（二）“三新”特点

（1）思维新。现在的经济发展和财富的取得，在很多情况下是靠思维创新得来的。林雨堂曾经写道，“思维即是财富”，国外也十分重视“Idea”的作用。广东人，把一棵耐阴的乔木，起名为“发财树”而行销全国各地；把一棵仅开一枝小花的兰科植物，起名为“一帆风顺”而发了大财。我们发展城市农业，一定要注意创新。创新是发展的动力，是财富的源泉。除了科技创新、体制创新，还要特别重视思维的创新。比尔·盖茨的成功即来源于他父母对思维的重视和对他思维素质的教育和培养。“不怕做不到，就怕想不到”，要实现创新思维、聚敛财富的目标，就要强化思维意识，重视人的思维素质，做到敢想和会想。

（2）模式新。城市农业和其他经济活动一样，存在着不同的思维模式、管理模式、生产模式、经营模式等。实践证明，凡是沿袭传统模式者，就很难大有作为；相反，善于引用借鉴人类创造的新模式，就一定会出奇制胜，取得意想不到的进展。沃尔玛，因看到城郊土地便宜，改变了一般超市的经营模式，创下了大型的仓储市场，一下子发展到1740多个连锁店，营业额达到440亿美元；迪士尼，因受群众来信想看唐老鸭生活状况的启发，创建了迪士尼乐园，就业职工12万人，年营业额达到250亿美元。发展城市农业，要结合实际，引入或创造先进的管理模式、生产模式、经营模式，以取得好的效益和进展。

（3）体制新。体制作为上层建筑，对经济基础起着重要作用。发展城市农业要重视体制的创新，推动城市农业的快速发展。我国农村的家庭承包为基础、统分结合的双层经营体制，需在发展的城市农业中，逐步创造条件，按照依法、自愿、有偿的原则进行承包经营权的流转，尽可能使土地向少数农民手中集中，发展规模经营。随着城市化和农业产业化的推进，更需要消除不利于城镇化和农业产业化发展的小农意识，以提高农民的组织化程度，积极推进城市化进程和农业产业化经营。

（三）“三性”特点

（1）示范性。中国70%的人口在农村，建设现代化农业，发展农村经济，增加农民收入，是全面建设小康社会的重大任务。长期的经验告诉我们，在广大农村因文化素质较低、信息比较欠缺，农民吸收新的观念、利用新的技术、接受新的品种，都需要通过示范来带动。城市作为地域经济的火车头，在发展城市农业时，应考虑它对广大农村的示范性。城市农业的发展，应成为新兴农业技术的孵化器、高产优质品种的繁育场、新型高效设施农业的示范区。使城市农业既面向城市供应产品，也面向农村提供技术、品种和服务。

（2）观光性。近年来，随着城市人生活水平的提高和度假休闲时间的增多，很多城郊出现了各种各样的“农家乐”，西红柿、瓜类观赏园，苹果、樱桃采摘园等。还有一些地方建设了休闲农业园区，南园区拿出一批土地租给城市居民认管和收获，南园区统一播种、浇灌和管理，使农业的观光性又增加了游客的参与性。发展城市农业，应充分利用城郊的地形地貌、青山绿水和有关的历史文化遗迹，把农业本身开发为观光场所，而且可以在城郊建成若干个以农业为主体的大型旅游度假区。

（3）外向性。农产品在产地与发达城市的销售市场间存在着较大的价格差。有些产品，虽然承受了外销的较多运费，仍然比在本地出售获得更大回报。所以，重视城市农业的外向性，有利于扩大市场和提高经营效益。我在日本九州大分县曾三次参观它的“一村一品运动”，由大分州县执事提出的“一村一品”，主要是为外销服务的。他们在调查周边的国内外城市的市场需求后，提出了“空港农业”和“海港农业”的口号，根据市场一村生产一个可以销到省外去的农产品。城市多处在海、陆、空交通的枢纽位置，城市农业的发展，要注意利用这一优势，沿着“空港农业”“路港农业”的路子，发展外销产品的生产。

（四）“三化”特点

（1）园林化。绿色是地球之肺，生态宿主，也是人类生存发展的根基，环境优美的源头。人类于80年代提出可持续发展战略以来，为促进人和自然的协调与和谐，使人们在优美的环境中工作和生活，世界各地都高度重视生态和城市园林的建设。日本提出城市园林化；钱学森同志也多次提出了山水城市的设想。近年来，全国城市的园林建设和绿化工作，都取得了可喜成绩。城市农业的建设，要考虑到城乡一体化的前景，把园林化作为目标，将城市农业同城镇发展结合起来，大力推进园林化、山水化，使城郊的山川建设更美好。以绿化和美化的环境赢得国内外投资者青睐，吸引旅游者观光，并为在城郊落户的居民创造舒适的环境。

（2）产业化。农业产业化涵盖了农业的规模化、集约化、科学化、机械化、设施化。推进农业产业化，可以提高农民进入市场的组织化程度和农业经济的综合效益，是农业现代化的必由之路。城市农业的发展应当利用自身的优势，坚持农业产业化方向，扩大农业生产规模，发展支柱产业，提高集约程度，加强科学管理，大力推进设施农业的开发和实现农业机械化。

（3）园区化。园区经济，从80年代初在欧美兴起之后，由于其管理体制、管理方式、管理政策灵活性较大、自主性较强，所以给经济和科技的发展注入了能量和活力，引起了投资者的青睐和政府部门的关注。在我国各地，经济园区不仅成了对外开放的窗口，是经济发展的增长点，改革开放的实验区，而且成了聚集人才和技术的平台、招商引资的载体。园区把先进生产力、先进文化和最广大人民利益聚集在一起，有效地带动了科技的进步、人才的培养、观念的转变和管理水平的提高，为经济、科技的发展做出了不可磨灭的贡献。城市农业的发展要借鉴园区经济发展的经验，利用园区的优势，发展不同层次、不同规模、不同类型的城市农业园区。在园区化的激励下，促进各生产要素的活力竞相迸发、创造财富的源泉充分涌流。

三、城市农业发展应注意的几个结合

（一）城市农业发展要与小城镇建设相结合

综观世界上大城市周围城市群的形成，都是中心城市发展到一定水平和规模之后出现的。这一方面是随着城市居民收入的提高，汽车大量进入家庭，人们为了避开城市的嘈杂和拥挤，把居住地转移到离城市半小时左右的地域内。另一方面，是因为城市寸土寸金，一些企业的发展扩张受到了土地的制约，而把工厂或仓库向城市周边农村转移。正因为这样，在国外很多大城市周围都崛起一大批小城镇。我国也不会例外，随着城市化的推进，大城市周围小城镇群的兴起也是不可避免的。在编制城市农业规划时，一定要考虑到这一趋势，把城市农业发展与小城镇建设结合起来。一是要统筹考虑住宅、超市、仓库、文化设施及道路建设，既积极接纳城市人口向郊区的分流和疏散，又负担好农民特别是城郊各县农民的转移和聚集。二是要瞄准城镇化带来的各种机遇，使城市农业结构的发展适应可能出现的新市场和可能产生的新变化。

（二）城市农业要与大力发展奶牛产业相结合

城市农业既包括种植业又包括畜牧业。这里我特意提出奶牛业的发展，是因为牛奶的供需给我们展示了一个巨大市场。根据我的经验，国外对各种食品、饮料和农产品的人均需求量，凡明显大于我国的，都会在中国产生一个大发展，孕育出一批大产业。当初饲料业和啤酒业的发展，虽然有很多人强调中国国情不同，人们生活习惯不同，不赞成在我国进行大发展，但事实是，随着中国人民收入和生活水平的提高，这些行业都不可阻挡地、迅速地发展起来了。现在轮到牛奶了，美国人均牛奶 285 千克，世界人均牛奶 106 千克，而我国现在人均牛奶还不到 10 千克。随着人均收入增长，牛奶的需求在迅速飙升。城郊发展奶牛业向城市供应鲜奶，市场优势很多，也利于劳力的安排和城郊农民的致富。因此，城市农业应与发展奶牛产业相结合，把发展牛奶产业作为发展重点之一。

（三）城市农业要与发展龙头企业相结合

发展种植业要有种植业的加工厂，发展畜牧业要有畜牧屠宰场，这样农产品才有市场和出路，才能赢得效益和发展。我们参观过一些大型屠宰场和食品厂，这些厂对农业的带动作用是有目共睹的。例如河南漯河的“双汇”火腿肠，四川绵阳的“光友”方便粉，吉林德慧的“正大”鸡肉加工等，对当地农民发展种养业和走致富路起了非常重要的作用。我国食品加工业同国外相比还有不小的差距，各种农产品的加工都有很大潜力。包括日常吃的大宗蔬菜，进行清洁加工和包装都需要有龙头企业来担当。因此，发展城市农业，一定要把龙头企业作为头等大事把它抓紧抓好，让更多的企业在城郊崛起，为城市农业的发展作出贡献。

（四）城市农业要与物流的发展相结合

物流业在我国正在蓬勃发展。基于城市多处在物流节点（也叫结节点）的重要位置上，一方面有极好的物流条件，另一方面又有很多待在此地集散的货物资源，因此物流业今后还会有更大发展。城市农业的发展，要利用城市的商贸优势和物流业大发展的机遇，要把城郊变成多种农牧产品的集散市场，变成农牧产品贮存、配送、加工、转运和信息的中心。在为本市供应的同时，要同路港、空港和水运码头相衔接，建设农牧产品贮备仓、营业仓、中转仓、流通仓，争取把周边集聚起来的农产品转运到其他大中城市或国外。

（五）城市农业要与旅游业的发展相结合

城市农业有着提供人们观光、休闲的功能。旅游业作为一个朝阳产业，近年来表现出强劲的发展势头，年均增长速度远高于经济的增长。世界旅游组织秘书长弗兰切斯科·弗兰贾利在2000年芬兰旅游研讨会上说，2020年世界出国旅游人数将从1999年的6.68亿人，增长到16亿人。世界旅游收入将增长3倍。去年，弗兰贾利又到中国发表演讲，认为中国在21世纪将取代法国，成为世界上接待游客最多的国家。我国实行假日经济以来，旅游业更加火爆，正在鼓起腾飞的风帆。为此，城市农业的发展，一定要与旅游业发展相结合，构筑农业的观光特色，并创造城市人休闲参与的机会，让城市人承管果蔬与禽畜的种养和开展采摘活动，使城市农业为市民休闲、观光及家庭教育做出贡献。

（六）城市农业发展要与网络经济相结合

互联网的问世，使信息突破了国界，进入了人类生活的各个方面。可以断定，企业应用网络的能力和信息化程度，将决定企业的生存，决定国家和地区的贫富水平。城市农业发展中，一定要重视与网络经济相结合。企业要立站、建网，配备终端。要网罗人才，提高外语水平，加强应用网络的培训，提高使用网络发布和收集信息的速度。通过互联网发展订单农业，搞好网上销售，促进国际交流，推进产品的转口，力争占领国际市场。

（原载《城郊经济》《长江日报》）

解决“三农”问题的三大战略和十大突破

2003 年 6 月

21 世纪，对中国来说，是蕴藏着巨大希望和美好前景的世纪。但是，因为“三农”问题比较突出，所以 21 世纪也是潜在有较大风险和巨变因素的世纪。“三农”问题解决得好，就可以有效打开中国巨大发展的大门，不仅可以消除风险，而且可以使美好的前景更加辉煌灿烂。

几十年来，我国为了积累资本，壮大国力，加速工业化进程，一直走的是农业支援工业的道路。特别是改革开放以来，我们对农村更是取多、予少，农村对城市的发展做出了巨大贡献。今天，当一些大城市的面貌和消费水平几乎可以同发达国家相媲美的时候，我们的大部分农村却还处在明显落后和农民增收困难的情况下。

农业、农村和农民问题是关系改革开放和现代化建设全局的首要问题，是一切问题中的大问题。胡锦涛总书记也曾就“三农”问题发出重要指示：“把解决好农业、农村和农民问题作为全党工作的重中之重。”相信有中央的高度重视，“三农”问题一定会得到逐步解决，中国农村的美好前景一定会展现在我们面前。

但是，由于历史的惯性，给解决“三农”问题带来的阻力和障碍也是很多的，如果不能冲破妨碍“三农”发展的思想观念、做法规定和体制弊端，“三农”问题的解决还会停留在“口号”上。倘若，仍然不能确定农业的首要地位，不能在一些战略性问题和众多具体做法上有重大突破，时间拖得越久，需要付出的代价就越大。当前，我们应特别关注以下三大战略性问题。

（一）第一战略：分流农业人口与城市化

中国“三农”问题的核心是农村人口问题。农村人口过多，农民比例过大，是酿成“三农”发展困难的根本原因。因此，“三农”问题的解决，不能就“三农”议“三农”，需要跳出“三农”看“三农”。解决农村问题，必须要分流和减少农民，必须要向城市转移农民。因此，推进城市化进程，既是解决中国“三农”问题的第一位的战略问题，也是中国实现全局现代化的根本问题。

我国城市化水平已经严重滞后，按世界银行的推算，我国在1998年城市化率就应该达到50%，而实际落后了将近20个百分点。

从城市化速度看，仍然是比较缓慢的。按2002年中国城市发展报告，全国560个城市的市区非农人口总共只有1.74亿人，非农人口超50万人的城市仅有98个，大城市的数量远不能适应中国的发展，城市的规模效益远跟不上劳动力转移的需求。

我国服务业在国民经济中的比重严重偏低，不是因为工业化水平不到位，而主要是城市化水平过低和大城市比例太小造成的。创造就业岗位对中国来说是最重要的，但是如果不重视城市化的快速推进和更多大城市的建设，就业问题将成为“老大难”问题。

因此，实施分流农村人口的城市化战略，首先要转变与城市化相关的两个观念，一要认识到限制城市化进程就是限制经济增长进程；二要认识到限制大城市发展，就是限制就业岗位的产生。为了解决中国“三农”问题，应认真解决户籍问题造成的对城市化进程的抑制，使中国公民能在全国范围内自由流动和迁徙；认真制定中国城市化的顶层规划，在农业人口集中的地区，要发展大城市、建设都市圈；国家要设立城市化推进基金，对拟发展的大城市要加大基础设施投资力度；认真调整产业布局，要按照解决“三农”问题、发展城市的需要，使产业安排向新兴城市倾斜，要制定政策鼓励外商和民营企业向新兴城市投入。

（二）第二战略：努力提高人力素质

我国大部分农村，长期以来处在资本缺乏—过度贫困—素质低下的恶性循环中。根据第五次人口普查，我国文盲半文盲有1.8亿人，绝大多数在农村。人力素质的低下，已成为“三农”发展和竞争的严重障碍和沉重负担。

政府关于普及九年义务教育的决策不仅是深得民心的，而且对解决“三农”问题是具有战略意义的。当前面临的问题：一是对“普九”的效果不能过高估计。最近有人抽样调查六个县，初中辍学率最低3.66%，最高达54.05%。因此，仅辍学率一项，就无法保证“普九”教育成果的延续和巩固。二是九年义务教育的投入问题。根据我们调查，义务教育公用经费紧缺、"普九"欠债严重、学校危房无钱修缮、教师工资不能保证发放等，正在严重影响和制约着义务教育顺利进行和发展。三是教师质量问题。由于缺乏经费，一些地方为了少花钱，愿用民办教师（工资不足200元），不愿招收大专师范人才。四是砍校问题。为减少经费开支，一些地方大幅度地减校、并校，很多学生要跑十几里、几十里去上学，十来岁的小学生虽然可以住校，但由于穷，还得一星期跑两三次，回家取干粮。五是学杂费问题。虽然中小学学杂费已降得很低，但陕西、河南、湖北的经费并不比北京低，农民虽然愿倾尽所有让孩子读书，但仍嫌负担过重。六是学校因为房屋紧张，很多学校一间房内要住二十几个学生，有的学校七八名教师挤在一间房内办公，无法保证师生身体健康。七是城市的学校高收费过于严重，这不仅使民工子女入学特别是入好学校成为不可能，而且也造成市民的极大不满。

为了解决好"三农"问题，更好地推进义务教育的发展，有必要提高中央财政对义务教育的支持力度，最低限度要改变国家财政预算内教育经费只投高校、高中，不投或极少投义务教育的现状。根据我们调查，上述的几个问题基本上都是经费问题，问题突出的是人均GDP低于全国平均水平的省份，这些省份的广大农业地区，县财政赤字较大，吃饭财政，捉襟见肘，无法担负起以县为主体的义务教育使命。全国有18个省份的人均GDP低于全国平均水平，人口占全国人口的58%，GDP仅占全国GDP总量的29%。建议国家财政重点支持这18个省份的义务教育开支，通过经费的解决，改善义务教育的条件和环境。

另外，为了解决"三农"问题，还需要在农村增设高中，使农民的孩子能在成长中享受国民待遇，进行公平竞争。对考不上高中的初中生，要千方百计对他们进行技术培训，使他们掌握一技之长。

（三）第三战略：加大财政金融投入力度

所有生产要素中，资本是最重要的推动力，中国多数地区"三农"发展步履维艰，其主要原因是缺乏资本。要改变中国"三农"的面貌，使中国农村走向富裕，必须要加大对农村的投入，要把财政、金融的推动力上升到战略高度，作为战略性举措提上议事日程，给予重视和保证。

"三农"发展的资金来源，固然可以考虑以下四个方面：个人投入、金融机构贷款、政府财政援助、国际和国内的资本流动。但由于资本缺乏已经在农村形成了恶性循环，农民的个人投入十分有限。另外，由于多数农产品生产效率很低，加上农村条件较差，所以对第四种资本流动，现阶段不能抱大的希望。因此，农村要克服资本短缺，就必须依靠金融机构的信贷和政府财政的援助。

作为政府和金融对农村投入的状况是：政府财政投入已经由“五五”计划占财政投入的 13.1%，下降到“九五”计划时的 8.6%，就“九五”计划的五年而言，政府财政对农业的投入已从 1996 年的 8.82%，下降到 2000 年的 7.75%。相反，政府对农业的征税已由 1978 年的 28.4 亿元，上升到 1999 年的 423.5 亿元，增长 14.9 倍，累计年增长 13%。金融投入情况是，改革开放初期，为推动农业发展，专门建立了农业银行，其分支机构遍布城乡。时隔 20 年后，农业银行申请撤离出农村，很多商业银行也撤离了一些县城。国家金融机构不仅不向农民贷款，而且是只存不贷，连同邮政储蓄，将大批农村存款转入了城市，资金的“农转非”更使“三农”雪上加霜。

为了解决“三农”问题，除了要实实在在地加大政府对农村的投入外，还要下大决心放开金融对农村的限制，扩大对农村的贷款。金融部门要坚决改变贷城不贷乡、贷工不贷农、贷大不贷小、贷富不贷穷的习惯做法，只有这样，“三农”才能找到新的出路，求得更大发展。

解决“三农”问题，要具有战略性的眼光，同时还要针对具体关键问题采取具体措施，争取有所突破。

（一）认识上的突破

应该看到，“三农”问题的难度不断加大的根本原因，还在于各级政府和各个部门对“三农”问题认识不足，重视不够。要解决“三农”问题必须首先突破认识问题，要以“三个代表”重要思想为指导，确立解决“三农”问题的使命感和责任感。在制定政策、落实项目、吸引投资、划拨资金的时候，要坚决转变重城市轻农村、重工业轻农业、重富轻穷、重“锦上添花”轻“雪中送炭”的思想。将“三农”问题摆到“重中之重”的首要位置，为“三农”问题的解决贡献更大力量。

（二）地域上的突破

我国“三农”问题涉及人口之多，地域之广，在世界上找不到先例。为了使“三农”问题能重点突破，有必要选择中部的豫、皖、鄂、湘、赣五个农业大省作为突破口。这五省总人口占全国人口的26%，农民数量占全国农民总量的33%，粮食产量占全国的28%，棉花占33.4%，油料占40%，工业产值仅占全国的12.1%，进出口仅占全国的2.5%，是典型的农业省区。解决了这五个省的“三农”问题，就解决了全国的1/3。这五个省基本上位于长江和淮河两岸，自然条件较好，雨水比较充足，尤其因为这五省被沿海省份所包围，从经济学的梯度扩散理论考虑，这五省是东部发达省份经济势能的首选扩散地。选择这五省进行突破，相对而言成本低，并利于东部省份施放能量，比较容易尽快取得成果。

（三）基础设施建设的突破

由于财政对农业基础设施投入的逐年减少，造成不少地方农业基础设施还不如70年代。水利工程老化、年久失修，效率大减。全国有8.2万座水库，40%带病作业。农业灌溉面积仅“九五”期间就减少5100万亩。自然成灾面积也有增无减。农村道路和电力供应虽有改善，但也存在不少问题，对“三农”发展的抑制仍然不可低估。为解决“三农”问题，必须要加大财政和国债对基础设施的支付力度，力争农村基础设施建设有一个大的突破。

（四）农业科技的突破

经过几十年努力建设起来的农村科技网，在断了“皇粮”之后，出现了“人走、线断、网烂”的新情况，不少农业主产区，严重缺乏科技的推广和普及。中国2400多所大学，农业院校仅有57所，占3.6%，在校生占6.3%。尽管农业科技人员不多，但还有不少毕业生转向了其他行业。农村科技人员工资没有保证和工资过低，这已成为农业科技人才下乡的严重障碍。为了实施科技兴农战略，有必要加强农业科技领导，农业科技投入要专立财政户头，加大对农业科技的补贴和投入。有条件的地方，可选派一些科技特派员，下到农村承包技术服务以及开拓市场等的经营和管理。

（五）土地所有权的突破

土地是农业最基本的生产资料，也是农民安身立命的生存资料。土地的承包曾经改变了“一大二公”，调动了农民的积极性。时至今日，承包责任制的政策威力已经得到充分释放，承包土地的办法已远不能适应市场经济的发展形势。农民没有土地所有权，就不能用土地抵押贷款。农民用多年积蓄，建造的房屋是他们最大的资产，也因为建在没有产权的土地上，所以也不能转让和抵押，无法将其资产化作资本，用于扩大再生产。

农民因为没有土地所有权，所以农民对土地的投入是吝惜的，农民对土地的抛荒是不那么在意的，也因为农民没有土地所有权，所以土地被随意低价征用的事经常发生。如果我们能突破土地承包权的长期使用，增大农民对土地的支配权限，农村就容易改变资本缺乏的局面，使“三农”走向良性循环。

（六）龙头企业建设的突破

龙头企业是联系农业生产与消费的中间环节。龙头企业的建设对农业产业的发展和支柱产业的建设，起着明显的带动和支撑作用。

为了带动“三农”更好发展，必须要突破龙头产业建设，首先要突破龙头企业的数量，要扩大农业龙头企业基金和金融扶植范围，大力扶植农民集体创业，更多支持中小龙头企业的建设和发展。

（七）农业合作组织的突破

新中国成立后，我国推行了互助组、初级合作社，曾经对发展农业生产起到了很好的作用。只是由于后来不切实际的快速向“一大二公”过渡，严重挫伤了农民的积极性。我们应引此为戒，至今20多年过去了，仍不敢推进农业合作组织的组建和发展。根据国外发展农业的经验，农业合作组织对于组织农业生产，发展农村经济是十分有益的，也是十分必要的。事实上，我国有一些地方一直保留着合作经营的模式，并为共同致富闯出了一条新路。

根据对国外的考察，我们认为应该大力推进农村合作组织，为防止“一大二公”，可以实行双层经营，即农民土地仍包产到户，但是，可以根据共同经营的主体产业，建立合作服务组织，让农民成为股东，由董事会、监事会进行运作和经营。合作组织除了对农民进行产前、产中、产后服务之外，重点是对外开拓市场，并大力发展农产品加工业和服务业，从而不断增加农民的收入和财富。在建立农业合作组织方面，我们不能“一朝被蛇咬，十年怕井绳”，需要从过去的合作化中吸取经验和教训，解放思想，打破禁区，按照与时俱进的思想，推进农村合作化进程。

（八）税收的突破

从1994年税制改革后，县财政普遍转难，一年多的时间，全国县财政赤字猛增20倍，由此引起的农村乱收费明显增加了农民负担。同时，农村借债也因此大量产生。

为了解决“三农”问题，就要跨出免农业税这一步，在农业税收上要有大的突破。农业税收在财政总收入中的比重很低，以2001年计仅占国家财政总收入的3.14%，总额为481亿元。国家财政近几年每年都以20%以上的速度递增，仅递增部分就超过2000亿元，国家已具有免农业税的承受力。农业税免除后，人均GDP超过全国平均水平的13个省份，其县财政缺额经费可由省财政转移支付，低于全国GDP水平的18个省份（占全国GDP总量的29%），可由中央财政转移支付。

（九）粮食流通体制与种粮补贴的突破

现在我国总体上进入了社会主义市场经济，可是对农民特别是对粮食产区的农民来讲，和社会主义计划经济没有两样。现在国家政府对粮价进行管制，粮食由政府部门专营，体现不出农民在社会主义市场经济中的主体地位。

对粮产区来讲，种什么，种多少，政府控制；粮食产出后，卖给谁，卖什么价也由政府部门决定。这些年农业生产资料包括电力、化肥、农药和各种机械，普遍涨价，造成投入增加。农民在种粮效益微利的情况下，还要大面积种粮食，这样既不能调动农民积极性，也不能使农民走向富裕路。

为了致富农民，必须突破粮食流通体制与粮食价格的管制，要朝着使农民有利可图的方面进行改革，并可以通过各种途径的种粮补贴，保护农民种粮的积极性。

（十）农民进城务工环境的突破

近几年农民收入的增长，很大程度上取决于农民进城务工的收入，全国统计农民务工收入占到农民增收部分的41%以上。现在农村有1.8亿剩余劳动力需要分流，迫切需要创造良好的务工环境。此前由于对农民工的歧视造成农民工工资过低；因无廉租房可租，居住环境恶劣；老板克扣工资，欠发工资严重；劳务政策得不到落实，劳动保护得不到保证；尤其是恶劣的生产条件使一些人致病、致残，甚至致死都得不到赔偿。为了保护农民务工，需要在城市打造农民务工的保障机制，创造农民进城务工的良好环境。

（原载《中国政协》）

用“皇粮”把农村“普九”教育养起来

2003年9月

去年十月，我们在云南做边境贸易考察时，不少地方向我们反映：与我国毗邻的越南、缅甸边境农民的孩子都享受免费义务教育，而我们的义务教育却是要靠农民自费的。另外，我们在红河州靠近越南边境处，参观了民革云南省委会捐助的一所“宋庆龄学校”，这所学校是当地最好的学校，房屋漂亮，设施相对齐全，但是在参观宿舍时，看到三个学生同睡一张床，同盖一张被，一个双人床上要睡6个孩子。当我们把目光投向夹道欢迎我们的孩子时，发现他们大多面黄肌瘦，个头要比同龄孩子矮得多。一种特别的感受，使我决心要对欠发达地区的农村义务教育做一次深入的调研。

从云南回京后，我拟定一个到河南、湖北和陕西考察农村九年义务教育的计划，只是在走完河南、湖北之时脚部发生骨折，未能到陕西考察，仅对河南驻马店、信阳和湖北襄樊地区考察，发现在一些经济欠发达地区特别是费改税后，农村义务教育遇到问题较多，困难较大，经费严重紧缺，不仅已经影响到“普九”成果的巩固和顺利开展，而且也干扰了社会的进步和稳定。

问题之一：学校公用经费匮乏导致学校运营困难问题。农村税费改革后，切断了城乡统筹教育基金和农村教育集资，学校的发展和建设已无其他资金来源。实行“一费制”后，虽然还能向学生收取一些学杂费，但由于欠发达地区农民较穷，所收费用有限，造成公用经费的极大缺口。例如湖北有29个贫困县，小学生每年收费160元，初中生每年收费300元；河南省驻马店地区，小学生每年收费50元，中学生每年收费70元，除了书本费，所剩无几。因“一费制”的实行，湖北省对义务教育的投入下降14亿元，四川下降12.37亿元。因此办学必需的公用经费，如水电费、会议费、邮电费、差旅费、清洁费、降温取暖费、报刊费、茶水费都无法解决，更不要说教学、实习、实验、文体、宣传所需要的费用了。有的学校因无钱买化学试剂，把化学实验都停了。由于没有水电费，一些学校在晚上点蜡烛或油灯办公，又回到了煤油灯时代，一些学校原来为推进信息技术教育，购买了计算机，现在因没有公用经费，又不让收学生上机费，而被迫停止了计算机和信息教学。

问题之二：“普九”欠债负担沉重问题。“普九”欠下的债务量大、面广，给农村义务教育造成的负担十分沉重。前些年“普九”工作中，各地为了达标，不惜借高利贷购置设备，改造房屋。有的地方提出“不是楼房，就是危房”，刮起了学校盖楼之风，由此造成学校欠债十分严重。据了解，湖北欠债21亿元、陕西欠债15亿元、河南信阳欠债1.4亿元、四川巴中欠债1.3亿元、云南保山欠债1.2亿元。农村税费改革后，停止了教育集资，加上地方财政困难，“普九”债务基本无能力偿还。许多地方发生了债权人堵政府、封校门、赶学生、锁教室，阻止上课，殴打教师、校长时有发生，仅湖北团风县就有21所学校被封，被锁长达一星期之久。

问题之三：学校危房较多而又无钱改造问题。各地学校虽然经过“普九”进行了房屋改造，但由于雨水多、地方穷、房屋质量差，使得很多校舍、教室依然破旧不堪。四川省2002年6月统计，中小学有危房494万平方米，占总建筑面积的6.8%，河南省有危房625万平方米，湖北省有危房430万平方米。中央虽然每年划拨一些中小学危房改造资金，但数额差距甚大，例如湖北省改造危房急需13亿元，中央仅划拨2.7亿元，河南急需资金20亿元，中央仅划拨1.2亿元。地方财政困难，对危房改造无法承受和保证，“普九”的成果难以延续和巩固。

问题之四：一些学生交不起学费和生活困难问题。鉴于农村发展缓慢，贫困人口较多，虽然中小学生收费标准已经降到160元和300元，甚至有的地方降到50元和70元，但依然有些学生交不起学费。湖北新阳县某小学学生欠费1.2万元，罗田县某学校学生欠费6万元，约占入校生的10%左右。从学生的生活看，更是艰难。一些学校每学期只收20~25元的伙食费，每人每天伙食费不到1元，每顿饭只有3角。尽管学生体弱面黄，肉菜却无人购买。有的学生睡觉连褥子都没有，铺的是草垫和褥单。由于贫困，仍然有些孩子不能坚持学业，在湖北某市两个初中的辍学率高达11.33%~17.5%，某县两个初中的辍学率高达20.11%~22.8%。

问题之五：学龄人口高峰导致初中人满为患问题。由于人口发展原因，当前各地方普遍进入了初中学龄人口高峰期，随着这一高峰期的到来，初中教育面临巨大压力。湖北省2000年有初中在校生258.74万人，到2002年在校人数增加63.66万人，预计2005年，初中人数比现在还要增加60万人。河南省2000年初中人数已达640万人，比1998年多出180万人。按此学龄人口高峰的实际计算，这两省需分别增加教室12000个和20000个，需增加教师30000人和50000人。

作为义务教育，是应该由财政负担的，经我调查，世界上100多个国家，包括我国周边的朝鲜、越南、缅甸、俄罗斯的百姓都是免费享受义务教育的。义务教育作为国家发展的百年大计，更是推进我国从根本上解决“三农”问题的大计。国家财政丝毫不能推卸对义务教育承担的责任，决不能看着应该均衡发展的义务教育，随着贫富差距的扩大而导致教育的两极分化。

比起一些投入千百亿元的重大项目来，义务教育投资的收获期是相对滞后的，但是教育的成功与失败向社会扩散的成果或危机影响将是十分巨大的。我们不能因为投资教育无法立竿见影，就忽略教育投资的重要性。在理财投资观念上急需克服短期行为和近视眼光，要实实在在地把九年义务教育“摆在优先发展的战略地位”，而且需要突破农村义务教育的投入体制，尽可能多地用“皇粮”把“普九”教育养起来。

为此，我们建议抓紧改革中国义务教育财政的分担模型，依照分类扶持的原则，提高中央财政和省级财政对农村九年义务教育的支持力度和份额。我们主张按人均GDP（或按人均财政）把中国的省、市、自治区分作两类，A类是在全国平均水平以上的，B类是在全国平均水平以下的。以2001年统计数据为准，全国人均GDP为7543元，超过平均水平的A类地区有13个省、市、自治区，人口总量为42%，占GDP总量的70.8%；低于平均水平的B类地区有18个省、市、自治区，人口总量为58%，占GDP总量的29.2%。为缩小差距拉大的趋势，并切实解决欠发达地区发展义务教育的困难，国家应在统一学费标准、统一工资水平的前提下，确定上下浮动范围，由国家财政根据“下需保底，上不封顶”原则，负责对归入B类的18个省、市、自治区的农村义务教育进行学费包干和转移支付教师工资总额的30%。B类地区的省财政还要分担这些学校的公用经费、危房改造、教师津贴等。

对划入A类的13个省、市、自治区，所有九年义务教育的投入均由本省、市、自治区来承担。这些省、市、自治区仍需对各县的 GDP 水平进一步划线，凡是人均 GDP 高于国家平均水平的（以 2001 年为准），九年义务教育所有经费，都由财政承担；凡是人均 GDP 低于全国平均水平的，同样按照国家统一的标准和水平浮动范围，以“下必保底，上不封顶”的原则，由财政参照国家财政对待 B 类地区的办法给予保证和扶持。

总之，欠发达地区的农村九年义务教育，急需国家财政有突破性的措施。国家的宏观投资政策一定要多给欠发达地区特别是农村一些扶持和支持，或对农村义务教育实行全免费，以确保农村九年义务教育尽快走出困境。

（2003 年 8 月同总理座谈时的发言）

对贯彻《中共中央关于完善市场经济体制若干问题的决定》的几点建议

2003 年 10 月

我认真学习了《中共中央关于完善市场经济体制若干问题的决定》（以下简称《决定》）后，深深感到《决定》确实很好。它总揽经济社会发展全局，以邓小平理论和“三个代表”重要思想为指导，充分体现了改革的重要性和保持了政策的连续性，并立足全面发展、协调发展和可持续发展的科学发展观，提出了很多新理论、新思想和新观点。《决定》思路清晰、目标明确、重点突出、措施有力，必将为经济社会发展注入强大动力，是促进经济社会全面发展的指南和纲领。现就贯彻《决定》谈几点想法并提出五点建议。

一、对落实《决定》的四点担心

（一）担心解决“三农”问题的力度还不够

《决定》对“三农”问题，提了四条意见，能否真正落实，我总觉底数不大。我国对“三农”问题，过去推出了很多重要的口号，就连今年 3 月，在人大会议上的《政府工作报告》也曾指出，过去的几年是把“三农”问题作为“重中之重”认真对待的，但是“九五”期间对农业的投入还没有“八五”高，而且“九五”的五年中，对农业的投入除 1998 年因发大水，增加了修堤、救灾投入外，是逐年下降的，因此“三农”问题依然十分突出。“农村稳天下稳”，农村的问题如果解决不好，就会出现“基础不牢，地动山摇”。建议组织大的力量，下大功夫对“三农”问题进行深入的调查研究，真正推动和促进“三农”问题的解决和改善。

（二）担心区域差别会继续拉大

我国的地区差别相当严重。人均 GDP 超过全国平均水平的 13 个省份，占全国 GDP 70%以上，另外 18 个省份，人口占全国的 56%，GDP 总量仅占全国的 29.8%。百名富县财政同百名穷县财政相差 17.4 倍。人均 GDP 居前三名的地市，人均 GDP 高达 49941 元，而居后三名的地市人均 GDP 仅为 1617 元，相差 31 倍。多数情况下，富裕地区基础设施好，交通条件好，环境好，生活质量高，对吸引投资的能力强，如苏州今年利用外资 50 亿美元，比西部五省区多少年来利用外资的总和还要多。相反，因欠发达地区基础设施、交通、生活条件较差，缺乏吸引投资和自我发展能力，如果中央不采取强劲的措施，下大功夫支持后进地区的发展，区域之间的差距进一步扩大，将是不可避免的。

（三）担心遏制收入差距扩大的不力措施

有材料表明，日本、美国在 20 世纪七八十年代，20%高收入者同 20%低收入者相比，其收入差距，日本为 4.3∶1，美国为 7.1∶1（据美国埃兹拉·沃格尔《日本名列第一对美国的教训》），而我国现在，收入差距为 12.66∶1，高出了日本和美国。在我国 10%的富裕家庭拥有整个社会财富的 45%，10%的低收入家庭仅拥有社会财富的 1.4%，相差 32 倍。20%的富人拥有金融资产的 66.4%，20%的穷人仅拥有金融资产的 1.3%，两者相差 51 倍（据财政部研究所发表的资料）。由此看出，在中国各类人群收入差距之大，令人震惊。党的第十五次代表大会上曾提出提高低收入者的收入，但六年过去了，这种差距，不仅没缩小，而且又明显扩大。《决定》再次提出了提高低收入者的收入，受到同志们的关注，希望能有具体方案和更有力的措施，以保证收入差距的扩大得到遏制和改变。

（四）担心因干部素质不佳而影响《决定》的贯彻和实施

《决定》能否顺利实施，关键在各级干部能否把《决定》变成政府行为。现在掌管财务部门的一些干部受利益的驱使，受条框利益的制约，缺乏全局观念和政策意识，只重富不重穷、只重“熟”不重“生”、只重城不重乡、只重工不重农，只爱“锦上添花”不愿“雪中送炭”，这会影响《决定》的贯彻和执行。在下面，由于一些干部没有正确的政绩观，加上对学习的不认真，工作飘浮，急功近利，方法简单。有的人办事，只从个人利益出发，虚报浮夸、腐败行为时有发生，特别是买官卖官的客观存在，也会影响《决定》

的贯彻和实施。

二、对贯彻《决定》的五点建议

（一）关于改革土地权属的建议

土地是中国农村的最大资产，但由于权属关系的制约，并未能使土地成为农民的发展资本。因此，改革土地管理办法，用好、用活农村土地，对解决“三农”问题具有极强的战略意义。

美国著名历史经济学家戴维斯兰德讲过，“有钱才能赚钱”。中国“三农”问题严重，原因故然较多，但根本原因还是农民缺乏赚钱的资本。城市人可以按揭贷款购买房屋，又可以房屋作抵押贷款发展。但农民既不能对土地抵押、租让，也不能用房屋抵押贷款。没钱不能赚钱，严重地阻碍了农村发展。

为了在真正意义上把土地变为农民的发展资本，建议认真研究和改革土地管理办法，改变农民对所承包土地不能当家做主的现状。可参考民营企业和外资企业租用土地的年限和权限，在适当延长农民对土地承包期的前提下，把承包期内的土地使用权交给农民，允许其用以抵押贷款和主宰其出租与流转。

（二）关于大力推进城市化的建议

实现现代化有一个重要指标，就是农业劳力要降到20%以下。如何保证这个指标不拖现代化的后腿，就要大力推进城市化。

实践证明，人口向城市聚集，不仅是提高劳动生产率的重要途径，也是发展第三产业，增加就业岗位的重要手段。第三产业就业岗位应是第二产业的4~5倍。中国实际上城市非农人口至今还不到2亿人，必须增加城市化的紧迫感。经济欠发达地方，到处搞小城镇，解决不了“三农”问题，一是易造成严重污染；二是不能大量创造就业岗位（大城市创造三产就业岗位的比率是小城镇的10倍有余）；三是容易固化农民资产，影响大城市的建设和推进。为此，中央在欠发达地区需要高度重视大中城市建设，建议第一应设置城市化促进机构，第二应制定城市化的顶层计划和规划，第三应列支城市化支持经费，第四应加强准城市化地区的基础设施建设，第五应从宏观上调整有带动性的产业向需要发展城市的地方安排和建设。

（三）关于进一步理顺和改革财政体制的建议

1994年财政体制改革后，好的企业上收了，地方财政出现了锐减。1994年全国县级财政赤字总量为40亿元，到1996年即税制改革后的第一年，县级财政赤字骤然增加到800多亿元，实际增加20倍。这一现象的出现，引起了县一级财政的拮据和困难。县乡财政与农民负担是紧密相连的，农民收入增幅从1997年开始下降，实际上与县乡财政走下坡路直接相关。我们国家财政年年大增的今天，应改革财政体制，调整财政支付政策，增加对后进地区的转移支付和“三农”的投入，走“放水养鱼”、藏富于基层的道路。只有这样，广大农民的负担才能真正减下来，我们的农村义务教育才能得到保证和发展。

（四）关于实行地域突破的建议

为了降低成本、高效率地突破“三农”，有必要选择鄂、豫、皖、湘、赣五个农业大省作为“重中之重”的突破口，实行中部崛起。这五省农民数量占全国农民总量的33%，粮食产量占全国的25%，棉花占33.4%，油料占40%，工业产值仅为全国的12.1%，进出口仅占全国的2.5%，是典型的农业省区，也是人口压力巨大、资源相对稀缺、生态快速恶化、农民比较贫困的地区。要解决这五个省的问题，就一定要推进基础设施建设，带动工业发展。解决了这五个省的“三农”问题，就解决了全国的1/3还要多。这五个省连成一片，位于长江、淮河两岸，自然条件较好、土地相对平坦、雨水比较充足、无霜期相对较长，交通比较方便、城市化较易推进。尤其因为这五个省被沿海省份所包围，从经济学的梯度扩散理论考虑，选择这五个省进行突破，利于东部沿海发达省市施放能量，扩散转移产业，对这五个省的开发，相对成本要低、速度会快，较容易取得成功。

（五）关于大力发展农村合作经济的建议

农村致富，要靠农民合作起来大搞农产品加工、储藏、运输和销售。一般说来，农产品加工、销售，可使农产品增值三四倍，为了让这块增值利益留给农民，一些国家很重视保护农民加工和销售农产品的权益，限制非土地所有者对农产品进行加工和销售。即使有非农企业介入，也是要允许农民在龙头企业中占有股份，其非农企业所占股份是受到严格限制的。我们现在的做法，土地并没能向少数农民手中集中，农村的土地和农产品的加工销售权正在向有钱的企业家手中集中，有人把现在推行的农业产业化称为“富人经济”，农民是很少从中受益的。虽然到处都打出“公司+农户”的旗帜，但农民并不能成为龙头企业的股东。例如有的屠宰鸡场，虽带动了农民养鸡，但企业只给农民1只鸡1元，这比企业自办鸡场养鸡还便宜，农民实际上成了为龙头企业服务的廉价劳动力。

为了使农民真正富起来，就要保护农民加工、销售农产品的权益，推进农村合作经济的发展，健全“公司+农户”的利益联动机制。一是要支持农民，在土地承包责任不变的前提下，以支柱产业为依托，建立农民为股东的专业合作社。二是积极引导和大力支持农民合作起来发展规模经济，兴办农产品加工、储藏、运输、销售企业。三是要大力促进农村金融发展，大力倡导向农业合作社放贷，扶植农民合作兴办的龙头企业。四是要支持小企业的创办和发展。中国农村要发展，必须要从农村走出一批大企业。因此，不要动辄关闭小企业，把后进地区的小企业关掉了，大的当然发展不起来，这不仅会影响农民致富，也影响广大农民的就业和分流。五是要努力促进农村基础设施和交通条件的改善，并需强化农村科技网络的建设，加大农业科技的投入，促成良种和技术的普及与推广。只要财政、金融、科技等社会的各个方面都努力来关注和支持农村发展，全面建设小康社会和现代化的目标就一定能实现。

（原载《国务院参事建议》）

农业产业化当前存在的问题和建议

2004 年 2 月

随着农业产业结构的调整和农业经济市场化的推进，以农产品的生产、加工、销售一体化、规模化、科学化、集约化为特征的农业产业化，正在全国各地蓬勃兴起。

由于农业产业化大多有着投入高、技术高、效益高、思维新、模式新、体制新、规模化、设施化、市场化、外向性、示范性和带动性等显著特点，所以农业产业化不仅提高了农业的经营管理水平和经济效益，也提高了土地资源的利用效率和增加了就业岗位，特别是对农产品标准化和规模化的推进，使产品质量大为提高，为农产品跨出国门，走向世界赢得了机遇，提供了保证。农业产业化不仅有利于地方经济总量的增长，也给农民增收带来了新的希望。农业产业化是促进城乡统筹发展的载体，也是农民和农村向非农化、城市化转移的重要步骤。农业产业化既是全国建设小康社会的战略举措，也是解决“三农”问题的必由之路。

因此，为了解决“三农”问题、全面建设小康社会，大力推进农业产业化不仅是必要的，也是应该给予更多投入和大力支持的。但是，当前农业产业化过程中也出现一些问题，有碍致富农民，甚至偏离了解决“三农”问题的大方向。

第一个问题：商人和干部大批长期承租和反包农民土地问题。本来农业产业化，是以保留农户个体所有制细胞为前提，从提高农民的劳动所得、增加农民收入出发，通过发展支柱产业、合作经济来实现农业产业的规模化、市场化和现代化。但是，现在的确出现商人和干部大批量向农民长期承租和反包农民土地进行农业产业化经营的情况，造成很多农民失去了土地，而企业家和干部成了土地的主人，农民成了企业家和干部的没有太多保障的农民工。农民的土地及其劳动所创造的大量剩余价值正变成商人和某些干部的私有财富。有人说，农业产业化是“富人经济”，其主要是针对企业家和某些干部大面积长期承租和反包农民土地，并以此为资本牟取私利的做法而言的。这样做的结果会使富人变得更富，穷人可能变得更穷。

第二个问题：农业产业化的开发和受益主体问题。农业产业化之所以被推崇、被提倡，主要是着眼于它对提高农民收入和解决“三农”问题的重要性。但是农业产业化的有些做法，并没有把农民作为开发和受益主体。尽管很多龙头企业都打出了“公司+农户”的旗帜，实际上农民并没有与公司形成一体化，农民是不能在农产品加工、销售中有较多受益的。农产品的加工及加工产品的销售，一般可以使农产品增值三四倍，为保证农民增收，一些国家是很重视保护农民加工和销售农产品的收益的。有的国家有明确的政策，限制非土地使用权所有者对农产品加工和销售。而我们现在较流行的做法是把农产品加工、销售权转给了企业家、转给了有钱人。有的企业因是龙头企业，可以获取国家对产业化支持经费和技术开发经费，银行可以向一个企业贷款十几亿元，而农民不仅得不到扶植产业化经费，而且连买头奶牛的钱都贷不到。如果国家能把支持农业产业化的经费贷款放给农民去创业，或是用以为农民开拓市场信息和出口通道，很可能也会像当年发展乡镇企业一样，发展起一批农民为开发和受益主体的产加销一体化的龙头企业。

第三个问题：合作经济组织形式问题。十几年前，我们就考察过国外的一些农业合作组织，很多农产品加工企业多是由农民参股组织起来的，即使有非农企业介入，但其股份是受到严格限制的。而我们现在推广的“公司+农户”，只是一种松散的联合体，农户不能在农产品加工中获取利益。例如有的屠宰鸡的龙头企业，虽是带动了农民养鸡，但每只鸡只给农民1元。如果厂方自建养鸡场，养同样数量的鸡，其支出比付给农民的代价还要高得多。因此，农民并未从中受益，而是充当了“龙头企业”的廉价劳动力。这样的组织形式固然可以使龙头企业大为得益，也能增加地方的经济总量，但是，如不调整这种合作模式，健全公司与农民利益联动机制，想把农民收入通过农业产业化提上去的初衷是难以实现的。

第四个问题：农业产业化的产业结构问题。现在农业产业化搞的最红火的是水果、蔬菜、畜禽、水产的种养和加工，农业产业化成了非粮产业的产业化。相反，在真正的粮产区，在作为农业主体的粮食和油料方面的农业产业化经营却很少受人关注。有的发达地方提出“消灭粮食作物”和“把粮食生产降为零”的产业化口号，假如农业产业化都这样去提倡，长此下去，谁来保证粮食和油料的供应呢？欠发达的粮油产区又怎样能搭乘产业化的快车，奔向全面小康的光辉前景呢？

为了使农业产业化能在健康的道路上顺利发展，使其真正成为全面建设小康社会的战略举措，能为解决“三农”问题做出较大贡献，避免在解决“三农”问题上丢掉机遇和付出更大代价，特建议如下：

（1）要尽快制定和出台土地流转法规或法律。这种法规和法律的制定要认真考虑农民的出路和农民增收的保证，应考虑在受让土地方的经营效益中，给出让土地的农民切割部分股份和利益，使出让土地的农民能同受让土地的企业紧密联系在一起，使农民随龙头企业的发展而发展，并随企业的收益增加而致富。

（2）对干部反租农民土地发展农业产业要有限制性政策。现在有地方为求得经济总量的增长，鼓励干部（包括乡、村干部）带头反租农民土地，大规模经营农业产业。有的地方还打出“要想农民走上致富路，必先干部富”的广告牌。干部可以把退耕还林的地拿到自己手中发展果木，可以反租农民的土地发展支柱产业，可以优先贷款占取农民贷款份额，可以与外来企业合作挤占产品市场。针对这种情况有必要尽快出台限制性政策，以防止抢占农民的发展机会和避免滥用权利、助长腐败的发生。

（3）要大力发展农民合作入股的“公司+农户”型龙头产业。一是要通过财政和银行大力支持农民创办龙头农产品加工企业，建立以农民为开发和受益主体的产、加、销合作经济组织。二是要保护农民对农产品进行加工、销售的权益，使其把这种权益作为资本和股份，同介入农产品加工、销售的企业进行合作经营，控制外面介入的非农民企业的股份，使农民成为企业的股东，并组成股东会参与对企业的管理和监督，分取企业的效益和红利。

（4）加强党对农业产业化的领导，认真搞好欠发达地区的基础设施建设，并努力在提高人的素质上下功夫。农业产业化是一项重大的系统工程，它既需要搞好基础设施，又需要“以人为本”提高企业家和农民素质，更需要有正确的政策支持和引导。因此，只有加强各级党委对农业产业化的领导，才能够保证农业产业化的顺利进行。特别是欠发达的粮食产区，有水、电、路和基础教育不适应产业化发展的问题，也有需要放宽政策和加大资金贷款扶植力度问题。认真解决这些问题，才可赢得农业产业化的全面推进。

农业产业化是国民经济发展到今天的必然取向，其发展之快，势头之猛令人鼓舞和振奋。只要能善于把握时机和政策，进一步扩大开放和加强国际合作，农业产业化一定能促进社会、经济的大发展，并为解决“三农”问题做出大贡献。

（2003 年 10 月《财经日报》）

精简县、乡机构，促进农民增收

2004 年 3 月

被誉为“重中之重”的“中央一号文件”，是中央和国务院从当前实际出发，为解决农民增收问题作出的重要决策。整个文件贯穿了邓小平理论和“三个代表”的重要思想，体现了中国共产党执政为民的根本宗旨，反映了中央领导集体事事从实际出发，权为民所用、利为民所谋的工作作风。

但是，怎样才能落实好“中央一号文件”？在“中央一号文件”的第九部分强调了“加强党对促进农民增收工作的领导，确保各项政策落到实处”，这无疑是十分重要的。就本人对农民减负和增收历史的回顾，面对县、乡机构臃肿的现实，认为精简县、乡机构对落实“中央一号文件”也是十分必要的。只有精简县、乡机构，才能促进农民增收。

关于农民“减负”和增收问题，十几年来中央一直特别关注，下发中央和国务院文件之多，有目共睹。1985 年中共中央、国务院下达了《关于制止向农民乱派款、乱收费的通知》，1990 年国务院发出了《关于切实调整农民负担的通知》，1993 年中央办公厅、国务院办公厅下发了《关于减轻农民负担的紧急通知》，1996 年中共中央、国务院发出了十三号文件，即《关于切实减轻农民负担工作的决定》，1998 年中央又下达了《切实做好当前减轻农民负担工作的通知》。直至最近发出的关于增加农民收入的“中央一号文件”，可见中央是多么爱护农民，关心农民。从这一系列的通知和决定看出，中央对减轻农民负担和促进农民增收是下了很大功夫的，是花费了大量心血的。

但是，为什么在屡屡三令五申、大声疾呼的情况下，依然有令不行、有禁不止？为什么农民的负担非但没有减轻，反而日益加重？为什么农民的收入非但没有增加，反而每况愈下呢？

特别值得一提的是，去年朱镕基总理在政府工作报告中强调：过去五年一直是把“三农”作为“重中之中”对待的。尤其在 2002 年“两会”期间总理答记者问的时候说：“已经把增加农民收入作为当前经济工作的首要任务，放在了突出位置。”既然政府多少年前就把“三农”摆到了“重中之重”的“突出位置”，又作为“首要任务”来推动，为什么“三农”问题还如此突出，农民的增收问题还如此沉重呢?

对这些问题，很值得我们深思和研究。研究这些问题并找出问题产生的源头，不仅对落实“中央一号文件”具有重要意义，而且对解决“三农”问题将会发挥重要作用。

应该说，农民增收越来越困难、二元经济越来越突出的原因在上而不在下。农民极少有国民待遇和长期对农民“取多、予少”是中国农村走到今天这种现状的根本原因。几十年来，特别是改革开放以来，中国的经济学等于是“城市经济学”，说是效率与公平兼顾，实际是只讲效率，不讲公平。在“城市人”的吃、喝、拉、撒、睡、生、老、病、死、葬几乎都由国家管起来的时候，对农民的关照却很少。虽然农民为国家工业化和城市发展做出了巨大奉献，但国家财政对“三农”的支持，一直到现在仍然十分有限。国家农业法虽然规定对农业投入的增长速度不得低于国家财政增长幅度。但事实上从“六五”计划开始，对农业的投入一直在逐次递减。这说明，我们在管财理物方面严重地存在着对“三农”的歧视，也说明我们的财政分配缺乏法制观念、缺乏有效监督。就在总理向记者大讲解决“三农”问题是“首要任务”、放在“突出位置”的时候，人们没有看到对农业投入有什么改变，而看到的却是于总理谈话的当年，为城市人长了两级工资，年终又发了一个月的奖金。像这样的现象如不改变，让重市民轻农民、重城轻乡、重富轻穷、重锦上添花轻雪中送炭的管财理物的思维定式和做法延续下去的话，“中央一号文件”就难以落实，中央“统筹城乡”“统筹区域”的战略就难以实现。

除了上面存在的问题外，本文想就有令不行、有禁不止的问题着重谈的是下面的原因。这就是县、乡行政机构过于膨胀和臃肿的问题。有人说，“星多月不明，官多不安宁”，其实当前农村不安宁的主要原因是官多。行政机构的无限膨胀，财政供养人员的无限增长，不仅“吃掉”了农村改革的众多成果，而且给推进农村改革设置了障碍。

只要是从新中国成立初期走过来的人，都会知道新中国成立初期政府的简洁和干练。在20世纪50年代，尽管形势十分复杂，百业待兴，但那时一个县政府超不过100人，一个乡政府超不过20人，县、乡政府工作生龙活虎、效率很高，而且治事公明，清正廉洁。

改革开放以来，我国政府机构虽然先后进行了几次精简，但每精简一次都造成机构膨胀，人员增长。1979年，我国在编机关干部279万人，到1989年扩大到543万人，1997年党政干部总数达到800多万人。权威人士估计，全国仅县和县以下由农民养活的干部（不包括教师）高达1316.2万人。

我国历代民与官比例是：西汉为7945∶1，东汉为7464∶1，唐朝为2927∶1，元朝为2613∶1，明朝为2299∶1，清朝末年为911∶1，现代已发展到67∶1。值得注意的是，这个比值仍不断缩小。例如，安徽泰和县1994年财政供养人员10276人，到2000年扩大到13676人，6年时间增加了3400人，增长33%；湖北襄阳县1993年全县财政供养人口为16667人，2000年达到34699人，7年时间增长1倍还要多。

世界上很多国家至今只有三级政府，且不说只有一级和二级政府的国家了，在世界占数量极大的包括美、日、加、澳在内的67个大国家也只设有三级政府。而我国则是少有的五级政府，即中央—省—市—县—乡五级政府，体制之复杂、层次之繁多、机构之臃肿世界罕见。

我们一个30万人的小县，财政供养人数高达1万多人，通过乱收费供养人数达5000多人。到了乡里，除了中央的外交部没有对口单位外，其余是应有尽有。一般说七站八所，其实比七站八所还要多。什么农机站、农技站、水利站、城建站、计生站、文化站、林业站、广播站、经营站、土管所、财政所、派出所、工商所、邮政所、供电所、司法所、房管所、信用社、法庭等。一个乡财政供养人数高达三四百人，最多的到了1000人。这么多的人要吃，要喝，要盖办公楼、住宅楼，要购买汽车和手机等。这些财政供养人员已经发展成一个特殊的利益阶层，他们作为既得利益者，为了维护自己的利益必然与农民争利。他们中的有些人在要吃、要喝不能满足时，利益得不到保证时，贪心不能实现时，他们就要乱收费、乱罚款。只要有这么多的人存在，“三乱”就不可避免。如果百姓起来反对他们，他们又会用手中的权力制压百姓。无数活生生的例证，甚至是血的事实证明了县、乡机构的膨胀，不仅给广大百姓带来了负担，也给人民群众带来了灾难。

农民增收困难，固然与人口超出土地的负载能力有关系，但也与深层的体制和政策的缺陷及弊端相关联。解决农民增收问题，不精简县、乡机构不行，不压缩财政供养人员的数量也不行。在欠发达地区，县、乡的不堪重负，也一定是农民群众的不堪重负。县、乡的重负不解决，农民的增收就困难。因此，要落实好“中央一号文件”，除了从上面下决心和加大对下面的财政支持力度外，就是要下决心对县、乡的行政机构进行精简。

邓小平讲，精简机构是一次革命。既然是革命，再困难也要进行。鉴于加入 WTO 后，开始了“小政府大社会”的建设，中央也取消了七八百项审批名录，随着政府权限的减弱，我们有条件对机构进行全面精简，特别是县、乡两级政府，因很多部门进行垂直管理后，县、乡政府要管的事已经大为缩减，这时候开展精简机构既有必要，也有条件。

为此，建议在国务院组建一个由各方人士参加的机构精简委员会，专门研究精简机构特别是县、乡机构精简的政策和方略。要在深入调查研究的基础上，重新审视中国各个行政管理层次存在的必要性，并为县、区、乡的缩编拿出规范性意见。中国机构精简难的一个重要原因，是国家工作人员的终身制。因此，要研究终身制要不要打破，特别是要不要打破“进了公务员，各种待遇到死都不变”的现实状况。对事业单位要做到与政府分家，要坚决分离事业单位担负的政府职能，不能让事业单位发号施令。该政府人员办的事，不得收费，也不能为收费把政府应办的事转托给企事业单位。对县、乡还要坚决清理“邦办”的编外人员。为了保证精简机构工作的顺利进行，需要统筹工商、税务和其他各部门在农村设置的分支机构，要研究制定整合与撤并政策，并探索和改革群团组织的活动方式。总之，为了落实好“中央一号文件”，也为“三农”问题的更好解决，一定要努力推进县、乡机构改革，通过这场革命性的变革，去创造农村美好的明天。

（原载《经济日报》）

改革财政金融服务“重中之重”

2004年4月

为了解决长期以来二元经济造成的“三农”凸显问题，胡锦涛总书记作出了“把解决农村、农业和农民问题作为全党工作的重中之重”的重要指示。今年中共中央、国务院又专门为此发布一号文件，出台了一系列促进农民增收的若干政策意见。这对解决农业和农村发展中的突出矛盾，解决农民增收困难，无疑会起到极其重要的推动作用，并且效果已经开始显现。

但是基于“三农”问题的复杂性和我国因农民过多而致的土地超载的严重性，我们必须对“三农”问题的解决要看得更重点，想得更深点，尤其在解决“三农”的办法上，要想得更远点。只有用科学的发展观，跳出“三农”论“三农”，在“土地”之外找出路，才能避免只救火而不防火，治标而不治本。当前，尤其需要坚持以人为本，改革和调整我们的财政与金融政策，用公共财政和金融扶植农民创业，这样农村面貌才能改变，“重中之重”的落实才能兑现。

改革开放初期，在国家沿海经济战略的实施中，因有国家各种计划经费的扶植和银行贷款的宽松，在东部地区涌现出一大批以农民为主体的私营企业和集体企业。它们的成长和壮大，不仅富裕了众多农民，也为东部的崛起和全国的繁荣作出了重要贡献。今天，在推动城乡协调发展，促进广大农民增收的时候，我们要吸取当初东部农民关于“无工不富”和“无商不活”的创业经验，要创造条件，鼓励和支持农民围绕“工”和“商”进行创业。只有在广大农村，围绕农产品加工、围绕对城市服务、围绕农产品进城和工业品下乡的营销与运输，创立更多的乡村民营企业，农村的“工”和“商”才能发展，农村的市场经济才能形成。

据资料记载，世界上不少国家和地区，中小企业比重高达99%以上，如美国为99.7%、英国为99.9%、日本为99.5%、加拿大为99.7%。中小企业就业人数占就业总量的60%以上，如英国为67.2%、日本为73.8%、德国为65.7%、法国为69%、加拿大为66%。每千人拥有中小企业的数量一般为45~55个，而我国到2003年6月底，每千人拥有中小企业的数量，仅有8.9个，比国外低5~6倍。因此，无论从哪方面看，我们的企业数量都相差太远。

我国企业数量不足，与我国城市化率偏低有关系，更与我国城市规模总体偏小和城市型消费人口过少相关联。除此以外，也与进入1995年以后，我国在公司创立条件、税收方面管理过严和银行贷款紧缩，国家向农村投入过少分不开。为了落实“重中之重”，应该从政策上，放开农民创业的设立条件，放宽准入领域。尤其要研究调整公共财政对“三农”的支付比例，在涵盖治穷、治愚、治病的“三治”方面都要加大投入。其中治穷就要创业，就要办工厂，兴商业，以公共财政为开支背景的各部门的各种计划和项目都要为农民创业多给一些投入和补贴。

最近，我们在一些地方考察时，发现有城市财政收入增幅并不小，建广场可以一掷亿元。美化、亮化城市的投入毫不吝惜，而远郊县的农民收入仅有1000多元，农村的道路既无人修，又无人管。还有，某地区年财政支出高达18亿元，但用于农业的预算不到1亿元，实际投入仅5000万元。这种公共财政支付上的“三多三少”，即市民受益多、农民受益少，对城市支持多、对农村支持少，对富裕地方关怀多，对贫困地方关怀少的现象比较普遍，如不改变这种状况，必将阻碍“重中之重”的落实，抑制统筹城乡发展和全面小康的实现。

我国每年都有两三千亿元的财政增长，只要我们能够发扬“务必艰苦奋斗”的精神，城市各部门的开支暂缓增长或少增长一些，是有可能拿出一两千亿元的资金，去支援“三农”的。此中并不存在可能与不可能的问题，关键在如何认识“三农”和把“三农”摆到什么位置上，在于我们是否有解决“三农”的危机感和紧迫感。邓小平同志早在20世纪80年代中期就讲过，“社会主义的原则，第一是发展生产力，第二是共同致富”。他还说，“社会主义最大的优越性是共同富裕，这是体现社会主义本质的一个东西”。因此，无论从社会主义的原则来论，还是从社会主义的本质考虑，在今天城乡差距明显增大，基尼系数超过国际公认警戒线的情况下，我们的公用财政再不能只顾城市而不顾农村了。

值得一提的是，公用财政对农业产业化的各种支持经费也需要进行改革，笼统地讲，支持龙头企业就是支持农民的说法，有其不全面的地方。根据大量调查研究，龙头企业与农民的利益联结机制普遍存在问题，因龙头企业能够给地方增加税收和财政收入，所以受到政府欢迎。在这种受欢迎的掩盖下，90%以上的龙头企业，缺失与农民的利益联结。农民不能成为企业的股东，龙头企业多数仅为农民提供了产品销路，而企业在加工、营销活动中的巨大增值与农民无缘。这与我们在国外看到的大量“公司+农户”是有本质不同的，他们的公司是农民入股的公司，公司加工营销农产品的收益农民有份。最近发生在石家庄的农户大量牛奶被倒，母牛犊价格成倍下跌，农村“谈牛色变”的情况，正好说明了我国农业产业化中“公司+农户”的不到位，龙头企业只顾自身发展，不顾农民利益，一味控制和压低价格，农民利益无法保证。国家公用财政用于对农业产业化龙头企业的支持经费及多种农村科技等方面的扶植，名义上是支持了农民，实际上农民不能从中受益，相反流进了非农企业的腰包，并且难免有一部分支持龙头企业资金会流入无名黑洞，造成贪污腐败的滋生。我们应该调整财政对龙头企业的支持，应把有限的资金用于支持农民自己的合作组织上，或用农业产业化资金，包括国家下发的现代农业高技术工程项目经费、农业成果转化项目经费，以及多种经营项目经费等，直接扶植农业合作组织创业，也可以把这种资金作为农民的股金，转发给龙头企业，从而使农民与企业形成共同体，在龙头企业发展中得到发展和致富。

关于创业贷款问题，应该说在改革开放初期是十分宽松的，但现在不同了，经过这几年的社会呼吁和努力，2000~5000元的小额贷款似乎在有些地方可以拿到了，但贷款期限十分有限，一个庄稼季节没有到，就被催还贷款。再说，如此小额的贷款最多只能为农民解决点买化肥、种子的经费，根本无法支撑农民创业。当今农村要发展、农民要致富，就要沿着知识化、科学化、规模化、专业化、机械化、产业化、工业化和城市化的路子向前走，没有资金的支持，农民就难创业，农村就难进步。美国历史经济学家戴维斯兰德讲过，“要有钱才能赚钱”，这个钱虽然可以来自个人投资、金融机构、政府援助和国际资本四个方面，但对于中国的农民来讲，特别是欠发达地区的农民，要创业，除了政府援助外，主要依赖金融机构的扶植和支持。

中国农民收入水平严重滞后，虽然有很多原因，但不能不说与我们农村的金融过于薄弱和金融对农村的支持不够没关系。哪里银行存贷款规模增长快，哪里的经济就增长快；哪里的银行存贷总量大，哪里的经济就繁荣。但是占中国人口70%的广大农村，却没有哪个银行直接为它服务，相反，农业银行、邮政储蓄在农村只存不贷，像两条吸血管，把农村的血液吸进城市，这种资金的农转非，使本来就不富裕的农村更加雪上加霜。

我们在地方调研中，不少地方反映，银行管理权限上收，基层机构撤并，贷款额度过小，特别是无抵押担保绝不施贷的做法，造成农村创业的艰难。个体企业难催生，合作型股份企业也难生产。云南哀牢山一位大学生，大学毕业后，立志回家发展农业产业，但苦于贷不到资金，曾一筹莫展。幸亏一位即将退休的信用社主任被这位大学生回乡创业的精神所感动，冒着风险给他贷款5万元。也就是这5万元，使这位大学生买来了香蕉种苗，在家乡发展起香蕉产业。这5万元贷款既改变了哀牢山的面貌，也成就了一个有志青年。由此可见，资金对当今农村发展的重要性，只要有了资金，农民就会走向富裕路，农村就会大发展。

最近，我们在宁夏中卫市考察时，市长、书记一上任，就深入农村调查研究，他们发现，无资本的农户去养鸡，小打小闹，一年仅赚几百元，而有资本的养鸡大户，进行规模饲养，一年可赚十几万元。但看到多数本小利微的农民想发展，没有钱，土地不能抵押，房子不能作价，贷款无门时，就动员干部展开“我为农民做什么”的大讨论。最后决定，全市干部行动起来，用自己的工资收入作抵押，为农民担保贷款，每人为农民担保贷款2万~5万元，共贷款1678万元，支持农民建起213列鸡舍和1800个蔬菜大棚，此举受到农民的强烈拥护和欢迎，极大地调动了农民求增收、谋发展的积极性。

正如马克思所说，“利润小的大资本要比利润高的小资本积累起来更迅速”，资本的增加，有利于农民创业，更利于企业的发展和竞争。中卫市的这种做法很好，但是仅靠这种做法，还不能解决广大农民的实际问题。我们只是希望金融机构和有关管理部门能够从中认识到，农民致富是需要资金开路的，只要有了启动资金，农村是大有希望的。但愿银行能以转变观念、解放思想，改变一切束缚经济发展的做法、规定和体制弊端，把为农民服务的银行发展起来。另外，应该考虑把农民的土地使用权资本化和可以用房地产作抵押，以达到搞活贷款方式、扩大贷款规模，为农民的创业和发展创造一个公平竞争的信贷环境，方便农民贷款创业，使农村经济萌发出更多新枝叶和催生出更多新的经济增长点，使金融业真正成为农村经济发展的支撑力量和动力源泉。

邓小平同志曾经讲过，“改革就是革命”。对财政金融的改革也不例外，要改革财政、金融，使其适应“重中之重”的需要，这不仅要触动一些人的习惯思维和认识，更会影响一些人的收入和利益，特别是既得利益阶层和利益集团，不可能不用屁股指挥脑袋，一定会不赞成财政金融的改革，限制财政、金融向“重中之重”倾斜和转变。为此，我们一定要认识到财政、金融的改革难度，一定要学习好邓小平同志关于先富带后富的思想。邓小平同志讲过，东部发展时，内地要顾全大局。反过来，发展到了一定时候，沿海帮助内地发展时，沿海也要服从这个大局。今天，我们改革财政金融是落实“重中之重”的需要，也是事关大局问题，我们一定要识大体、顾大局。我们不能因为自己生活在城市而忘记农村，也不能因为自己富裕了，就忘记穷人，一定要在中共中央的领导下，从全局出发，搞好财政金融改革，为落实“重中之重”作出大贡献。

（原载《人民》）

握住继承和创新两个抓手
创大豆食品产业新辉煌

2004 年 5 月

我虽然在食品行业工作近 30 年之久，但因后来走上了从政之路，行业的情况已经比较陌生，现在只想借大豆食品协会成立的机会，从宏观上谈一谈自己关于发展大豆食品的一些观点和想法。

一、大豆食品文化在中国的历史十分悠久而厚重

世界上一致公认，中国是大豆的故乡。据出土文物考证，我国在 3000 年前就已有大豆种植，公元前留下的《诗经》《左传》《史记》等著作都有关于“稷、黍、稻、麦、菽”“中原有菽、庶民採之”“周子有兄而不慧，不能辨麦菽”的记载，此中“菽”字即为大豆。

法语中的“soja”、英语中的“soyben”、俄语中的“Соя”，实际都是汉字“菽”的译音，至今这些外国词都还是表述大豆的同义词。又如法语中把“豆腐”译为“fromage de soja”。“fromage”是法国本土语的奶酪，“soja”是翻译语大豆，意思是用大豆做的奶酪。这些都证明外国的大豆都是从中国引入的，中国的“菽”就是指大豆。

中国大豆食品的历史悠久，还表现在中国的医药与文化中。明朝李时珍的《本草纲目》就曾记载了大豆、豆豉和豆腐的药理功能。《中草药汇编》也载有大豆黄卷（即黄豆芽）含有天门冬酰胺、胆碱、黄嘌呤、次黄嘌呤等，具有除湿、解表、医治胸闷不舒、骨节疼痛等功能。《中国偏方大全》一书，更是多处出现大豆和黑豆，用黄豆煮汤可以治筋痉挛；用黄豆根煮水冲洗，可以治脚后跟痛；用黑豆浸膏可以治中风不语；用炒黑豆冲黄酒可以治疗妇女的产后风、四肢麻木、口歪眼斜等。

大豆食品在中国文化中更是源远流长，从南到北，从东到西都有大豆种

植，各种大豆食品的制作技术在中国各种各样，上个月我到海南湖光岩看民俗展，后又到河南省郊县“广阔天地大有作为展览馆”，两处都见到农村的手推磨，其实这种磨是专门用来粉碎大豆的，应该说是最早的豆浆机或豆腐机。大豆文化之厚重还体现在我们的象形文字中，例如繁体字豐收的“豐”、燈光的“燈”、牛痘的“痘”，都因为与豆有关系，而将豆融入这些文字中。我们的一些文学作品，也不乏与大豆有关，远在三国时期，曹植所作七步诗，“萁在釜下燃，豆在釜中泣，本自同根生，相煎何太急！”这既说明了大豆远在3000年前就成了文化的描述对象，而且已经和人们的生活融合在一起。

关于大豆食品的加工，最早的要算是豆豉和豆酱，被记入到《楚辞·招魂》中。马王堆汉墓的竹简上出现有“黄卷”，即豆芽字样。西汉时期淮南王刘安关于制豆腐技术的发明，至今也有2000多年。

迄今，大豆除了被作为主食和榨油外，在民间流传的豆制品种类就达数百种之多，仅豆腐的衍生物就达四五十种，如北豆腐、南豆腐、冻豆腐、酱豆腐、臭豆腐、豆腐干、豆腐皮、腐竹、扒素鸡、素火腿、豆腐泡、素香肠等。它对解决我国人民蛋白质的营养需求和保障人民的身体健康做出了重大贡献，有着不可低估的作用。

革命先行者孙中山先生曾高度评价大豆和豆腐的营养，他说“以黄豆代肉类，是中国的发明”“夫豆腐者，实植物中肉料也，此物有肉料之功，而无肉料之毒”。

孙中山还说：“夫中国人之食豆腐尚矣，中国人之造豆腐多矣，甚至穷乡僻壤三家村中亦有一豆腐店，吾人不以末技微业视之，岂知此即为最绝妙之有机化学制造耶？岂知此即最合卫生、最适经济之食料耶？又岂知此等末技微业，即为泰西今日最著名科学家之苦心孤诣研求而不可得耶？”正如此文所讲，孙中山不认为豆腐的制作是低微技术所为，他指出这是绝妙的有机化学制造，既卫生又经济，非欧洲著名科学家苦心研究而不可得也。

因此，他建议，在现今食肉诸国，大患肉类缺乏情况下，“故吾意国际发展计划中，当以黄豆所制之肉、乳、油、酪输入欧美，于诸国大城市设黄豆制品工厂，以较廉之蛋白食料供给西方人民”。由此，不难看出孙中山对中国豆制品加工技术走向世界充满信心，在他的心目中，中国以黄豆为原料所制成的种种肉、乳、油、酪是可以输入欧美，可以供给和服务西方人民的。

二、随着时代发展和科技进步，人类对大豆食品有了新认识，产生了新需求

伴随时代的发展和科技进步，大豆已不再是我国的专利，大豆食品已引起全球的关注，孙中山先生当初的建议，正在被西方人民所接受。

美国是从1882年开始大豆种植的，至1910年，美国已拿到中国280个大豆品种。迄今播种面积已经达到28.4万平方千米，成了美国仅次于玉米的第二大种植作物。美国已成为世界第一大豆生产国，大豆总产值占世界总产量的47%。

巴西是世界第二大豆生产国，巴西种植大豆是从1900年开始的，迄今虽然只有100年多一点的种植经历，但大豆种植面积已达到12.91万平方千米，总产量已超过3000万吨。

阿根廷从20世纪60年代方有大豆种植的报告，但是从1977年之后的10年间，比1976年以前的10年间，大豆种植面积增加46倍，产量增加66倍，发展之快前所未有。

印度30年来也高度重视大豆生产，播种面积已由70年代的30平方千米发展到6万平方千米，30年上升2000倍，并且计划在2010年达到10万平方千米。大豆产量已超过600万吨，跃居世界第五位。

欧共体是世界大豆的第一消费者，无论原豆和豆粕的进口量都居世界首位。欧共体虽然大豆生产量较少，但其发展速度也十分惊人。1981年，欧共体种植大豆仅120平方千米，至1997年已发展到4550平方千米，16年增长39.9倍。欧共体国家中意大利大豆产量最多，为125万吨。意大利大豆单产为每平方千米0.037吨，比我国每平方千米单产0.0176吨，高出1倍还要多。

同以上国家相比较，我国的大豆发展要缓慢得多。1938年中国大豆产量占世界产量的90%以上，当时人均大豆产量23.5千克，而今我国大豆总产量仅为1000万吨，占世界大豆的份额已降到10%以下，人均大豆占有量也降到12.3千克，降低近1倍。因为年进口2000万吨，实际消费量比1938年高出4千克。中国大豆产量已降居世界第四位，大豆需求量60%依靠进口。

从国外大豆快速发展的形势可以看出，世界各国对大豆作为食品已经有了新的认识，“大豆食品热”已经兴起。基于现代化学分析仪器的高度发展，人们对大豆的认识已经从宏观走向了微观：20 世纪 60 年代出版的大豆书籍中，大多只讲些吃大豆可以长寿，只知大豆中有一种荷尔蒙可以使人返老还童。如今则不同了，人们不仅已经知道了大豆中含油脂、蛋白质、不溶性碳水化合物、可溶性碳水化合物、盐分和水分所占比例的高低，而且发现了很多有价值的营养物质，如维生素 E、植物甾醇、卵磷脂、蛋白质、胆碱、异黄酮、低聚糖、皂甙、蛋白酶抑制剂、大豆蛋白、大豆肽以及各种氨基酸和微量元素等。

特别是在人们发现大豆的内含物蛋白酶抑制剂、肌醇六磷酸酶、植物固醇、皂甙、异黄酮不仅能有效地抗癌和抑制癌细胞生长，而且又能有效地降血压、降血脂、降血糖和抵抗血栓形成的功能后，便高度重视起吃大豆食品的重要和好处。癌症和血管病是当今世界上处于第一位、第二位的死亡原因。尤其美国 3 个人中，就会有 1 人发生癌症，5 个人中，就会有 1 人因癌而死亡，美国因癌症受到的损失每年高达 1000 多亿美元。而当他们发现日本人因吃大豆食品较多而成为世界平均寿命最长的国家后，便加强了对大豆营养价值的研究，并且成为第一个将含有 6.25 克大豆蛋白的食品称为“健康食品”的国家。科学家确信每天食用大豆食品的人，癌症发病率比每周仅食用一次的人低 50%。由于美国人承认了大豆的抗癌作用，市场上的大豆食品种类和消费数量迅速上升，“大豆食品热”首先在美国兴起，有资料讲，美国的大豆食品已经达到 1.2 万种。其中 Aaway（安利）的蛋白粉已经销往全世界，它不仅是一种保健身品，也是一种美容品，销量之大、效益之好，没有哪个企业能够与其相比。其实安利的创始人，就是新中国成立前由美国派往中国的官员，他精通中国的文化和民俗，40 年代末回到美国后，他利用在中国取得的认识和思路推出了安利产品。现在他的儿子继承了他的事业，仍不忘记用中国的文化去滋润他的事业。安利的总部设在广州，他们认为安利的事业离不开中国。

在大豆食品热的推动下，大豆磷脂生产技术、大豆饮料生产技术、大豆蛋白生产技术、酸豆奶生产技术、大豆肽生产技术、大豆异黄酮生产技术、大豆低聚糖生产技术，以及与此相适应的生物工程技术、超滤膜分离技术、挤压膨化技术、高压处理技术、微波加热干燥技术、微胶囊技术、超临界萃取技术、脉冲灭菌技术、豆腥味根除技术等都有了很大发展。

大量的研究表明，大豆既是食品，也是药品，是属于医食同源、药膳并用的物质。正如孙中山所说，大豆“既有肉料之功，又无肉料之毒”，因此大豆一定会随着它的发展和普及，进一步得到全世界人民的认同和关注，大豆食品的发展一定会迎来一个大发展的新高潮，其前景定将十分美好和灿烂！

三、握住继承和创新两个抓手，创大豆食品产业的新辉煌

（一）关于继承

本来是要我来谈创新的，而为什么要谈继承呢？因为我认为大豆食品产业有它的特殊性，正如前面所讲，“以大豆为食品，这是中国人的创造”，纵贯中国的东西南北中，历经时空几千年，中国人民在大豆食品方面创造甚多，经验丰富。对此，我们不能妄自菲薄，不能丢掉传统。应该说，中国以大豆为食品的制作技术和经验，是中国的优势，中国的特点。在全世界兴起大豆食品热潮的时候，我们能否抓住机遇，加快这方面的发展，其关键，就要看我们能否握住“继承”这个抓手，能否利用自己的优势，在扬己之长中，促进大豆食品产业的快速发展。

不用讳言，由于种种原因，在改革开放后的 20 多年来，各行各业的大引进，固然促进了经济快速发展，但也给社会上造成一种什么东西都是外国好的认识和观念。再加上学术研究上，很多都是跟着外国文献跑，有“洋”才有高水平，有洋才能获得奖励和晋升，这就造成了我们对传统的丢失和遗忘。当然，我们承认在很多方面中国都需要向国外学习，需要从国外引进，包括在大豆食品领域的科学技术，国外有很多东西值得我们学习和引进。但是，作为问题的另一面，我们对传统东西的研究太欠缺了，对传统技术的整合又太不足了。中国民间很多对大豆的吃法和做法，已经被人们遗忘了，已渐渐失传了。例如，在 20 世纪六七十年代，北京的市场上经常摆出的豆腐衍生物就有十几种，而今已经难以寻找了。又如河南省曾经流传有用酵母发酵大豆面，吃豆面馒头和食豆面面条及烙豆面煎饼的习惯，但因大豆从粮食中退出后，这种情况已经不见或很少见到了。

当今，“大豆食品热潮”已在美国兴起，中国也有从美国留学归来的医生和学者，正在提倡和推动人们吃大豆食品。这种情况下，我们从事大豆食品技术开发的同仁们，一定要深入实际，挖掘传统的技术宝藏。需要下大功夫

调查和总结中国人吃大豆食品的技术和经验。只有做好继承，才能更好创新。如果不去总结亿万民众经过几千年创造所积累的经验，盲目地跟着外国跑，跟着文献跑，那才是真正的舍近求远，而且也很难发挥中国的优势，创出中国的特点。

继承不等于因循守旧，更不等于抱残守缺和在低水平上重复。继承，就是要在充分挖掘传统优势、传统特点的基础上，用当代的新技术、新装备和各种各样的时尚的思维改造它、发展它、完善它、提高它。对很多产品，要让它走出家庭，走出作坊，使它走向工厂化、规模化、科学化、现代化，乃至于将其推向国际化。

“大豆食品热”在美国已经形成，在欧洲正在启动，我们要利用这一契机，使更多的中国大豆食品走到世界去。80 年代中，我们同纽约专家座谈时，他们说纽约有 5 家豆腐工厂，其中三个是日本人开办的，一个是意大利人开办的，只有一家是发明豆腐的中国人创办的。由此看出，我们在占领国外市场上是大大落后了。这次“大豆食品热”到来的时候，我们不仅要把国内的“大豆食品热”推起来，而且要有计划地促进中国的企业家到国外去办厂，有的也可以到国外开作坊。

大豆食品的国外市场，随着“大豆食品热”的推进，一定会越来越大。我们不要看不起我们的某些大豆食品，包括豆腐、酱豆腐都不应小瞧它。80 年代末，我接待法国 Combienge 大学两位教授，当把酱豆腐配给他们吃早点时，他们说很好吃，好像法国的某些奶酪。有一些产品即使外国人还不习惯，但中国还有 5000 多万华侨在海外，这也是一个不小的市场，不能忽略。泰国有华人 1000 万人，印度尼西亚有华人 800 万人，马来西亚有华人 600 万人，新加坡有华人 270 万人。就连秘鲁这样的小国也有 250 万华人市场。十年前，我到越南最南的西贡去，那里有 16 个区，其中四个区都是中国人。温哥华更有意思，前几天，我的亲戚打电话告诉我，在那里不会讲英语丝毫没关系，因为到处都有华人。海外的华人市场是我国豆制品“走出去”的桥头堡，只要我们肯于努力，去工作，一定会赢得更多的消费者，赢得一个大市场。

（二）关于创新

“创新一个民族的灵魂，是一个国家兴旺发达的不竭动力”。对于中国大豆产业而言，其能否振兴和崛起，就看创新工作做得如何。今天成立大豆食品分会，是为了振兴大豆食品产业，欲实现这一目标，达到大豆食品产业真正的兴旺发达起来，就一定要牢牢地抓好创新，推动创新，非此没有他途。

要推动大豆食品产业创新，首先要解放思想，要在解放思想、转变观念的基础上，大力推进思维创新、管理创新、经营创新和科技创新。

（1）创造创新环境。要创新必须有创新环境，首先要有一个思想解放的大环境。我在食品行业工作、生活近 30 年，总的感觉这个行业不像一些大厂矿、大企业那样，胆子大、路子宽。食品行业相比较而言，存在有小农意识，也因为行业规模和效益所限，这个行业同外边世界的接触较少，跨学科的交流合作不多，因此限制了行业的对外开放，也制约了人们的思想解放。近 20 多年，我国经济的大发展，其主要原因就是有了改革开放，对外开放转变了人们的思想，开阔了人们的眼界。我国广东三角洲为什么发展快？为什么中西部的发展迟迟上不来？就我所知，广东人对外的开放度不知要比中西部大出多少倍！80 年代我曾陪同江门一家企业外出考察，一次就走 12 个国家。我也曾帮顺德北滘镇引进中国第一家饲料添加剂工厂，远在 1986 年，这个镇就有 5 个从外国引进的新项目在这里施工，一个镇就有 5 个国家的外国人在那里工作。最近，我去广州，他们市长告诉我，每年到广州旅游的人数就接近 1 亿人。

相比之下，食品行业，受环境封闭、资金紧缺的影响，不要说出国交流了，就是在国内活动也是欠缺的。就我所知大豆食品技术开发的投入是很低的。没有国家的支持，没有资金的投入，是不可能有大的发展和大的创新。大资金投入的地方才出现大成果，大资金投入的地方才出现大人才，这是早就被人们揭示出的真理。你不善于争取资金，不敢争取资金，大豆食品产业就很难上得去。所以，我们要促进大豆食品产业的发展就要加大自身的开放力度，创造有利于创新的大环境。要加大向上向下、向左向右、向前向后及同国内国外的沟通、合作与交流，只有这样才能更好地解放思想，才能有效地运用各种资源促进创新、扩大创新，才能在创新中发展，在创新中振兴。

（2）重视创新思维。我反对创新中的不实事求是和浮躁行为。但是又不能不重视创新思维。思维属于方法论的范畴，它指导你如何去创新，怎样去创新。我国文学家林语堂早就说过“思维就是财富”，在江苏我也曾看到钱伟长关于“思维即财富”的题词。我们要创造财富，就要创新思维。

当代经济学家认为，经济增长有两种模式，一种是基于资本的增长，一种是基本思维的增长。我曾经向人们介绍，广东顺德陈村人是如何把一棵耐荫的小乔木命名为“发财树”而发了大财，又如何把一棵不知名的兰科植物起名为“一帆风顺”而风行全国。后来顺得陈村的花王卢荣告诉我，他把生长在河边、树林内的野芋头定名为“滴水观音”，而使一钱不值的野芋头的售价上升到500元一棵的故事。

创新思想给经济带来的增长例子是不胜枚举的，就拿美国人创造的迪士尼乐园，已拥有职工12万人，年营业额超过了230亿美元。其实它的创建仅来自一个念头，那就是在群众来信想看唐老鸭的生活状况的启发下创建起来的。

（3）重视自主创新。大豆食品产业的发展要高度重视自主创新。我们有那么多传统的大豆制品，只要善于发现、研究和整合，善于把现在的技术与这些传统产品相结合，我们就一定能够创造出更多的拥有知识产权的技术和产品。

（4）抓好移植创新、集成创新、消化吸收再创新。移植创新，就是把其他行业、其他产品上的技术、装备、经营模式转移到我们要开发和继承的产品上。我们的很多传统产品，需要移植创新，我相信只要解放思想，放开眼界，会有很多技术、装备可以向传统大豆食品移植，移植得好，就可以创造出很多新成果，就可做出大贡献。集成创新，就是要把多方面的技术向一起汇集，将多方面的技术、装备、思路和模式集成到一个行业、一个产品，就能够促进这个行业和产品的创新和腾飞。消化吸收再创新，改革开放20多年，我国各行各业引进了各种各样的技术和装备，为了发展我国的大豆食品，我们要善于从中寻找对我们有用的东西，开始可以照猫画虎般地消化它、吸收它，然后再于消化吸收基础上进行发展和创新。

为了搞好以上四个方面的创新，除了重视创新环境、重视创新思维、重视自主创新外，还要搞好对世界先进技术的跟踪。不了解国外发展动态和国际发展水平，我们就做不出创新成果，或者是做出了成果，也上不了高水平。因此，一定要高度重视对国际大豆食品的研究跟踪，加强同国外的合作与交流。

最后，我想说的，就是聚集人才问题。一切事业都是靠人去做的，只有高水平的人，才能做出高水平的事，所以要发展大豆食品产业，要高度重视向这个领域吸引人才。事业的竞争，是知识的竞争，说到底是人才的竞争。而人才的竞争中，工资待遇、工作条件起着重要的作用。所以要聚集人才，推动大豆食品产业的发展，就一定要争取国家的支持，一定要有好的策划，有广泛的宣传，引起有关方面的重视和关注，这样才能多立一些项目，多得一些资金，才利于引进人才、聚集人才。才能使我们大豆食品产业的创新登上一个新高度，跨上一个新台阶。

（原载《中国食品科学》）

关于扶植与振兴大豆及其加工产业链的建议

2004 年 6 月

大豆除了作为重要的油脂生产原料外，其蛋白质同鱼、肉、蛋、奶一样，是一种全价蛋白质。它含有构成人体的各种氨基酸，特别是人体必需的八种氨基酸，其生理价值同肉、蛋、奶相比不差上下。

自古以来，我国劳动人民就以大豆作为食品，除以大豆面粉制成面点之外，用大豆榨油、做豆制品十分普及。大豆还是一种保健食品，随着科学的发展，人们用大豆加工的多肽、异黄硐、卵磷脂、低聚糖都是很有价值的保健品，对消减胆固醇、降低血脂、预防癌症，防止骨质疏松、医治老年人“三高一低”，提高免疫力、延缓衰老有重要作用。此外，我国首创的大豆蛋白丝，已进入生产阶段。大豆蛋白丝经有关研究部门和纺织工厂试用，可以与蚕丝相匹敌，用其制成的各种服装不仅亮丽、耐皱，而且结实耐用。

特别值得关注的是，西方国家近年来兴起的“大豆食品热”也已波及我国，我国人均大豆的消费量已从 1990 年的 3.5 千克增加到 1998 年的 6.2 千克，如此成倍的增长，促进了大豆产业的快速发展，大豆深加工产品正如雨后春笋般涌入市场。从发展势头看，大豆产品作为平衡动植物蛋白、改善食物结构、提高营养水平的重要产品，其社会需求潜力巨大，发展前景十分广阔。

一、中国大豆产业下滑趋势严重，情景堪忧

我国曾是世界大豆的主产国，从南到北都曾有大豆种植，1938 年中国大豆产量占世界产量 90%以上，当时人均大豆 23.5 千克。美国是 1920 年开始种大豆的，现在已跃升为世界第一大豆生产国。巴西和阿根廷，是 1960 年后在联合国的推动下开始种植大豆，现在都已走在了中国前面。

1998 年，世界大豆种植面积 70 万平方千米、总产量 1.58 亿吨。同 1988 年相比，10 年中增长 50%；由此看出，“大豆食品热”正在兴起，大豆产业发展势头十分猛烈。作为曾经是世界第一大豆生产国的中国，经过近 20 多年的发展，大豆产量已经落后于美国、巴西、阿根廷，降为世界第四位。我国目前大豆的产量还停留在 1993 年的水平上，总产 1501 万吨，占世界总产量的 9.5%。从大豆的单产看，我国也很落后，中国每平方千米大豆产量 17.84 千克，这同美国相比低 8.34 千克，同巴西相比低 5.82 千克，同阿根廷相比低 9.31 千克。由此看出，我国大豆产业发展面临的问题十分严重。

现在我国每年都大量进口大豆，去年进口大豆 2070 万吨，远远超过了我国大豆 1500 万吨的年产量。党中央、国务院十分重视粮食安全，大豆作为重要的食品原料、油类原料、饲料原料，60%以上的依靠进口，这还有什么安全可言。而且，若不采取果断措施，国内大豆产业还要下滑，进口量还会增加，如遇上战争或贸易摩擦，其风险之大，可想而知。

二、中国大豆产业在下坡路上越走越远的原因探析

（一）追求粮食高产、缺乏保护，影响了大豆种植

由于大豆同玉米相比，单产相对较低，所以在长期“以粮为纲”、追逐政绩、追逐高产情况下，很多地方丢掉了大豆种植，使大豆产量呈现出“不进则退”的显著滑坡。尤其是当年在水稻、玉米、小麦等进行保护价收购的时候，大豆作为大宗的粮食作物却被排斥在保护价收购之外，如此抑制了农民种大豆的积极性。

（二）资金缺乏、技术与装备落后，造成大豆产业萎缩

我国农产品加工业一直未能排上日程，无论从加工比例，还是从加工增值看，都远落后于国外。大豆食品业，作为一项重要的农产品加工业，长期得不到重视，得不到支持，停留在传统的作坊生产水平上。技术落后，装备落后，造成产品质量和规格达不到现代商品的流通要求。

（三）科技投入太少，人才严重匮缺，造成大豆单产过低和大豆加工产业的生存危机

作为大豆产业在下坡路上越走越远的重要原因，是科技投入太少。全国

从事水稻研究的人员多达数万人，而从事大豆研究的不到 300 人。从事大豆研究的年均科研人头费不到 2 万元，同美国年均人头费 20 万美元相比相差 80 多倍。作为中国特色的传统大豆制品，研究工作基本得不到支持，很多从事发酵和食品的研究单位或被取消、或被转向，由此造成大豆单产过低、大豆加工产业缺乏创新，技术老化、设备老化，失去了竞争能力，出现了生存危机。

（四）扶植政策欠缺，进出口形势严峻，使大豆产业的发展受到严重冲击

在我国大力发展畜牧业和饲料业的今天，本应大力支持国内大豆种植业和油脂加工业的大发展，但是我们没有对大豆的种植给予支持，也没有对原有国内的油脂业进行扶植，而是大门敞开，大量进口大豆和豆粕，并涌进了一批国外的油脂企业。我国大豆和豆粕进口量居世界第一。大豆本来为配额商品，而国内大量外资企业都有大豆的直接进出口经营权，以及大豆油的走私等都严重冲击着中国大豆产业的发展。

三、关于采取综合推进措施的建议

（一）提高认识水平，加大重视力度

为了不使我国的大豆生产继续下滑，确保粮食安全，也为了挽救和振兴中国传统的大豆加工产业，使其更好地服务于广大人民的生活和健康，有必要提高对发展大豆产业的共识，高度重视大豆及其产业的发展，将其摆上国家议事日程，加强对大豆产业发展的领导，采取综合措施，进行总体推进。在大豆食品市场的开拓方面，需发挥政府的引导作用，扩大特殊团体（如学校、部队）对大豆制品的需求。

（二）聚集优秀人才，搞好科技创新

很多人都以我国大豆没有转基因而沾沾自喜，但这正好说明我国大豆研究工作的严重滞后。国外利用转基因创造的高产、高油大豆已经把我国大豆产业冲击得危在旦夕的情况下，我们不能再抱残守缺，急需重视大豆及其产业链的科技开发。国家需在科技投入方面向大豆及其产业倾斜，吸引人才、聚集人才，壮大研究队伍，构建以高校和科研院所为支撑的大豆产业创新体系，加大研究力度。必要时需立专户、拨专款，以推进大豆生产的机械化、现代化和保证大豆产业链的创新和振兴。

（三）加大资金投入，扶持传统产业

中国作为种植和食用大豆最早的国家，用大豆制作的数十种食品与百姓生活十分密切。只是这些传统产品在世界上多属我国独有，所以在改革开放后，我国在大力引进、跟踪世界先进水平的时候，豆制品行业却较少有经验可供借鉴，缺乏技术创新意识，因此工艺落后、设备陈旧、规模小、方法土，受不到重视，得不到支持。当今天发达国家兴起“大豆食品热”的时候，我国急需加大这方面的资金投入，弘扬我国在大豆食品方面的特长，重视传统产业的技术改造。除了鼓励银行和各类型企业向大豆食品行业贷款、投资之外，国家应划拨一定比例的技术改造资金或中小企业创业资金投向大豆食品行业。在振兴装备制造业的时候，要把大豆收割机械化和大豆食品行业生产设备的改造作为一项内容，予以扶植和创新。

（四）出台振兴大豆产业的相关政策

首先要把大豆视同粮食作物在享受种植补贴的同时还要以同样的保护价收购大豆，以刺激和保护农民种大豆的积极性。在进出口方面，要有变通措施，鼓励榨油企业和饲料行业购买国内的大豆和豆粕。对生产经营传统豆制品的企业，要减免税收。对从事传统大豆制品装备制造的企业要支持贴息贷款。要在东北和中原地区建立大豆种植研究机构，要在有关部属研究院设置大豆食品研究所，要加强大豆食品加工方面的国际交流和人才培养，要设立促进大豆产业发展的相关奖项。

（原载《国务院参事建议》）

大力推进农业产业化
促进县域经济迈上新台阶

2004 年 6 月

农业产业化作为我国新形势下发展农业经济、实现小康目标的有效途径和调整农业产业结构，促进城乡统筹发展的带动力量，应成为研究和推进县域发展的关注对象。

国内外经济发展的实践证明，要改变农村经济的落后面貌，必须搞活农村的市场经济。在中国尤其要打破传统的小农经济的束缚，促进农村与市场的对接，要针对市场的要求，开发当地资源，发展商品生产。

农业产业化经营在各地农村的兴起，把技、贸、工、农融为一体，大大强化了农村市场经济的服务系统，在农村自然经济的躯体内，注入了市场经济的血液，促进了农村的市场化经营模式的建立。

一、农业产业化对农业发展的带动作用

（一）农业产业化显著提高了农业的经营管理水平和经济效益

农业产业化的推进，龙头企业的建立，显著改变了农业经营的传统模式，大大提高了农业经营管理水平，使农业发展向规模化、集约化、科学化、机械化、标准化和生态化方向迈进了一大步，对开拓农业市场、提高经济效益具有重要意义。

（二）农业产业化促成了资源开发，提高了资源的利用率

农业产业化经营，为荒坡、荒滩、盐碱地和海洋的开发提供了契机，如山东东营在黄海进行文蛤、泥蚶的养殖，在黄河口通过“上粮下鱼”的做法，改造利用盐碱地，为资源利用闯出了一些新路。还有一些农业产业，通过温室大棚进行种植和养殖，实现了“一亩园十亩田”，大大提高了土地利用率。

养殖产业还为秸秆的利用找到了出路，实现了变废为宝。

（三）农业产业化开辟了众多就业岗位，促进了农民剩余劳动力的就业和转移

农业产业化及其龙头企业的建设和发展，不仅在农牧业生产方面为农民扩大了就业范围，而且在农产品加工方面创造了众多就业岗位，有效地吸收了部分农村剩余劳动力，为农民就业和分流农民，促进农民非农化做出了显著成绩。

（四）农业产业化起到了吸收和普及高新技术的重要作用

一家一户农民受经济条件和信息的制约，既无机会、无渠道，也无能力吸收国内外的高新技术。而农业产业化的推进和龙头企业的建立，融通了国内外的技术信息，开辟了吸收、引进新技术、新品种的渠道，为很多新技术和新品种的应用和生产起到了示范作用，利于开阔农民的眼界，增长农民的见识和促进技术的推广与普及。

（五）农业产业化为开拓国际市场找到了载体

农业产业化的龙头企业特别是国外投资企业，由于有实力、有规模、有人才、有信息、有关系，所以为农产品进入 WTO，寻找和开拓国际市场创造了条件，赢得了机遇，为我国农产品大规模地走向世界疏通了渠道。

（六）农业产业化提高了农产品的标准化种养和农产品质量

由于农业产业化的推进，各地围绕主导产业和重点产品，先后制定了从良种选育、生产过程、产品品质到包装运输各个环节的质量标准和操作规程，逐级建立了检测、检验机构，初步形成了部门配套联动、功能完善的检测、监控网络，并出台了相应的管理办法和管理政策，改变了农产品生产无标准可依的传统状况，为提高农产品质量，使农产品走向国际市场创造了条件、提供了保障。

（七）农业产业化对农民增收起到了保障作用

很多龙头性农产品加工企业所需原料，都需农民为其种植或养殖，这就为农民种养经济作物和发展畜牧业找到了市场，对农民调整产业结构、开展经济作物种植和畜产、水产养殖创造了条件，为农民增收开辟了一条新路。

（八）农业产业化促进了地方经济总量的增长和财政增收

农业产业化的推进，使地方扩大了开发领域，增加了支柱产业，为地方农产品的批量加工和外销、出口铺垫了基础，创造了条件。特别是龙头企业的介入，使第二、第三产业不断增加和扩大，促进了经济总量的增长和财政收入的增加。

二、农业产业化的实践经验

（一）切实抓好基础设施建设

农业产业化的推进，需要有好的道路、交通，需要有充分的电力供应，更需要有水利建设做保证。因此，农业产业化的推进要十分重视基础设施建设，对水利、灌溉、电力和高速路、快速路及乡村道路要舍得投入和建设。特别是所在城市面貌、绿化美化、宾馆饭店、服务设施都要尽力创造出一流水平，以增加对国内外客商投资和经营农业产业、销售农业产品的吸引力和凝聚力。

（二）扩大开放及加强县域的国际合作

各地的实践证明，扩大开放力度，是促进农业产业化的基本经验。为扩大开放，要"走出去""请进来"，要搞好宣传和招商引资。例如山东烟台一年一度的果蔬博览会，大大提高了烟台的开放度和知名度，成功地实现了招商引资，扩大了产品出口，为农业产业化的推进带来了巨大空间，发挥了巨大的作用。

（三）放宽政策，做大做强龙头企业

龙头企业对农业产业化起着十分重要的带动作用。为促进农业产业化龙头企业的建设，要抓好"三个一批"：一是大搞招商引资，由外地和外国引进一批；二是引导供销社和广大干部、群众投入资金和技术，创建一批；三是支持原有的国有企业、集体企业转产、转制，改造一批。为了促进龙头企业的建设，有些地方政府还从财政拿出钱来专门支持和奖励农产品冷冻储藏加工项目、农业招商引资项目及农产品出口基地建设等。

（四）抓好技术引进，发展特色农业

重科技兴农是搞好农业产业化的前提条件，为推进农业产业化要实施三个工程：①良种工程：要大力引进和培育良种；②科技园示范工程：要建设各类农业示范园，对优良品种和先进技术进行展示和示范；③科技服务工程与技术培训工程：要重视科研院所、中介组织、科技大户的作用，大搞产学研结合和对青年农民进行技术培训，让广大农民掌握专项技术。

（五）狠抓农产品标准化

为了让农产品走向世界，克服很多国家设置的绿色壁垒，要十分重视产品标准化方面的工作。要出台“农产品标准化意见”和“无公害农产品操作规程”，并进行大规模的人员培训和认证工作，这对保证水果、蔬菜、农畜水产品跨出国门，走向世界，推动农业产业化国际化，具有重要的推动作用。

三、农业产业化发展中存在的问题

第一个问题：农业产业化的开发和受益主体问题。农业产业化之所以被重视、被提倡，主要是着眼于它对提高农民收入和解决“三农”问题的重要性。但是农业产业化的实践中，有些并没有把农民作为开发和受益主体。尽管很多龙头企业都打出了“公司+农户”的旗帜，实际上农民并没有与公司形成一体化，不能在农产品加工、销售中有较多受益。有的企业因是龙头企业，可以获取国家对产业化支持经费和技术开发经费，银行可以向一个企业贷款十几亿元，而农民不仅得不到扶植产业化经费，连买头奶牛的钱都贷不到。

第二个问题：合作经济组织形式问题。十几年前，我们就考察过国外的一些农业合作组织，很多农产品加工企业是由农民参股组织起来的，即使有非农企业介入，但其股份是受到严格限制的。而我们现在推广的“公司+农户”，只是一种松散的联合体，农户不能在农产品加工中获取利益。例如有的屠宰鸡的龙头企业，虽是带动了农民养鸡，但每只鸡只给农民1元。如果厂方自建养鸡场，养同样数量的鸡，其支出比付给农民的代价还要高得多。因此，农民并未从中受益，而是充当了“龙头企业”的廉价劳动力。这样的组织形式固然可以使龙头企业大为得益，也能增加地方经济总量，但是如不调整这种合作模式，健全公司与农民利益联动机制，想把农民收入通过农业产业化提上去的初衷将是难以实现的。

第三个问题：农业产业化的产业结构问题。现在农业产业化搞的最红火的是水果、蔬菜、畜禽、水产的种植和加工，农业产业化成了非粮产业的产业化。相反，在真正的粮产区，在作为农业主体的粮食和油料方面的农业化经营却很少受人关注。有的发达地方提出“消灭粮食作物”和“把粮食生产降为零”的产业化口号，假如农业产业化都这样去提倡，长此下去，谁来保证粮食和油料的供应呢？欠发达的粮油产区又怎样能够搭乘产业化的快车，奔向全面小康的光辉前景呢？

四、对发展农业产业化的几点建议

（一）认真贯彻落实土地流转法律法规

保障农民在土地流转中的合法权益，应考虑在受让土地方的经营效益中，使出让土地的农民能与受让土地的企业紧密联系在一起，使农民随龙头企业的发展而发展，并随企业的收益增加而致富。

（二）要严禁干部滥用职权，违背农民意愿，挤占农民利益

现在有地方为求得经济总量的增长，鼓励干部（包括乡、村干部）带头反租农民土地，大规模经营农业产业。有的地方还打出“要想农民走上致富路，必先干部富”的广告牌。干部可以把退耕还林的地拿到自己手中发展果木，可以反租农民的土地发展支柱产业，可以优先贷款，占取农民贷款份额，可以与外来企业合作挤占产品市场。对这种情况有必要尽快出台限制性政策，以防止抢占农民的发展机会，避免滥用权力，助长腐败的发生。

（三）要大力提倡农民入股的“公司+农户”

一是要通过财政和银行大力支持农民创办龙头农产品加工企业，建立以农民为开发和受益主体的产、加、销合作经济组织。二是要保护农民对农产品进行加工、销售的权益，使其把这种权益作为资本和股份，同介入农产品加工、销售的企业进行合作经营，控制外面介入的非农企业的股份，使农民成为企业的股东，并组成股东会参与对企业的管理和监督，分取企业的效益和红利。

（四）大搞“一村一品”和发展牛奶产业

我曾三次考察过日本九州的“一村一品”运动，“一村一品”不仅改变了农业产业结构，而且形成了农村的支柱产业，不仅为农业生产步入专业化，也为农村产品走向市场，赢得出口创造了条件。

关于牛奶产业，这是一个发展潜力巨大的产业，也是一个效益较高的产业，世界年人均牛奶消费 106 升，而我国至今才人均 8 升。去年前十个月牛奶业发展速度高达 63.25%，伊利奶业公司也只能满足订货的 50%，因此牛奶产业有着较大发展空间，我们在推进区域经济发展时，朝这个方向努力，会取得好的效益。

（五）加强党对农业产业化的领导，认真搞好欠发达地区的基础设施建设，并努力在提高人的素质上下功夫

农业产业化是一项重大的系统工程，它既需要搞好基础设施，又需要“以人为本”提高企业家和农民素质，更需要有正确的政策支持和领导。因此，只有加强各级党委对农业产业化的领导，才能保证农业产业化的顺利进行。特别是欠发达的粮食产区，有水、电、路和基础教育不适应产业化发展的问题，也有需要放宽政策和加大资金贷款扶持力度的问题。

农业产业化是农业经济发展的必然结果，只要能善于把握时机和政策，进一步扩大开发和加强国际合作，就一定能为区域经济的大发展做出大贡献。

（原载《中国区县域经济》）

关于加快少数民族地区经济社会发展的五点建议

2004 年 6 月

我国有少数民族 55 个，少数民族人口近亿人。少数民族地区面积占全国 63.75%，少数民族地区人口占全国总人口的 13.3%。

党和国家历来十分重视民族地区的经济社会发展，特别是改革开放以来，国家为了推进民族地区的发展，从经济规划、工业布局、基础设施和固定资产投入等多方面下功夫，促进了民族地区的经济发展和社会进步。1999 年同 1980 年相比，民族地区工农业总产值增长 15.26 倍、农牧业总产值增长 11.98 倍、工业总产值增长 17.48 倍。1999 年同 1952 年相比，粮食产量增长 3.42 倍、棉花增长 68.65 倍、油料增长 7.31 倍、甘蔗增长 39.61 倍、烟草增长 16.54 倍。

特别是跨入 21 世纪以来，伴随西部大开发战略的实施，广大民族地区的发展速度空前加快。以四川为例，全省共有三个民族自治州、51 个民族自治县。2003 年民族地区 GDP 增幅达到 12.4%，超过了全国、全省的平均增幅，民族地区安定团结，欣欣向荣，展示出民族地区的后发优势和美好的发展前景。

但是，由于历史的、自然的和所在区位等因素的影响和制约，迄今广大民族地区仍然是全国的“经济洼地”，民族地区的发展仍然面临很多困难。根据我们的调研和观察，在民族地区不仅明显存在东西部差距、城乡差距、地区差距，而且还严重地存在居住环境差距、自然禀赋差距和干部与群众的差距。但是，民族地区的广大干部群众在困难面前没有畏缩，他们提出了“宁愿苦干，不愿苦熬”的口号，各级党政机关正在认真实践“三个代表”的精神，带领广大群众艰苦奋斗、努力拼搏、坚持发展不动摇。为了保护和支持民族地区广大干部群众的积极性和进一步促进民族地区的经济社会快速发展，现根据我们的调研提出以下五点建议，供有关方面参考。

一、关于突出“以人为本”的建议

“三个代表”的基本精神就是代表最广大人民群众的根本利益。最近中央提出的“以人为本”的科学发展观，实际是“三个代表”的延伸和体现。人是构成社会的细胞，社会的一切组织和形态都是由人构成。因此，推动社会发展，首先要实现人的发展。2000多年前，《诗经》一书便有“我为人人，人人为我”的诗篇，这不仅说明了“以人为本”的本质，也阐明了以人为本如何实现。

不管是富人还是穷人，也不管是官还是民，只要是人就有生命和思维、就有爱好和需求，就需要穿衣和吃饭，就需要事业和劳动。作为社会主义国家的执政党，既然把最广大人民的根本利益作为执政的出发点和落脚点，我们就必须“以人为本”。为加速民族地区发展，一定要把民族地区广大人民群众的温饱、健康、自由和全面发展作为发展的方向和目标，要大力提倡为百姓和人民的利益做贡献。

民族地区发展中，当前遇到的最大问题还是“以人为本”的欠缺。作为对广大人民群众利益关注不够的表现，可以用“四多四少”来形容：一是经济发展中城市受益多，农村受益少；二是财政支出中行政开支多，支农投入少；三是对地方支持中对富裕的地方支持多，对贫困的地方支持少；四是GDP总量增加中干部增收多，农民增收少。少数民族地区80%以上的人是农民，如果不关心农民，就是不关心大多数。

调查发现，有的地区财政支出预算超过了18亿元，但用于农业的投入还不到1亿元，实际投入仅5000万元。有的县人均GDP已经达到人均万元以上，但占人口80%以上的农民的年收人才只有1300元。一些地方干部月工资可达3000元以上，而农民年收入还不到1000元。如此巨大的反差，不是国家没努力，而是“以人为本”没实现。为此，我们在进一步推动民族地区的发展中，一定要突出“以人为本”，关注人口的大多数，让广大农民得到发展的阳光和恩惠。只有如此，才能确保发展的出发点和落脚点不至偏移，才能使少数民族地区的发展出现新局面。

二、关于国家政策进行倾斜的建议

由于民族地区多数所处环境条件较差，发展起步较晚，差距越拉越大，所以需要从政策上多给民族地区一些方便，以支持民族地区的快速发展。特别是对自治区、自治州之外的民族地区，更应该多一些照应和关怀。

根据调查了解，当前最需要解决的难题是很多政策的“一刀切”。例如土地政策，土地是国家的，管理严格是必要的，但是“一刀切”的做法是不利于少数民族地区发展的。东部地区发展中占用了大量农田，不久前有些发达地方，还在用20元一亩的价格出让土地，像“铁本钢厂”那样用地的做法也出现于发达地区。针对这种情况对土地严加整顿是必要的，但是，总不能只让发达地区在土地上受益，而仅让欠发达地区、民族地区承担保护农田的义务和责任。民族地区要发展，要建设工业项目，要推进城市化进程，免不了要占用土地和农田。但是，像四川凉山州管辖19个县，而州政府批地的权利只有2亩，连一些杳无人烟的荒地，自治州都没有审批权。又如开发区政策，像浙江那样搞了742个开发区，占地面积4000多平方千米，相当于浙江城镇总面积的3.6倍；面对如此的开发区热，国家采取措施予以制止是完全正确的，但是“一刀切”下来，全国一个开发区也不许批了，这样欠发达地区还怎么发展?!

为此，建议国家，不管是出台什么政策，都要从“五个统筹”出发，多为民族地区的发展想一想，改变“一刀切”的做法，为民族地区网开一面。除了土地政策、开发区政策之外，还有税收政策、工商注册政策、银行机构设置政策、贷款运作政策、国债使用政策、边境贸易政策、义务教育政策、资源开发政策、人才流动政策，都需要从民族地区发展的实际需要和实际困难出发，分门别类地做出一些有利于民族地区发展的规定和倾斜。

例如凉山州提出的大城市的企业到地方办公司，所得税交给注册地（即交回大城市）的做法、民族地区企业的所得税和大城市一样高的做法、赚钱的企业都上收省市和中央的做法、矿产开发地方无权审批的做法、公路管理地方不能过问的做法、国债资金使用必须地方配套的做法以及银行贷款权利高度向上层集中的做法等，都不利于民族地区的快速发展，需要尽快从政策制定上予以重视和解决。

三、关于国家财政、金融大力扶植的建议

正如美国历史经济学家戴维斯兰德所说“有钱才能赚钱”，这就说明启动资金对于发展的重要性。当前，民族地区的问题集中到一点就是发展资金问题。实事求是地讲，钱虽然不是万能的，但没有钱的支持，民族地区的发展是难以加速的，差距扩大的趋势也是难以遏制的。

民族地区的发展需要钱的地方很多，最突出的还是基础设施的建设。不少民族地区交通、通信和能源严重滞后，由于没有公路，一些地方下了雨连村子都出不去，有些地方到县城开会要走好几天。凉山州昭觉县迄今无电村还占49%，人畜饮水困难的还有59.4%，这些基础设施问题同地方的发展关系极为密切，但是没有中央财政和金融部门的支持，地方是无法解决的。卫生方面的问题也同样严重，仍以昭觉县为例，在卫生方面千人拥有医卫人员仅1.6人，同全国千人拥有4.5人，相差2.7倍。由于生活条件差，工资低，全县医院内没有一个大学本科毕业生。因缺乏卫生机构，有的地方看病要跑18千米。全县72.6%的人生了病不能就诊，89.3%应住院的患者住不了院，小病拖大，大病拖死的情况十分普遍。孕妇死亡率为250人/10万人，死亡率高出全国近5倍。这种情况如果没有国家财政的支持，只能是搞无米之炊。因此，需加大中央财政对民族地区转移支付力度，而且应转移到县。发改委、农业部、科技部等方面的国家项目也应向民族地区倾斜。

为了改进民族地区基础设施建设，特别是为了促进开发地方资源，发展特色农业和促进百姓创业，建议国家在每年2万亿元的存量财政中支出千分之一用作支持民族地区的发展基金。此外，金融系统也要重视对民族地区的扶植，需在民族地区增加银行分支机构，增加民族地区的银行贷款额度，扩大贷款授权，提高贷款审核效率，缩短贷款周期，扩大贷款规模，延长贷款期限。另外，需考虑发行民族地区发展债券和免去国债项目的配套资金，国家还应出台相关政策，引导和激励国内外企业到民族地区投资兴业，从而提高民族地区的自我发展能力，加快民族地区发展。

四、关于高度关注教育工作的建议

教育是兴国之本，当然也应是少数民族地区振兴的必然依托。特别是九

年义务教育，是一个人终身资历和学习能力的基石，也是参与社会竞争的资本。一个人如果在学龄期间失去了学习机会，他们发展的权利就会丧失，他们的就业和前程就会受挫。我们在考察中发现，民族地区受教育的年限明显偏低，例如四川凉山州人们受教育的年限为4.8年，有几个县仅有3年，远低于全国平均9.8年的水平。我们还看到不少20来岁的青年人一点文化都没有，连普通话都不会讲，无法同外界交往和交流。

少数民族地方的农村义务教育问题严重的原因，在于“以县为主”的管理体制，在县财政极度困难的情况下，无法给予保障。例如，重庆的彭水县、酉阳县、黔江县和四川的凉山州及昭觉县等普遍反映“一费制”后，学校公用经费出现了大缺口，彭水县缺口3540万元，酉阳县缺口3344.8万元。彭水县因为公用经费缺口导致1729名代课教师无工资来源，导致6000名学生无学可上。有的县学校危房高达78%，教学设施缺乏，连学生需要寄宿的床铺都无法购买。

针对这种情况，建议国家认真审视“以县为主”的做法，且不可让那些财政困难县，因支付不起教育经费，而误了农村孩子的教育和成长。对民族地区，国家应把工作做细，该解决的要下决心解决。另外，少数民族地区也有全国普遍存在的高中过少现象，高中少，直接影响了年轻人求学上进的积极性，也是初中辍学较多的主要原因。国家应该支持民族地区按需要多办一些高中。在有些民族聚居区还应该增设和创办高等学校，在民族高校中，还应支持其增设博士点和硕士点。除此外，国家还要在民族地区进一步推动扫盲工作和成人教育，并有组织地开展专业培训，为让更多的人能够走出去务工或是就地发展，要千方百计地提高他们的素质和使其具有一技之长。

五、关于扩大对外开放与合作互动的建议

邓小平同志关于中国对外开放的理论，为中国的经济发展注入了巨大的动力。美国经济学家萨克斯在研究了我国对外开放后的经济增长资料后，发现当时中国的资本增长并未改变，其之所以能迎来快速增长，就在于邓小平同志对外开放的这一“Idea”。事实证明，中国哪里开放早，哪里就发展早，哪里开放力度大，哪里就发展快。因此，扩大开放，是我们发展经济的宝贵经验。

为了加速民族地区的经济发展，我们必须努力促进民族地区扩大对外开放，包括对国外开放和对国内开放。为此，一要加大民族地区的对外宣传，让世人了解民族地区，让民族地区走进世人的眼目。鼓励媒体更多为民族地区的扩大开放动脑筋、出力气。二要有组织地促进民族地区与中央各部门和发达地区之间的干部交流，既要组织发达地区和中央各部门的干部到民族地区锻炼，又要派更多民族地区干部到中央各部门和发达地区挂职学习。三要鼓励民族地区更多的年轻干部带薪到发达地区打工，民族地区干部的选拔最好要看其在打工中的能力和表现。四要在深圳、浦东开办民族地区基层干部培训学校，由国家出资对民族地区干部培训半年至两年，使他们开阔眼界，转变观念。除此之外，还要打破行政体制的分割，大力发展旅游业和加强民族聚居区的交流与合作。在推进合作互动方面可选择武陵山区作为合作试点，取得经验后进行推广。

武陵山区是土家族、苗族为主的少数民族聚居地。北有湖北恩施土家族苗族自治州，东有湖南湘西土家族苗族自治州，南有贵州铜仁的四个包括以土家族、苗族为主的民族自治县，西有重庆的五个土家族苗族自治县。像这样的地方，山同脉、水同源、民同俗、经济同类型，但因行政体制的阻隔，经济发展缺乏联合与互动。为改变现状加速发展，我们应促进它们克服行政区划的阻隔，建立武陵山民族地区经济联合体，推动这个地区的互动和发展。要努力做到规划互动、交通互动、产业互动、市场互动、政策法规互动，从而实现这一地区的扩大开放和民族经济的快速发展。

总之，少数民族地区的发展，在落实科学发展观和落实“五个统筹”的今天，迎来了一个新机遇。只要我们能够坚持以人为本，加大对民族地区的支持力度，努力扩大民族地区的对外开放，民族地区的发展就一定会上一个新台阶，民族地区的明天就一定会更美好！

（原载《中国科学周刊》《国是建言》）

关注农民工，还有很多事情要做

2004 年 8 月

农民工问题，是中国社会的一个特殊问题，也是一个大问题。现在流动于各个城市的农民工数量高达 1 亿人以上，根据中国农村剩余劳动力情况，农民工的数量还会有大幅度的增长。因此，关注农民工问题，不仅昨天要做，今天要做，明天还要做。农民工问题，不仅是农民工本身的问题，也是社会问题，不仅是经济问题，也是政治问题。

去年温家宝总理在重庆视察工作时，亲自为农民工讨还工资的事情发生后，清欠农民工工资问题引起了全社会的关注，这对解决已经成为重疾沉疴的拖欠农民工工资问题，起到了极大的促进作用。在清欠农民工工资的过程中，清楚的透视出农民工，作为一个弱势群体，他们的劳动是很少受人尊重的。从拖欠农民工工资数额之巨大，清欠之艰难，可以看出农民工在社会上受挤压、受歧视的情况十分严重。最近发生在沈阳的七位农民工因工资问题集体自杀的事件，更表明农民工对拖欠工资的困惑和无奈。因此，关注拖欠农民工工资问题，仍是一个长期的艰巨任务。

当然，农民工问题，远不只是拖欠工资问题，实际上除了拖欠工资问题外，还有很多问题，需要引起各方面的重视和关注。其中包括农民工在城市的工作岗位问题、工资标准问题、居住条件问题、劳动保护问题、社会保障问题、子女教育问题，以及更深层次的消除对农民工的歧视问题，统一劳动力市场问题，解决好农民工产业工人身份问题，促进农民工的市民化问题，农民工在城市的选举被选举权问题，农民工在城市接受教育和培训问题等。

按照我国分三步走的战略目标，2050 年中国将达到中等发达国家的水平，初步实现现代化的目标。按此要求，中国的城市化率届时将达到 70%～80%，这意味着在 2000 年至 2050 年的 50 年中，中国需有 7.2 亿～8.8 亿人口从农村转入城市，以年计算，每年将有 1000 万人由农民转为市民。迄今为止，我国有城镇人口5.2亿人，城市化率40%，但由于这一数字只是因为统计口径改变得来的，所以此中存在两个大问题：一是城市非农人口数量较低，按2000年国家统计局公布的城市人口情况，非农人口仅占城市人口的52%。以此比例推算，我国城市非农人口仅有3亿人左右。二是农民工大多已经被统计入城市人口，但实际上他们还没有由农民转成市民。有关方面统计，中国依然由世界上33%的农民，养活着世界上7%的非农人口。因此，无论从三步走的目标要求，还是从中国城市化十分滞后的现实考虑，我们都应该把分流农民、减少农民、大力推进城市化、促进农民变市民，作为一项战略任务，予以重视和推进。

因此，在城市里解决好农民工的就业和定居问题，不仅有重要的现实意义，而且对中国的城市化将产生深远的影响。

为农民工创造更多的就业岗位问题，这应成为城市发展的重要任务。今后的城市发展、产业安排、资金投入，都要考虑就业岗位的增加。在城市，不仅要发展劳动密集型产业，更要大力发展第三产业。我国由于很多城市在市容管理上，只顾城市漂亮，大面积地取消了小商贩服务市场，以致造成近七年中我国第三产业才增长1.2个百分点。国外包括英国、德国等国家都是允许大量非注册企业存在的，而我们连修鞋、修车的都要登记和收费，严重影响了城市服务业的发展。因此，在城市里大力发展各种产业的同时，放开、放活服务业的管理，为农民工进城服务创造更宽松的环境是十分必要的。

关于农民工的工资问题，由于我国农业劳动力严重过剩，在农民工争抢劳动岗位的情况下，农民工工资一直很低，一些发达地方干部和百姓的收入近十年来已成几倍增加，而农民工工资却不升反降。有的地方，同一企业同一工种，本地人月工资2000元，农民工只能拿600元。像这样的问题不解决，农民工就难以在城市发展，真正的城市化就难以推进。因此，有必要根据各地的经济发展情况，按地区、按行业确定农民工的最低工资标准，并应随经济发展和工作年限的延长不断上浮。

农民工在城市的居住问题，也是一个与城市化关系密切的问题。我们很多城市只允许有专长、有学历的人进户口，而把农民工拒之门外。党的十六届三中全会《决定》指出“在城市有稳定职业和住所的农业人口，要按当地规定在就业地或居住地登记户籍，并依法享有当地居民应有权利，承担应尽义务。”之后，一些城市虽然对农民工入城有所松动，但对“稳定职业”和

“稳定住所”把得很严，门槛很高，实际上农民工变市民还做不到。更重要的是，很多大城市旧房屋大面积拆掉了，新房屋租价很高，本来农民工多在城市内的老居民和城郊农民家租房居住，而由于大面积拆迁，他们只能向远郊租房住，这不仅造成他们居住条件很差，而且给上班工作带来极大的交通不便。更有一些农民工，住在篷布搭的工棚里，冬天来时冻得连觉都无法睡。因此，在城市里专门为农民工建些廉租房是十分必要的。另外，城市给低收入居民盖的“安居”房，也应该允许有条件的农民工购买。这样才可能使农民工安居乐业，才能变农民为市民，才能真正推进城市化。

农民工的社会保障问题，至今大多数城市和企业还没给兑现。特别是工伤保险、失业保险的缺失，常使农民工受了伤后不仅得不到救治，而且会因此被企业辞退，饭碗由此丢失。我们在陕西调查时，地方上反映，一个乡有42个矽肺病人，得病后被企业辞退，有的已经死去，有的失去了劳动能力。也有一些地方给农民上了保险，个人出小头，企业出大头，但因为农民工流动性大，工作变动时，个人出的钱是退还了，而企业出的钱不退给本人，农民工到了一个新地方，还要从头做起，实际等于没有上保险，农民工依然等于没有社会保障。如何改变这种保险的属地管理，以适应农民工的工作实情，很需要国家出台政策，给予特殊保证。

总之，关注农民工问题，还有很多事情要做。今年的党中央、国务院“一号文件”指出，“进城就业的农民工已经成为产业工人的重要组成部分，为城市创造了财富，提供了税收”。“中央一号文件”要求城市政府要切实把进城农民工的职业培训、子女教育、劳动保障及其他服务和管理经费，纳入正常的财政预算，“兑现进城就业农民工资，改善劳动条件，解决子女入学等问题”。方针已经确定，政策已经明确，现在的问题是需要健全有关法律、法规，落实管理责任，加强监督检查。只要各方面都行动起来，坚决按照胡锦涛总书记关于“权为民所用、情为民所系、利为民所谋”的指示，认真理解、贯彻和落实党的十六届三中全会的《决定》和今年“中央一号文件”的精神，高度重视农民工问题，我们就一定能够把涉及农民工的各项工作做好，为推进农村城市化和农民变市民做出新贡献。

（原载《人民日报》）

加速中部崛起是破解“三农”的重要战略

2004 年 10 月

“中部崛起”，已连续两年出现在温家宝总理的政府工作报告中。加快中部地区发展，既是落实科学发展观，推进地区协调发展的重要方面，也是构建和谐社会，突破“三农”问题、搞好“重中之重”的必要条件。

众所周知，“三农”问题是中国一切问题中的大问题，为了解决好农民、农村和农业问题，中央把解决“三农”问题作为全党一切工作的“重中之重”，得到了全国人民的拥护和赞成。中部六省有农民 2.5 亿人以上，占全国农民总量的 33%。中部粮食产量占全国 28%、棉花产量占全国 34%、油料产量占全国 40%，而工业产值不到全国的 15%，是典型的农业省区，也是人口压力巨大、农民比较贫困、生态快速恶化的地区。加速中部崛起，等于抓住了“三农”的要害，中部崛起了，“三农”问题就解决了 1/3。因此，促进中部崛起对破解“三农”具有重要的战略意义。

一、中部崛起是“先富带后富”的延续和发展

改革开放 20 多年来，在邓小平同志关于一部分人和一部分地区先富起来的发展战略推动下，东部沿海地区先走一步。这种“不均衡发展”和效率优先的发展模式，改变了吃大锅饭的平均主义，提高了资本利用效率，促进了互相竞争，对我国的经济发展起到了一定的推动作用。

邓小平提出的让一部分人和一部分地区先富起来的宗旨，是为了带动和实现共同富裕。前者只是手段，后者才是目的。现在一部分人和一部分地区先富起来的目标已经实现，而作为最终目的的共同富裕还为期遥远。

1978 年，中部同东部相比，人均 GDP 实际相差仅 154 元，到 1995 年，其差额扩大到 3148 元，增长 20.4 倍。1997 年召开的中共十五大提出了缩小高收入与低收入差距的问题，但近几年差距不仅没有缩小，反而又有明显扩

大。至2003年，中部的人均GDP同东部人均GDP相比，其差额已达到8534元。中部同东部之间的人均GDP之差额，已经达到改革开放初期1978年的55.4倍。

2000年，中央实施西部大开发战略后，西部地区发展明显提速，相比之下，中部地区发展不仅落在了东部之后，而且也被西部甩到了后面。2000—2003年，东、中、西部GDP增长速度分别为13.29%、10.53%、11.89%，中部成了发展最慢的地区。从东、中、西部占全国GDP的比重来看：1999年东、中、西部各占55.6%、25.8%、17.5%；2003年，东、中、西部各占58.4%、24.65%、18.9%。由此看出，西部大开发以来，中部地区不仅相对发展速度更慢，而且在GDP中所占比重也明显下降。事实证明，中部正在“塌陷”，中部正在成为“经济洼地”。

从城乡收入差距看，我国是世界上城乡收入差距最大的国家之一，我国城乡收入差距为3.23∶1，从购买力比较，差距为6∶1。从地区收入差距看，2000年，我国31个省份，人均GDP高与低之比为13∶1，而美国50个州为2.0∶1，英国12个郡为1.68∶1。我国2004年100个富县同100个穷县相比，人均GDP为15∶1。

邓小平同志曾多次指出：“社会主义不是少数人富起来，大多数人穷，不是那个样子，社会主义最大的优越性是共同富裕，这是社会主义本质的东西。”为了改变经济越发展区域和城乡差距越拉大的现状，党的十六届三中全会提出了“统筹区域发展”“统筹城乡发展”的发展战略。2004年底召开的经济工作会议上，胡锦涛总书记又论述了“两个趋势”问题，提出了“工业反哺农业”“城市支持农村”的要求。中部崛起是中央继“西部大开发”和“振兴东北老工业基地”之后提出的又一“统筹区域发展”的重要战略。这既是中央“全面建设小康社会”和“构建和谐社会”的一部分，也是邓小平理论的延续和发展。

二、中部崛起的环境优势

（一）中部崛起的外部环境

首先，改革开放以来，我国坚持以经济建设为中心，全面扩大对外开放，经过20多年的努力，我们已经在总体上实现了经济总量翻两番，人均GDP超过了1000美元。国家实力大为增强，国际地位明显提高，特别是我国加入WTO和经济全球化的浪潮，已经使我国成为全世界投资者最为关注的地方。很多外国企业，特别是世界500强企业，高度看中中国消费市场和中国廉价的劳动力资源，在中国的投资力度不断加大，投资领域不断拓宽。而且随着跨国企业的到来，我国企业的管理水平明显提高，中国的对外贸易有了很大发展。中部崛起在这个时间起步，无疑会得到世界的关注。这样不仅会有利于中部加强同国外的交流与合作，也有利于中部在“引进来”“走出去”方面大展宏图。

其次，我国20多年来的改革开放，促进了民营企业的快速发展。至2000年，民营经济中已有个体工商户2377万户，私营企业243万户，国民生产总值中，民营经济所占比重已达48.5%，截至2002年底，个体和私营企业资本已达2.85万亿元，2002年一年中，个体与私营企业注册资本就高达6900亿元，比当年实际利用外资高出2600亿元。民间投资超过当年外商投资额的50%。民营企业机制活，能量大，发展势头猛。鉴于中部有区位优势、交通优势和资源优势，因此，中部崛起一定会成为民营企业的关注热点，特别是伴随民营经济的地位不断提高，国家对民营经济发展政策不断放宽，民营经济一定会对中部崛起做出大贡献。

最后，沿海经济的高速发展，为中部崛起创造了条件。从经济学的势能理论和梯度扩散理论考虑，东部的高速发展增强了中部四周的经济势能。由广东至天津、北京的沿海各省，生产要素高度密集，在成本不断升高、劳动力和土地不断提价的情况下，各种生产要素必然要由经济“高地”向“洼地”流动，造成资本、技术、企业和人才向其紧邻的欠发达地区扩散和转移。作为粤、闽、浙、沪、苏、鲁、津、京、冀包围中的中部地区，已经显示出它的区位优势，后发的风帆正在扬起。

（二）中部崛起的内部环境

（1）资源优势。中部地区，除山西外，基本位于长江、淮河两岸，自然条件较好。中部有山、有水、有平原，无霜期长，雨量充足，矿产资源和水资源比较丰富。例如河南省，粮油产量均居全国第一，棉产量居全国第二，作为国民经济基础的农业，在中部得天独厚。改革开放以来，中部地区各方面取得了长足发展，为中部崛起奠定了基础。

（2）文化优势。中部地区作为中华民族最早开发的腹地，文化厚重，历史悠久。河洛文化是中国文化之源，除此以外，三晋文化、荆楚文化、徽文化、湖湘文化的深厚内涵，必将对未来经济发展产生重要的推动作用。近几年在郑州连续召开的客家人寻根恳亲会和河洛文化交流会的隆重场面，足以使人们感到中部的文化优势一定会为中部的快速崛起发挥作用。

（3）区位交通优势。中部地区无论是从扩大对外开放考虑，还是从为东部地区服务出发，其区位优势都好于西部地区。中部地区紧靠经济发达的广东、福建、浙江、江苏、山东、天津、北京等地，特别是有京广铁路、京九铁路、京珠高速公路纵贯南北，有陇海铁路和长江横穿东西，使中部地区同发达地区之间交通便捷，合作方便，这样有利于中部紧抓东部经济向外扩散和转移的机遇，走出困境，实现快速崛起。

（4）旅游资源和劳动力资源优势。中部有极其丰富的旅游资源，景色旖旎，文化内涵丰富，特别值得重视的是红色旅游资源，在中部分布众多。另外，中部地区农民比重大，剩余劳动力多，外出务工人数占全国40%以上。人口多虽然不是好事，但如能搞好培训，认真组织，注意将人力资源转化为人力资本，中部不仅可以成为沿海发达地区的劳动力基地，而且可以通过农民外出务工，使更多的打工者转化为中部经济的开拓能手。

三、中部崛起的支撑性政策和突破性行动

（一）支撑性政策

（1）贯彻落实科学发展观。中部崛起一定要坚持把发展作为第一要务，各级政府要执政为民，做到“权为民所用，情为民所系，利为民所谋”。各级官员要提高思想认识，转变工作作风，堵塞权钱交易和寻租行为。要杜绝虚报、浮夸，扭转资金投放中的“嫌贫爱富”和“重锦上添花，轻雪中送炭”的行为。要走资源节约型发展道路，大力发展循环经济。

（2）促进中部各省互动和中部与东、西部的互动发展。在中部崛起中，要调动各省的积极性，促进它们比、学、赶、帮，互相竞争，各省都要发挥自己的比较优势，突出自己的发展特色，做到“八仙过海，各显其能。”但是，各省一定要重视总体崛起对自身崛起的重要性，不能各自为政，画地为牢，相互封锁。要通盘考虑中部各省的交通发展、资源配置和产业分工，统

一安排中部的旅游发展和旅游路线等，促进中部的一体化，加强各省的交流和互动。除了扩大各省之间的对外开放和互动之外，还要加强中部与东部、中部与西部的合作和互动，做到最有效地发挥优势，最合理地配置资源，最高效地使用资本，最快速地促进发展。

（3）为中部土地使用松绑，推出区域地租级差。中部崛起，一是要推进城镇化，分流农民；二是要推动工业化，发展工业。无论是城镇化还是工业化都需要占有土地。中部是农业产区，历史上划定的农田保护区甚多，而且因经济落后，城镇原占地面积甚小。因此，中部崛起需要国家为中部使用土地松绑。土地是国有的，发达地区已经占用了大量的土地，它们的发展是以牺牲粮棉油生产为代价的。今后应该限制发达地区的土地使用，遏制发达地区的低地价和零地价，放宽中部对土地的使用数量，尽可能降低中部的土地售价，形成有较大差别的级差地租，以此来促进区域统筹，促进均衡发展，促进需要土地的工业项目向中部转移。

（4）核定区域间的工人工资，使在中部兴业更有利。发达地区的工资升值是促进企业向欠发达地区转移的主要动力，但因中国的特殊国情，农民数量极大，数以亿计的劳动力涌向沿海，造成发达地区的工人工资不仅不升，反而下降，阻碍了企业向内地转移。例如深圳的保姆做家政，一小时只有5元，这个收入同成都等地没有两样。为了促进中部崛起，应该由国家依照各地经济水平，敲定最低工资和核定工资标准，把发达地区的工人工资尽可能高地升上去，使之与欠发达地区形成较大级差，这样，有利于一些企业向中部转移。

（5）拉开区域间税收档次，促进工业向中部转移。作为宏观调控政策，一定要重视区域间税收政策的调控，要利用税收杠杆，促进中部地区崛起。对发达地区办工业，国家应该多收税，对在欠发达地区办工业，国家应该少收税，不应该在税收上“一刀切”。最近一些发达地区把个人所得税收起征点向上提，使欠发达地区拿着低工资还得多交税，极不利于欠发达地区留住人才，打击了欠发达地区的发展积极性。笔者认为应该把这种做法倒过来，做到在欠发达地区投资的企业税收是最低的，在欠发达地区工作的人纳税也是最少的，只有这样，欠发达地区才能发展，中部崛起才有希望。

（二）突破性行动

（1）加强淮河治理。淮河治理是中部崛起的大事之一。曾经有过“走千走万，不如淮河两岸”的民谣。但是后来黄河改道，使淮河成了安徽、河南的一大隐患。新中国成立后百业待兴之时，毛泽东主席就发出了“一定要把淮河修好”的号召。但是由于种种原因，淮河的危害至今未能根除。因此，要促进中部崛起，就要像修长江三峡那样，集中国家的财力，突破对淮河的治理。

（2）加大公路、航空和乡村道路的建设力度。中部尚有很多地市之间还没有直达公路或是道路坎坷不平。另外，中部的航空运输也很滞后，有些城市乘飞机还要跑几个小时的车程。特别是中部乡村路况更差，下了雨泥泞不堪，进不去、出不来的村庄普遍存在。因此，要促进中部崛起，需从先修路做起。国家应通过积极财政政策，加大中部公路、机场和乡村道路的建设力度，提高中部各地的通达度。

（3）重视农田水利建设。中部各省均是农业大省，有较多的水利设施。但是，由于投入不足，中部地区的水利设施大多年久失修。实现中部地区崛起，就要重视农田水利建设，使农民做到旱涝均可保收。

（4）加快城市建设。中部要发展，就要高度重视城市化。在城市化方面中部地区要重视大城市的建设和发展，这不仅是招商引资、留住人才以及促进生产要素向这些地方流动的需要，也是创造就业岗位、扩大工业品需求和促进工业发展的需要。

（5）加快发展民营经济。实践证明，哪里民营经济最活跃，哪里的社会经济就发展得快。在工业领域，国有经济同非国有经济的比例在经济最发达的浙江、广东、江苏三省分别为20∶80、25∶75、29∶71，城镇就业人数的70%是民营企业吸纳的。同发达省份相比，中部民营经济是滞后的。因此，无论从发展地方经济考虑，还是从促进就业考虑，中部需要发展民营经济。为促进中部崛起，应该解放思想，放宽准入条件，支持民营企业特别是农民企业的创业和发展。

（6）加大旅游资源开发，实现旅游业的大发展。中部旅游资源十分丰富，而且因为中部离发达地区较近，这些地方最易成为发达地区居民节假日的旅游地，所以中部要高度重视旅游资源开发。据世界旅游组织测算，旅游业投资1元，相关行业可增收4.3元，旅游业直接就业1人，社会就业就会增加5人，正因如此，旅游业虽然历经了半个世纪，依然是个朝阳产业。因此，中部崛起要实现旅游业的大发展，并通过旅游业的发展，促进中部的对外开放、招商引资和贸易往来，让旅游业为中部崛起作出大贡献。

四、对河南发展的几点建议

（一）从组织领导上保证河南快速发展

河南省有近1亿人口，地处中原腹地。河南的粮产、油料产量均居全国第一位，棉花产量居全国第二位，原煤、棉纱和造纸均居全国第三。从人口数量和基本资源看，河南在全国处在十分重要的战略地位。但是，由于种种原因，河南经济还很落后，人均收入甚低，至2002年河南城市居民收入还在全国排列倒数第一，河南的城市化水平仅好于西藏，在全国排倒数第二位。河南是中部之中，“天中山”就位于河南驻马店。加速中部崛起，一定要狠抓河南，只有中原崛起，才能有中部崛起。因此，应请中央组织领导上保证河南快速发展。河南作为第一人口大省，省委书记应为中央政治局委员。中国经济学是政治经济学，省委书记地位提高了，同中央各部门谈判能力可以增强，利于取得中央各部门的支持和关注，利于河南崛起和发展。

（二）应把郑州划为计划单列的副省级城市

任何一个发达地区的发展，都是靠那里的首领城市带动的。河南郑州素有“九州之中，十省通衢”之称。郑州作为全国重要交通枢纽、重要商埠，有“铁路心脏”之称，是亚洲最大零担货物中转站，是西气东输、西电东送、西煤东运、南水北调的交叉口。但是至今郑州还是一个地级市，由于城市级别低，一是缺乏参加国家会议的机会，缺乏对外的沟通，二是庙小、位置低，不易于吸引人才，留住人才，这样不仅影响了郑州的发展，也难以带动河南城市圈的发展和全省经济发展。

考虑河南省发展的需要，考虑9700万河南人发展的需要，又基于郑州本身的条件均已达到计划单列市的要求，希望国家尽早考虑将河南定格为计划单列副省级城市。

（三）增加河南教育资源，促进河南快速发展

国家教育资源的配置不公平，导致了河南的落后和贫穷。尽管河南省十

分重视教育，但河南因财政紧缺，教育设施、师资条件同其他省有很大差别。由于教育经费严重不足，学校少、学校差、师资水平低，造成河南广大青少年不能享受教育公平，有的失去了受教育机会，特别是因高等教育资源缺乏，很多高中毕业生虽然考了高分，而不能升大学。另外，由于高中过少，很多初中毕业生失去了继续读书的机会，甚至较早辍学。

教育涉及面广，公共属性最强。为了使孩子们不因地方经济落后，而陷入“贫穷→失去教育→更加贫穷”的怪圈。建议国家从河南人口多、需求甚多的实际出发，为河南多配置一些教育资源。尽快改变河南大班上课严重，教师工资困难、学校条件甚差、高中设施太少的局面。尤其需要支持河南的高中建设和高等教育的发展。这方面只靠河南每年 400 亿元的财政收入是无法解决的。建议国家在基础教育上加大对河南转移支付。在高校建设方面，建议把在北京的部分国家财政供养的大学向河南郑州搬家。北京大学太多了，城市拥挤不堪，应该分流公共教育资源，为欠发达地区作贡献。

（四）高度重视京广路经济带的建设

在河南，京广铁路纵贯南北，而且又有京珠高速公路和 107 国道在此并行，这条路是中国车流量最大、最繁忙和通达度最高、通达路程最远的道路。在京广路河南段上，是河南物流、人流、信息流最集中的地方，也是最热点的地方。这条路的河南段有 8 个地级市，靠近二十几个县城，拥有河南最多的人口和最大的经济总量。建设河南京广路经济带不仅有着良好的基础，而且有着极好的条件。

交通经济带理论是早就受人重视的理论，在日本、美国都有成功先例，我国山东的胶济铁路经济带的形成，成了山东经济核心区，占了全省经济的 67.4%，人均国内生产总值高出全省平均值 67.4%。京广路河南段是整个京广路的中心段，考虑到它南连香港特区、澳门特区、深圳、广州、武汉，北连北京、天津，中间又与陇海路交叉。在这段路上建设河南京广经济带，可以广为吸收来自南北的资金、技术、信息和项目，因此是十分必要的，也是得天独厚的。这条经济带上可以建物流中心、建仓储、建市场、建农产品基地以及建花卉园林基地以及建来料加工基地、劳务基地、服务业基地。应该以京广线为依托，发展城市带，建设城市群。

（五）高度重视南部发展

河南的南部三市是信阳市、驻马店市、南阳市，这三个市有2800万人，土地肥沃、雨水充沛，自然条件优越，很多古今名人出自这块地方。这三个地市都有山地、有平原、有丘陵、有河川，还有不少旅游资源，可进可退，可攻可守，土地资源相对丰富，可开发的天地相当广阔。这里的人民勤劳、朴实，重视教育，也有着光荣的革命传统。应该说，从地理位置和自然条件讲，这三个地市是河南比较好的地方，有着潜在和美好的开发前景。

但是，这三个地市因为离省会较远，发展受到了影响。以信阳市为例，1950年全国只有100多个城市时，它就是一个很重要的城市，京广路所有车辆均在那里停靠。但直至5年前，全国达到666个城市时，信阳还是一个县级市，而且原有的全国著名的第五步兵学院也迁离了这里。由此说明，河南对南部三市的发展是扶持不够的。河南南部三地市与湖北、安徽、陕西接壤，是南北气候过渡地带，拥有植物品种和可栽培植物品种繁多，处于京广路和焦枝路两条干线上，特别是信阳、驻马店是通往武汉和广东的要塞，在中部崛起中，应高度重视南部三地市的快速发展。一要加速发展南部的城乡各种道路建设，包括驻马店西至南阳东至阜阳的高速公路、信阳至固始通合肥的高速公路，都应尽早投资建设。二要整治淮河，加快建设明港西淮河水库，对淮河支流要进行大力度整治，既要堵塞污染，又要搞好排洪。三要加大南部农田整治和水利建设，扩大灌溉面积，建设高产农田。四要促进信阳、驻马店和南阳市的大发展，扩大城市规模。同时要高度重视县城及重点中心镇的发展，大力推进农村城市化。五要大力发展农产品加工业，搞好招商引资和支持农民发展合作经济，搞好农产品加工。六要大力发展上规模的农业支柱产业，特别要重视畜牧业、牛奶业的建设和发展。七要狠抓义务教育，支持义务教育，并要大力发展高中，促进这三市的高等教育快速发展。八要大力推进这三市旅游业的大发展，除了整合风景旅游、文化旅游外，要重视和扶植红色旅游。

（原载《郑州航空工业管理学院学报》《中州学刊》）

德宏州咖啡产业前途无量

2004 年 10 月

一、云南德宏州发展特色农业种植咖啡有得天独厚的优势

我过去曾两次到德宏州进行考察，一次在 1998 年，一次在 2004 年。德宏州是一个美丽的地方，给我留下了深刻印象。

德宏州位于云南西部的祖国边陲，与缅甸接壤。德宏各个民族都十分淳朴善良，民族文化资源十分丰富。德宏州是一个旅游的好地方，远在 60 年代，我们的周恩来总理就曾到德宏州参加傣族的泼水节。

德宏州地处亚热带，常年如春，花开四季。这里是天然的温室，生物的宝库，也是鱼米之乡。气候条件决定，在这里发展农业，其条件得天独厚，其前景无限光明。尤其是发展咖啡种植，拓展咖啡产业，德宏更是条件十分优越。

二、云南德宏州发展咖啡产业面临大好时机

咖啡最早发现于埃塞俄比亚，后来传到阿拉伯和东南亚，1727 年传至巴西，并于 1740—1850 年在中美洲得以普及。我国云南的咖啡种植始于 1892 年，一位法国传教士把咖啡种子带到云南宾川进行种植，迄今已有 100 多年的历史。

云南咖啡属小颗粒咖啡，浓而不苦，香而不烈，略带果味。云南咖啡种植已经占到全国的 70%，分别分布于思茅、西双版纳、文山、德宏、保山等地。德宏的咖啡种植已达 10 万亩以上，产量超过了云南的 25%。

由于咖啡在欧美国家像茶在中国一样普及，所以国际市场需求量很大。我国随着人们生活水平的提高，咖啡需求量也在与日俱增。特别是由于咖啡富含维生素，能以促进机体代谢，常饮对皮肤和消化器官十分有益，并且可以减肥和治疗便秘。最近还发现咖啡抗氧化，抗癌效果甚好。因此，咖啡的

市场还会扩大。

为此，有人预测，中国对咖啡的需求，有可能在2020年达到平均一人一天一杯的水平，届时，国内咖啡消费市场将达500亿美元。整个产业链可能达到1000亿美元左右。

面对这种形势和大好的机遇，德宏州计划于2011年使咖啡种植发展到15万亩，2020年发展到30万亩，看来是完全可以达到的。

三、对德宏州发展咖啡产业的思考和建议

（一）进一步发展交通，扩大对外开放

为了把咖啡这个特色产业搞上去，德宏州提出要搞好交通设施建设，我认为是十分必要的。“要想富，先修路”这是改革开放20多年的经验总结。德宏州有100多万人，GDP达到110亿元，财政收入达到17亿元，这虽然是不小的进步，但同发达地市相比，经济水平还有很大差距，要改变这种状况，就要扩大对外开放。交通条件是对外开放的基础，一定要把道路建好、促进对外开放。德宏州提出的“一机场、一铁路、三公路、四口岸”的建设，也是十分必要的。德宏州的大开放和德宏州咖啡产业的大发展寄希望于交通网络的建设。有了大通道，就一定会迎来大开放和大发展。

（二）拓展咖啡市场，实施三大战略

任何一个产业的发展，都取决于市场规模，为了把德宏州的咖啡产业搞上去，就一定要在拓展市场上下功夫。为此，我完全同意德宏州所提出的三大战略，即建设种植基地战略、产品加工战略和品牌建设战略。一个产品要想更多地占领市场，就一定要创建自己的品牌。品牌既取决于质量，也取决于数量，没有质量保证，品牌就会倒下，而没有足够数量，就难以形成品牌。品牌与规模有关，产品数量大了，知道的人多了，才能形成自己的品牌。因此要处理好质量与数量的关系，要扩大种植面积，要搞好产品加工，这是德宏州咖啡创建品牌、扩大规模、谋取大发展必不可少的。

（三）搭建好信息平台，加大宣传力度

当今整个社会处在信息时代，特别是网络的建设和应用，不仅改变了人们的生活方式、工作方式，也改变了企业的经营方式，它的出现和存在，大大提高了工作效率，并使各国的国界在信息方面得以突破，全球形成了一个

地球村。事实证明，凡是信息网络发展好、应用好的地方，经济就发达，相反，凡是信息网络应用差的地方，经济就落后。云南德宏州要大发展，咖啡产业要大发展，就一定要搭建好信息平台，要充分利用信息平台，加大对德宏州及德宏州咖啡产业的宣传力度。事实已证明，宣传也出生产力，知名度也是生产力，接待工作也创造生产力。我们一定要利用各种途径加大对德宏州的宣传、对德宏州咖啡的宣传，大力提高德宏州和德宏州咖啡的知名度，只有这样，德宏州的咖啡产业才能做强、做大并迎来大发展。

（四）创建由咖啡农户入股的公司制合作组织

公司制度是当代经济的最先进的管理制度，它不仅在工业上广为应用，而且在农业生产上也有很大的应用前景。农产品的加工、销售增值规模常是农产品本身的3~10倍。要想让农民致富，就要让农民参与加工和销售。在有些国家规定，农产品加工、销售权益是属于农民的，非农企业进农村加工、销售农产品是不允许的。即使允许，也要给农民干股。我们的龙头企业进农村，在一些地方是必要的，但由于没有向农民让利，农民不能成为企业股东，造成企业与农民没有利益联动机制，很多企业到农村收购农产品进行加工，自身发展很快，而农民收入增加却不甚明显。

为了促进农民在种植咖啡中更好致富，建议在咖啡种植区建立农民入股的公司制农业合作组织。可以让农民集资入股，通过国家贷款进行扶植，把农民自己的加工和销售公司建起来。农民入股公司制农业合作组织，可以是专业性的，也可以是综合性的。公司制合作组织可以像龙头企业一样对农民提供全面服务，搞好种苗供给、疾病防治、产品加工、产品运输、产品销售等服务。同时可以在取得效益后，拓展产业范围，包括发展旅游等。这样，公司成长起来并创造效益后，农民人人有份，农民也就致富了。我在80年代末，曾走了很多国家对农民入股的公有制企业进行过考察，从长远看，我国农业产业的发展，新农村的建设，必然要走这样的一条道路。为了搞好农民入股的公司制合作组织，一定要遴选和培养企业的经理人，我们政府有责任做好这项工作。一定要选出能干事、会干事，并且乐于为广大农民干事、视个人利益淡如水、视人民利益重如山的人，做这样的经理人。

（原载《农民日报》）

新农村建设需走出三个误区

2005年3月

一、走出对广大农村经济实力估计过高，过分强调自我发展的误区

新农村建设，是需要投入的。无论是基础设施道路建设，还是村容村貌的改变，没有资本作基础，都将会成为无本之木、无源之水。新农村建设启动一年来，之所以难以在面上铺开，或出现很多形象工程及造就不少表面现象，其主要原因还在于广大农村经济实力过低，缺乏自我发展能力。在绝大多数农民还不富裕的情况下，新农村建设在没有国家支持的情况下，很难在面上有明显进展。

由于长期的工农剪刀差和二元经济的影响，改革开放以来，大多数农民的收入增长还比较有限。虽然全国农民人均GDP创下了3250元的新高，但这也才仅仅超过世界银行界定的1人1天1美元的贫困线。况且人均3250元，这还只是一个平均值，由于地区差距和贫富差距的拉大，平均值下面掩盖的问题是很多的。例如华西村拥有的GDP总量就达300多亿元，它比中部有些上千万人的地级市拥有GDP总量还要大。这样巨富的存在，不仅仅是抬高了全国农民人均的收入值，而且导致了很多人对农民经济实力的高估，有误于政策的制定。

为此，新农村建设的思路和政策，不能过分强调农村的自我发展，一定要从多数农村经济实力欠缺这一实际出发，认真地而不是敷衍地，下决心在基础设施和道路建设上多给农民一些资金上的扶植与支持，这样才有可能开创出社会主义新农村建设的新局面。

二、走出只重“锦上添花”，而较少“雪中送炭”的误区

社会主义新农村建设是落实“重中之重”、解决“三农”问题的重大工

程，也是实现“全面小康”“惠及广大农民群众的民心工程”。因此，新农村建设不是为了做样子、创展品，搞几个“示范村”就可以万事大吉的。在社会主义新农村建设中，虽然有些经济发达的地方注意到欠发达地区农村建设，实行了“百企联百村”等的帮扶政策，推进了面上的新农村建设工作，但就绝大多数地方来说，依旧热衷于“锦上添花”，把力量和资金投放到原先的先进村、模范村、小康村，搞形象工程，做表面文章，使好的村庄好上加好，差的村庄继续进一步边缘化。

国家关于农村道路建设需村民匹配资金的“钓鱼政策”，实际上也是一种“锦上添花”的典型。有钱的地方，大多是过去吃国家偏饭较多的地方，由于有钱，拿得起匹配资金，常常会出现“反钓鱼”，用少量的手中资金，钓国家更大的投入，不仅修了“村村通”“街街道”，而且还在田间修了宽敞的硬化路。相反，欠发达的地方，本来就是很少有国家关注的地方，现仍然手中没有钱，拿不起配套经费，所以修筑进村路只能停留在“望路兴叹”上。很多这样的农村，在新农村建设提出后一度十分兴奋，但因为匹配不起修路资金，修路的计划再次被搁浅，进村路仍然是黄土路。类似这样的只顾“锦上添花”，而较少“雪中送炭”的做法，已经严重制约了很多新农村的建设，抑制了多数欠发达农村的经济发展。

三、走出农民工虽计入了城镇人口，而却不能享有城镇居民待遇的误区

农民工的身份、地位和收入与社会主义新农村建设息息相关，紧密相连。迄今我国已有 1.4 亿的农民远离家乡，走进大城市和发达地区的城镇去做工。他们数量之大，已经占到总人口的 1/10，占到城镇人口的 1/3，占到农民人口的 1/6。农民工虽然在社会上已经游离长达 25 年以上，并被计入了城镇人口，但至今国家的户籍政策、住房政策、教育政策，以及医疗政策等，还都没有对他们真正放开。

据我所知，有些农民工，已进城 25 年多，从未结婚到结婚，从无小孩到有小孩，而且孩子都 20 来岁了，他们依然在城里打游击。我身边一个当小时工的农民工，因为城里房子贵，只能去租农民的房子住。长期以来一直随着城郊接合部的变迁向后退，居住的地方离工作处越来越远，家里居住的环境

越来越挤，越来越差。还有一些农民工，因为工资过低，房价过高，租不起房，只好住在集体宿舍。一些人，虽然夫妻同在一个城市，却长年不能在一起。在我家门口的四个扫地的妇女农民工均属于这种情况，每年都是等春节放假时，夫妻才能一同回家去团聚。最近，我到广东、浙江去调查，那里有不少地方，当地农民已经不再种地和养鱼，土地和鱼塘租给了外来农民工，这些农民工有的虽然在这里种地、捕鱼好几年，而今还住在田间搭的窝棚内。我虽然走过很多国家，像中国农民工这样的状态和生活，是在别的国家少见的。

由于大量的农民工没能作为城镇居民来对待，既影响了农民工祖籍地的新农村的规划和安排，也影响了农民工住在地的新农村建设。很多农民工因为在城市没有家，所以把省吃俭用下的钱，大多数投在家乡建房上，房子建好后又多空在那里无人住。农民工虽然长期工作与生活在城市和镇上，但多住在城郊结合部。农民工集中的地方，秩序很乱，环境很差。很多发达地区的农民把自己的旧房子租给农民工，自己重新盖起了楼房和别墅，像这样的地方，新农村的建设和改造也困难重重。

因此，不能一说起农民工，就大讲农村因此赚了多少钱，实际上这都是人为推算的。很多农民工既是拿些钱回农村，也是为给自己在农村盖个窝，凡是夫妇同时进城的，他们挣的钱是难以向农村返回的。为了真正解决好新农村建设问题，必须要采取措施，尽早走出农民工不能享受城镇居民的待遇的误区。我们的户籍政策、工资政策、住房政策、教育政策与医疗政策等都应该向农民工开放。只有做到多数农民工能够在所在城镇安居乐业，城市化才能名副其实，社会主义新农村的规划和建设才能更好推进。

（原载《人民政协报》）

开发武陵山民族地区旅游业的几点认识和建议

2005 年 3 月

全国政协提出开发武陵山的设想，是在钮茂生同志出任民族和宗教委员会主任之后提出的。这一设想提出三年来，在湖北、湖南、贵州、重庆三省一市的共同努力和各有关部委的支持下，已经在认识上、组织上和实质性开发上取得了明显进展。

昨天的介绍，有四个让我没想到：一是没想到武陵山的开发步伐迈得这么快；二是没想到武陵山各相关省市积极性这么高；三是没想到武陵山内部的风光这么美；四是没想到武陵山开发前景将是无限好。

听了大家的介绍，我编了一首打油诗：

政协议政见行动，

民族工作动真情。

牵起渝鄂湘贵手，

开发武陵显神通。

武陵山民族地区的开发让人振奋、让人鼓舞，特别是开发武陵山的旅游业，这是切中了要害，抓住了龙头。

下面，根据大家发言对我的启发，谈四点认识和一点建议。

一、四点认识

第一点认识：选择旅游业就等于选择了一个永久性的“朝阳产业”。

随着生产能力的不断扩增，整个市场已经从卖方市场转成了买方市场。很多产业出现了生产能力的严重过剩，也有很多产业因为对资源的耗费过大或是对环境的污染比较严重，逐渐走向了萧条或被淘汰的地步。

而旅游产业不同，它既不会大量消耗资源，也不会造成环境污染，而且是随着人民收入的增长，生活的改善，市场越来越大，前景越来越好。无论是从可持续发展考虑，还是从武陵山资源利用的实际出发，都应该首选旅游业作为龙头，作为开发武陵山的切入点。

旅游的出现古已有之。春秋战国时期，孔夫子就曾周游列国。唐朝的玄奘、李白、杜甫，明朝的郑和和徐霞客等，他们除了是僧人、文学家、航海家外，也是公认的旅行家。但是由于种种原因，旅游业的形成和发展还是经历了一个相当长的历史过程。“旅游”一词在世界的出现，始于1811年英国出版的牛津字典，而旅游业在世界的崛起则是在第二次世界大战之后。1946年10月，国际官方旅游组织联合会在瑞士诞生。至1950年，旅游观光业已成为世界上的一个新兴产业。这一年，世界旅游过夜人数已经达到2528万人次。国际旅游的外汇收入达到21亿美元。此后，1960年达到了1950年的2.74倍，1990年又达到1960年的6.57倍。至1996年，旅游业已经成为世界的最大产业之一，总产值达到3.6万亿美元，占世界国民生产总值的10.7%（旅游税收6530亿美元，占世界税收的10.4%）。旅游消费达到2.1万亿美元，占世界总支出的11.3%。由此看出，旅游业是一个生命力极强的长青不衰的产业，也是一个永久性的朝阳产业。武陵山大力开发旅游业不必担心市场，其发展前景一定会十分辉煌。

第二点认识：党和政府高度重视旅游业发展，武陵山开发旅游业一定前景无限。

中国旅游业的崛起，主要是在改革开放以后。在党中央、国务院的关怀下，1979年11月29日，国务院批转了中国旅行游览事业局《关于大力发展旅游事业若干问题的报告》，批语要求“各级领导要解放思想，开动机器，采取切实有效的措施，办好旅游。”为加强对旅游业的领导，1982年8月，人大常委会决定，把旅行游览事业管理局更名为中华人民共和国国家旅游局。1985年，国务院常务会议决定，把旅游业发展纳入国家“七五”计划，并增加投资130亿元。1992年，国家作出试办国家旅游区的决定，批准11个国家旅游度假试验区。1998年中央召开的经济工作会议上，把旅游业列入国民经济新的增长点。2001年1月，国务院召开了全国旅游工作会议，发出了“进一步加快旅游业发展的通知”。去年完成的“十一五”规划，又把旅游作为重要内容。

由于党和政府对旅游业的高度重视，在1991年至2002年的12年中，我国旅游业，虽然经历了亚洲金融危机和美国“9·11”事件的恶性冲及，但其发展速度一直高居世界之首，跨进了“亚洲旅游强国”的行列。2002年全国国内旅游人数达到8.78亿人次，是1990年的3.19倍。入境旅游人数9790.8万人，是1978年入境旅游人数的54倍。国际旅游外汇收入达到203.85亿美元，是1990年的9.19倍，年均增长20.3%，跃居世界第五位。国内旅游收入3878亿元，是1990年的22.8倍，年均增长29.8%。2005年国外游客已达4680万人次，国内游客达到12.12亿人次，旅游总收入达到960亿美元，约占GDP总量的4.5%。按世界各国旅游收入占GDP 10%计，中国的旅游业的规模还需成倍上升。因此，开发武陵山把旅游业作为龙头将有着极好的前景。

第三点认识：旅游开发符合武陵山区情，可促进武陵山各种资源向资本转变。

武陵山区包括湘西张家界市，湘西州、鄂西恩施州，黔东铜仁地区，渝东南酉阳、秀山，黔江、彭水、石柱、武隆等。武陵山面积10万平方千米，海拔1000米以上。这里峰峦叠嶂、沟壑纵横，第一、第二产业的发展都受到很大局限。但是，这里不仅有嵯峨委婉、如诗如画的山水盛景，而且还有丰富多彩的民族文化和民族风情。这里是土家族、苗族、侗族、白族等少数民族的聚居地，山同脉，水同源，人同俗，有很多文化积淀尚不为外人所知。如同大家谈到的，这里有很多世界级的人文景观，举世无双，世上绝景，天下奇观，一旦对外推出，国内外游客就会潮水般地向这里涌来。

旅游业不仅有利于弘扬民族文化，而且可以促进文化资源和山水资源走向市场，变成资本，致富人民。如果没有旅游业的开发，再好的山水资源、文化资源都会形同虚设，难以造福人民。

旅游可以促进相关多种资源向资本的转变。其中人力资源也是一个重要方面，有些人力资源可以“走出去”，通过到城市打工进而变为人力资本。但也有一些人，包括“九九三八六一部队”在内的很多人“走出去”还有困难。旅游业的开发可以促进农民就业，也利于“九九三八六一”人群的就业。利于人力资源向人力资本的更好转变。

此外，开发旅游，还利于交通资源向资本转化。尽管武陵山的交通条件还很差，但是，武陵山区已经有三条铁路、五个机场和多条高等级公路。要想富、先修路是必须的，路是需要超前的。但是，路和机场起来后，如果人流起不来，也会造成交通资源浪费和闲置，弄不好有的机场还会被关掉。大力发展武陵山的旅游业，有利于人流的形成和扩大，有利于这些交通设施发挥作用，创造效益。因此，无论从开发武陵山区的山水文化资源考虑，还是从致富当地百姓和发挥基础设施的作用出发，都需要大力发展旅游事业，大搞旅游开发。选择旅游作为武陵山开发龙头，符合武陵山的区情，符合开发武陵山的初衷。

第四点认识：发展旅游有益于武陵山的扩大开放和经济社会的全面发展。

开放是经济发展的巨大动力。我国 28 年来的高速发展靠的是改革开放的推动。世界上凡是发达的国家、繁荣的地方，都是开放力度最大的地方，也都是五湖四海之人聚集的地方。事物的发展是在互相借鉴和启发中推进的，只有人口广为聚集的地方，才是各个民族、各个人种，各种风俗，各种习惯，各种见解，各种观念互相交流和碰撞的最好地方。创新的思想火花产生于交流和碰撞，不断的交流碰撞才能产生思想火花，才能成为创造财富的源泉。为了让武陵山更快地发展起来，就必须让本地的人接触外边的世界，就必须把外边的人引到武陵山中来。为此，必须扩大武陵山对外开放，而只有大力开发旅游业，才能促进武陵山的对外开放，才能把更多的国内外的人引到武陵山区来。正像国家旅游局门前的标语一样，“旅游促开放，开放促发展”，只要把武陵山的旅游搞起来，武陵山的发展就会有希望。特别需要指出的是，旅游是一种综合性产业，涉及住、吃、行、游、娱、购六个方面，旅游不仅可以带动民航、铁路、高速公路和出租车的快速发展，也可以带动饭店、餐饮、商业、文化产业、工业和农业的发展，“一业兴百业旺”是对旅游业的赞扬和肯定。改革开放以来，不仅是发达地区也靠旅游增加了人气，促进了发展，而且欠发达地区也靠发展旅游而脱贫的人口达 300 万人以上，全国靠发展旅游奔小康的人口已超过 700 万人。武陵山的旅游开发中，只要善于整合资源、开发资源、提升资源、利用资源、就一定能够为武陵山的发展作出重大贡献。

二、一点建议

建议的题目是：“关于建立武陵山区旅游开发脱贫试验管理委员会的建议”。

这个建议的立足点一是发展，二是改革。根据是：中央关于加快民族地区发展的决定及中央构建和谐社会若干重大问题的决定。

正如中央反复强调的，我们必须要在科学发展观的指导下加速发展，经济要发展，社会要发展，要坚持发展不动摇。为了更好更快的发展，我们还要坚持改革不动摇，社会主义是需要通过改革完善的，不改革是没有出路的。

基于一要发展、二要改革的思路，我认为武陵山的发展，一定要看到我们美好的开发愿望同行政区划阻碍的严重矛盾，这一矛盾不解决，武陵山的旅游开发便不能顺利进行。为此，建议在不变更这个地区行政区划的前提下，成立武陵山旅游开发脱贫试验管理委员会。管委会由相关的三省一市和中央有关部委派人组成。管委会按副省级单位授权，由三省一市的省长、市长一年一度轮流做主任，三省一市各推一位政协副主席和副省长、市长做副主任。委员会实行秘书长负责制，由秘书长主持日常工作。接受中央和三省一市对这个地区的转移支付。负责这个地区的全部工作，以旅游为龙头，对这个地区的经济社会发展统一规划、统一管理、统一指挥。

关于这个建议的必要性与可能性我认为有以下几点：

（一）必要性

（1）脱贫的需要。武陵山地跨4个省市，有面积12.7万平方千米，有人口2500万人，海拔平均在1000米以上。这里因山水阻碍，交通不便，经济发展严重滞后，人均收入只有1000多元，是中国18个贫困片区之一，也是人口最多的贫困片区，从统筹区域发展考虑，这里是需要加快发展，缩小差距的重要的民族地区。

（2）民族团结的需要。武陵山是少数民族聚居区，有土家族、苗族、侗族、仡佬族等30多个民族，少数民族人口占60%以上。革命战争年代，这里的少数民族曾为革命作出过重要贡献。为了在构建和谐社会中处理好民族之间的关系，加强民族团结，十分需要加快这个地区的经济社会发展，帮助少数民族走向致富之路。

（3）消除壁垒的需要。武陵山有丰富的被认为是世界顶级的旅游资源。但是由于分置于中西部三省一市的边界处，行政区划的各自为政和互相阻碍，不能使武陵山的旅游开发进行统一规划、统一品牌、统一宣传、统一招商。更由于行政区划的阻碍，造成资金、信息、人才、客源不能跨区流动，很多交通线路也处在断头和瓶颈状态，严重影响了大旅游、大开发和大行动。为了以旅游为龙头带动武陵山经济社会加速发展，十分需要有一个统一的权威的指挥班子，在平等、互利的基础上，对武陵山旅游开发进行统一规划、统一领导、统一推进，做到优势互补、信息互通、上下互动、资源互享。

（二）可行性

（1）旅游资源的可行性。全国政协提出联合开发武陵山以来，已有 500 多位政协委员对武陵山旅游资源进行了调研。“不调不知道，一调吓一跳”。武陵山旅游资源之丰富、之奇特、之美好让人惊叹不已。有人说这里处处都有张家界，处处都有宋祖英。这里的山水和民族风情堪称世界之最。除此之外，还有众多的古镇旅游、宗教旅游、红色旅游、探险旅游资源。“武陵大旅游，世上举无双，此处不落笔，天下无文章”。武陵山地处中原，雨量充沛，植被丰富，生态优良，即可供旅游观光，又可供休闲度假。我们完全可以从大旅游考虑，把武陵山推向世界，创造中国旅游的新巅峰。

（2）外围旅游环境的可行性。武陵山旅游的外围条件：一是我国人均 GDP 已经达到 1700 美元，一般人均 GDP 达到 800~1000 美元时，就开始产生对旅游的需求，超过 1000 美元时，旅游就向大众化、普遍化过渡。随着我国全面小康的推进，今后一个时期将会有更多的人加入旅游的人群。二是我国的扩大开放和加入 WTO，为旅游发展敞开了大门。我们目前已经互相签约的旅游国家已有泰国、新加坡、马来西亚、澳大利亚等 22 个国家。另外，已经签约正待启动的还有俄罗斯、巴基斯坦等 4 个国家，正在洽谈和待签约的还有 20 多个国家。因此，外国游人将会与日俱增。三是我国的交通网络更加完善，四通八达的高速公路、飞机和火车特别是即将启动的高速火车也会给武陵山旅游带来更大商机。四是武陵山地处中原，四周人口密集，大城市较多，并靠近港澳地区，特别是中国人休假日数已达 114 天，“五一”、“十一”及春节的旅游黄金周都为武陵山开发旅游提供了很好条件。

（3）各省认识上的可行性。通过全国政协牵头在近三年召开了三次座谈会。人们对开发武陵山旅游增强了紧迫感、责任感，同时对武陵山开发所遇到的行政阻碍也产生了一种危机感。大家普遍要求要加强互动，加强联合与协作，促进开发的顺利进行。另外，大家还共同认为，要加快武陵山的开发，还有必要将政协行为变为政府行动。因此，建立武陵山中西部旅游开发脱贫实验管理委员会已经有了认识上的可能性。

（三）武陵山中西部旅游脱贫实验管委会成立后的责任与使命

（1）做好统一规划。进一步调查和整合武陵山的旅游资源，实事求是地敲定几个黄金线路，还需做好交通与基础设施的配套规划，以及资源保护和文化开发规划等。

（2）抓好道路和航空建设，一方面要按旅游线路要求，推进新道路的建设发展，另一方面要研究已有的道路和机场怎样更好利用，包括科学地开发飞机航班的配置管理等。

（3）立足于把武陵山推向世界，对武陵山的旅游资源进行统一整合和包装，搞好资源的总体分类、总体统计，选好宣传语言，提高宣传口径。

（4）搞好对外宣传。利用图书、画册、广播、电视、会议、广告等大力度、全方位的统一对外宣传，要搞武陵山旅游展览会、推介会，并参加国际、国内旅游的营销会。

（5）敲定和论证开发项目，制定和申请优惠政策，搞好招商引资。邀请旅游专家、经济专家、社会专家共同研讨和论证可选择的开发项目。以这些项目为基础，除争取国家支持外，还要争取优惠政策，吸引国内各地或港澳台地区到此投资。

（6）要创造良好的投资环境。除了硬环境，包括交通、宾馆、餐饮的硬件设施建设外，还要高度重视软环境建设。按照“人人都是投资环境”的要求，大力提高区内干部和群众的素质。

（7）推进旅游的面上开发和深度开发。在扩大武陵山旅游开发范围前提下，要搞好旅游的深度开发。面对旅游群众多样化、个性化、体验化、竞技化的要求，开发自助游、特色游、专题游、体验游、农家乐，等等。

（8）管理好武陵山所辖地区的工农业生产和社会治安。为了使管委会工作顺利开展，管理委员会除了管好旅游开发外，还要兼负工农业生产和社会治安的管理。使武陵山形成一个不是正式行政区的行政管理单元，以利全盘统筹，整体推进，早日把武陵山旅游推向世界，促进武陵山少数民族弟兄尽快脱贫，促进武陵山全面发展。

（原载《武陵山论坛》）

规范提高农民工工伤死亡补偿费的建议

2005 年 3 月

这两年，农民工的问题引起了社会的关注，特别是温家宝总理为农民工讨还工资，在社会上引起极大反响，农民工的被歧视状况正在逐步改变。但是，作为农民工的工伤死亡处理，还存在很大的不公。我在陕西商洛地区调查时，一位乡长告诉我，他们乡有 40 多个在矿山打工的人，因劳动保护缺失，得了矽肺病后被辞退，回家后，有几人已经死掉。对此，无人问也无人管。像这样对农民工的不公平和歧视现象，还在很多方面不时发生。就拿矿难的死亡补偿来说，同其他死亡补偿相比，也存在着对农民工的严重歧视和不公平。

据报道，煤矿矿难补偿一直十分低下，私人小煤矿常用 1 万~5 万元打发一位死难者。国有煤矿虽然高一点，也只有 4 万~5 万元。如陕西铜川煤矿，对遇难死亡者的工伤死亡补偿金只有 45844.8 元。这次阜新矿难，虽然死者拿到 20 万元，但其中 12 万元是社会赞助款，矿主也才给 8 万元。前两年发生在广西南丹的矿难披露出，矿主和农民工签的生死合同中，工伤死亡补偿只有 2 万元。

众所周知，采矿是有较高效益的，工伤死亡补偿标准之低同矿主收入之高形成了天壤之别，这不仅使死者家属得不到慰藉，也不能给死者家人生活的底线，工伤死亡者留下的下一代便成了年迈父母的重大负担。工伤死亡补偿低还有一个副作用，那就是矿主可以随意漠视生命，为了追求利润最大化，可以不顾工人的死活。不注重安全进行超负荷生产。中国煤矿每年死亡人数占世界 80%，按百吨产煤死亡率计比美国高 100 倍，这不能认为与之工伤死亡补偿过低无关系。为了改变这种状况，山西省做出决定，各类煤矿发生矿难时，对死亡者补偿标准不得低于 20 万元。这样有利于使人命关天成为真实，有利于让漠视生命的老板血本无归，有利于煤矿对安全的关注和投入。

今年春节期间，我在南方调查时，发现一名不到 5 岁的孩子，因父亲在外做工遭受工伤死亡，此后其母改嫁，孩子跟着爷爷、奶奶生活，爷爷、奶奶都已 60 多岁，身体不好，劳动收入甚低，村上每年向孩子发补助粮 75 千克。其爷爷、奶奶十分担忧他们丧失劳动能力后一家三口的生活和这孩子的读书与前途，他们带着近似乞求的眼光建议我替他们向上反映。

考虑到以上情况，为了改变对农民工的歧视，为了减少矿难发生，也为了防止工伤死亡者撇下的老父、老母和后一代没有生活来源，特建议尽快改变对包括矿难在内的所有农民工工伤死亡补偿的歧视现状，出台相应法规，规范和提高农民工工伤死亡补偿标准。虽不能像空难补偿那样高，但也不应太悬殊，至少应按山西省的做法，农民工死亡补偿，最低不要少于 20 万元。

（原载《全国政协提案》《人民政协报》）

农村道路建设应作为农村建设的第一要务

2005 年 3 月

一、“要想富，先修路”，没有路，就很难富

多少经验证明，很多地方走向富裕道路，都是从修路开始的。就连不久前中央媒体大力宣传的贵州遵义的“四在农家”，它作为社会主义新农村建设的典型，实际上也是从道路建设起步的。

从地图上看一看，凡是发达的地方都是路网密布的地方。从某种意义上讲，有了路就有了财源，有了路就有了市场，有了路农村就大有希望。

道路建设就如同落实中央一号文件的起动器，实现社会主义新农村“二十字目标”的牵引机。如果通往农村的道路都没有，中央一号文件就难以落实。“二十字目标”就会落空，广大农民向往的新农村就会成为镜中花，可望而不可即。

因此，社会主义新农村建设一定要遵循“要想富、先修路”的规律。把农村道路建设作为新农村建设的第一要务和抓手。尽管国家财政要扶持的事业有千头万绪，但还是应该把农村道路建设摆在第一位。让道路给农民生产和生活带来方便，为农村发展作出贡献。

二、农村道路建设的现状和问题

应该说，近十几年来，国家是很重视农村道路建设的，农村的道路，特别是东部沿海地区的农村道路建设，为发达地区的发展作出了重要贡献。但是，就总体和全局来看，一些欠发达地区特别是广大平原地区的粮产区。农村的道路建设是严重滞后的。

我国道路建设与“三农”问题一样，长期受到“重城轻乡”和二元经济的影响。在城市里，国家可以投以数千亿计的资金修建包括大街小巷的低速、

高速、城铁、地铁，乃至“磁悬浮”等各种道路，而市民并不需要出钱；相反，在修筑农村道路时，国家却极少投入资金，并且喊出了在城市从未听到过的“人民道路人民建，建好道路为人民”的口号，在这种口号的掩饰下，使对农民的乱摊派变为“合法化”，加重了农民负担。

农村道路建设投入的集资办法是四个一点，即上级补一点，富人捐一点，农民自筹一点，修路的工程队带一点。

经过对四川某地的调查，这四个一点的安排比例是：上级补的一点占10%，富人捐的一点占8%，工程队带的一点占12%，要求农民自筹的占70%。由于农民手中没有钱，多数情况下，先由工程队老板垫资，最后造成欠工程队资金占总投入的60%。前几年的“村村通”工程过后，一些村镇至今还不上欠债。这种情况下，有的工程队走向了破产、返贫。也有些老板心存不服，用车辆或石块把路堵塞，影响了农村的和谐与稳定。

由于农村道路建设走了一条靠地方和农民集资的路子，因此，导致了各地道路状况的严重差异。一般经济发达的地方，地方出得起钱，在上级建路费总是依照“锦上添花”的模式向下投入的情况下，造成了发达地区农村道路建设十分完好，不仅实现了“村村通”，而且自然村的路也铺上了水泥，实现了硬化。而经济欠发达地方，因地方出不起钱，而又很少见到上级“雪中送炭”，很多农村至今还都是泥土路，下雨时泥泞不堪，进不去、出不来。这不仅制约了农民致富，而且严重抑制了农村经济发展。这些地方的农民虽然有心发展水果、蔬菜等种植业，而由于道路不通，无法与市场对接。

中央提出建设社会主义新农村后，欠发达地区的广大农民，强烈要求实现农村道路的硬化和“村村通”。但是，新情况下出现的新问题，不仅让农民发愁，也让我们为之担忧。最近我连续收到湖北、河南、安徽的三封来自村书记和村主任的信，他们有的是向我反映问题的，有的是向我求援的。为了启动“村村通”道路建设，湖北、河南、安徽等省的一些地方，都推行了资金投入的“钓鱼政策”，多数“村村通”投资都要村里出大头。由于村里没有钱，只好向农民摊派。这种用上面部分投入，钓下面农民集资的办法，正在延展开来，给农民造成新一轮恶性负担。

例如，湖北省白庙村，一位村书记兼村委主任来信说，这个村有1500口人，耕地2000亩，人均年收入1800元。农民为了发展经济，强烈要求上面将至本行政村的公路修起来。结果是5千米的路，需资金80万元，国家拿50万元，要村里拿30万元。这个村原本就是欠债100多万元的穷村子，根本拿不起这个钱，只能向农民摊派，农民因“村村通”造成的负担将比农民过去四年农业税的总和还要多。

又如，河南省杨庄村的书记兼村主任来信说，进村公路3.7千米，需资金80万元，要村里拿40万元，因为村委会原欠债38万元，村中小学的房子全是危房都无钱修，根本无力向公路投入，也只好要农民进行分担。

另外，因为平原地带70%的农民居住在自然村，自然村的路如果不能硬化，农村的面貌同样无法改变。如果修建进入行政村的道路，都要农民来负担，恐怕自然村的道路建设就更困难，解决的时日就更久远。

三、搞好农村道路建设的几点建议

（1）要充分认识农村道路建设在社会主义新农村建设中的重要地位。要看到农村道路建设的严重不均衡状态，要对道路状况恶劣给人口密集的粮食主产区经济发展产生的抑制作用给予高度重视，要把欠发达地区农村道路建设提到统筹区域发展和统筹城乡发展任务的高度上，增强责任心和紧迫感。

（2）要把农村道路建设作为国家投资方向和基础设施建设向农村转移的重要对接点。为了不给农民在免除农业税后，增加比农业税还重得多的建路负担，也为了回报多年来农民对工业化和城市化的无私支援，体现对农村的多予少取，建议农村道路的干道建设，应依照城市道路建设的办法，全部由国家财政担起来。要对“村村通”进行全资扶植，并尽可能由国家财政担负起100人以上的自然村之间的道路建设投资，坚决刹住“村村通”主干道建设中实行的要农民匹配资金的“钓鱼”风，杜绝向农民摊派和增加农民负担。

（3）社会主义新农村的建设中，号召农民艰苦奋斗，调动农民积极性是必要的。但一定不能对欠发达地区农村的财力和农民的收入估计过高，一定要从实际出发，使“多予少取”落到实处，让农民共享改革发展的成果，考虑到欠发达地区县乡财政拮据，欠债比较普遍，对欠发达地区的农村道路建设，建议学习韩国的做法。韩国为了支持农村道路硬化，政府分三年给每个村庄发放水泥和钢筋，第一年给每个村335袋水泥，平均每户4袋（每袋50千克），第二年又给每村加拨500袋水泥，10吨钢筋。第三年对一些尚未做好的村庄，再加拨1000袋水泥，对道路和设施建设进行促进和推动。我们也可以采用这种办法，向农村提供水泥、石子和钢筋，让农民出劳动力，硬化农村道路。

（4）农村的道路建设，要打破县、乡、村的界线，进行统筹规划，防止画地为牢，造成边缘村、镇互不联结。在“村村通”道路建设上，要防止自欺欺人的“作秀工程”，不能作表面文章，修低质道路，也不能把“村村通”只定位于进到村的边界上，应增加“村村通”的通达深度和牢度，以实现对农村经济发展的带动作用。

（5）“村村通”道路建成后，应像城市道路和公路一样进行维修和养护。建议把农村道路养护纳入县乡财政预算，设置固定的养护资金，建立固定的养护队伍。改变乡村公路“有建设、无管理”的尴尬局面，保证乡村公路建成后，发挥长效作用。

（原载《中国政协提案》《人民政协报》）

关于水资源问题及对节约用水的几点建议

2005 年 4 月

一、水资源是经济社会赖以存在和发展的重要条件

水是生命之源。水不仅是世间一切生物和秀美山川赖以存在的保证，也是人类和经济社会赖以发展的条件。地球要是没有了水，就会像月球和火星一样，绝不会有今日的生机盎然，更不会有世界的繁荣辉煌。

水对任何一个国家都是重要的战略资源，水资源的保证供应和安全，是一个国家的重要战略和安全的重要方面。

随着世界人口的增长和工业化的推进，水的需求量在不断增加。相反，自然界的水，却随着气候变暖和人类活动的加剧而越来越少。当今水危机已经遍布全球。据联合国预测，2025 年，全球将有 2/3 的人口面临缺水的威胁。缺水问题不仅会制约 21 世纪的经济社会发展，而且可能会造成国家之间的矛盾冲突和战争。

水资源的安全与否，取决于水资源的供给与需求。作为供给因素，既包括水的供给流量，也包括水的质量；作为需求因素，既包括工农业生产所需水的数量，也包括水资源的消耗方式等。此中消耗方式大有学问，有些消耗方式可以增加和浪费水资源的消耗量，而也有一些消耗方式可以减少潜在的水需求。因此，水资源的安全，大有文章可做。好的水资源保护和利用政策，可以督促人们保护和合理利用水资源，有利于缓解水资源供求矛盾，确保水资源的安全；相反，水资源就会遭到破坏和浪费，水资源的安全程度就会遭到威胁。

按照国际标准，每人每年供水量在 2000 吨以下，就是缺水国家。目前属于此列的国家主要集中在非洲、中东和拉美地区，它们是：科威特、马耳他、卡塔尔、利比亚、巴林、新加坡、巴巴多斯、沙特阿拉伯、约旦、也门、阿

尔及尔、布隆迪、以色列等。在以色列因缺水实行了管道调水工程，水价高达 14 美元/立方米，折合人民币 116 元/立方米，是中国水价的 58 倍。以色列为了获取水资源，采用了扩张的军事手段，占领了大片的阿拉伯国家领土，使阿以冲突更为复杂。20 世纪 60 年代，以色列实施了“国家引水工程”，分引约旦河水，阿拉伯国家为了与之抗争，实施自己的河水改道工程，引发了多次破坏引水工程的军事冲突，最终成为中东第三次战争的重要原因。此外，叙利亚、伊拉克同土耳其之间为争夺水资源的斗争也十分激烈。至少在拥有跨国家水域的国家间，这种为争水而斗争的国际冲突是不鲜见的。

因此，人们认为，21 世纪的战争，将有可能因争夺水资源而引起。水资源问题如果得不到持久解决，世界上许多地区的和平将会受到影响。仅 1997 年这一年，非洲、中东与拉美等地，就有 70 多起一触即发的事件是由水资源短缺导致的。有人预测 2025 年，世界上将有 30 亿人缺水吃，到那时，水比石油的价格还要贵。

为此，我们可以认为，自古以来水就是这个蓝色星球上生命的摇篮和象征，人类文明之舟必须依水而行。水是一个国家的战略资源，也是一个国家兴旺发达的保证。缺了水，一个国家的经济社会发展就会衰退和窒息；缺了水，一个国家的地位就会动摇和改变。因此，任何国家，都不能轻视水资源的安全，任何时候都要重视水资源的保护，节约利用水资源。

二、我国水资源匮乏堪忧

我国从总量看，水资源并不十分短缺，全国地表水资源 2.8 万亿立方米/年，地下水 8000 亿立方米，冰川融水量 500 亿立方米，可供利用的水资源 11000 亿立方米，在世界排在第六位。但因我国人口众多，人均水量不足 2200 立方米，仅为世界人均水量的 1/4，实为缺水国家。尤其受季风气候的影响，各个季节的降雨量相差悬殊。此外，水资源主要集中于长江以南，占全国水资源的 81%，长江以北地区虽然集中了中国人口的半数以上，但拥有水资源量仅占全国的 19%。

面对水资源的紧缺和污染，党中央、国务院高度重视水资源的供应和保全。2002 年，我曾同王秉忱参事一起，以“尽早出台有效节水政策和法律”为题，向温家宝总理上书一份国务院参事建议。温总理阅后，当即批示“请培炎、恕诚、刘江、马凯同志阅”，并指出“这份建议涉及节水政策与法规的一些重大问题，请国家计委会同水利部进行研究。”在温总理的关心和指示下，我国已经出台了节约用水的法规，并提高了居民用水的水价。

我国水资源的问题很多，概括起来讲有三种症状：一是“贫血症”；二是“失血症”；三是“败血症”。

水资源的第一症结是“贫血症”，是指水资源总体欠缺。我国水资源总量虽然在世界排名第六位，但按人均占有水资源看，我国是水资源缺乏的国家之一，全国每年缺水在1000亿立方米以上。在670座大中城市中，有400多个城市不同程度缺水，其中有110个城市为严重缺水，日缺水1600万立方米。我国有不少地区的水资源缺乏程度已同世界上闻名的缺水国家以色列接近。淮河以北占全国3/5的辽阔国土上，水资源量仅占全国1/8，相当于世界水平的1/32，人均不到300立方米/年，这同极度缺水的索马里人均980立方米，以色列人均461立方米相比，还有很大差距。我国西北地区穷就穷在水资源的匮乏上，经济发展的难度之大，也同样难在干旱、少雨和水资源的不足上。由于缺水，很多牧草茂盛、“风吹草低见牛羊”的昔日景观已不复存在。而今牧草稀疏、低矮，有一些已经被荒漠化。因缺水造成的沙漠化面积每年约为2500平方千米，相当于每年减少一个中等县的耕地面积。

华北地区也是在水资源上患“贫血症”严重的地区。1980年，华北地区人均水资源为383立方米/年，到1990年下降到274立方米/年，近20年来又有大幅度的减少。天津、河北、内蒙古、山西、宁夏等省区，有数千万亩农田，因缺水而无收成，许多地方连饮水都无法保证。

甘肃、宁夏一些地区，为了解决居民吃水，不得不挖水窖，在下雨时收藏雨水。这种窖藏雨水有的是因为存量有限，无法保证足量供应，有的是因为存放期过长，窖水很不卫生。

北京是中国的首都，北京的人均水资源不足300立方米。有官厅、密云两大水库，库容量400亿立方米。而至90年代，来水量却年年下降，1999年的自然补水量，在密云水库为0.8亿立方米，官厅水库为2.56亿立方米，不足80年代自然补水量的1/10。2002年以来，北京市已多次出现缺水危机，2003年，密云水库可利用水量仅3.8亿立方米，官厅水库可利用水量仅为1.2亿立方米。在供水不足的情况下，人们加剧了地下水的采集，从而导致地下水位急速下降 0.78 米，平均埋深 19.01 米。

水资源的第二症结是“失血症”，就是水源在迅速减少。最主要的表现是河流的径流量大量降低或干涸，以及众多的湖泊面积不断萎缩和消亡。被誉为中华民族母亲河的黄河，公元 1761 年，河南花园口每秒钟径流量为 32000 立方米，到了 1958 年 7 月 17 日，花园口的径流量还有 23200 立方米。到了 1999 年居然下降到 300 立方米，41 年的时间竟下降 99.1%。

海河是我国五大水系之一，对华北水资源的供应曾起着举足轻重的作用，但至 2000 年，海河已有 300 多条支流全部干涸。新疆塔里木河年流水总量 46 亿立方米，而流到下游时仅剩 2 亿立方米，96%的水耗失殆尽。

作者观察到全国各地已有不少河流径流量大幅度降低，更有不少河流在非雨季都已经干涸。就连天府之国的岷江的某些支流，也经常处于断流状态。

湖泊的萎缩和消亡所造成的水资源“失血症”也是十分严重的。长江中下游有我国最大的淡水湖泊群，但由于过度的围湖造田，导致湖泊面积锐减。号称“千湖之省”的湖北省，新中国成立后，千亩以上的湖泊数量减少 36.7%，5000 亩以上的湖泊减少 61.1%，湖泊面积由 8528 平方千米减少到 2984 平方千米，净减 65%。号称“百湖之市”的武汉市，现在也只剩下湖泊 27 座。洞庭湖 50 年代的面积为 4350 平方千米，现已减少到 2690 平方千米，下降 39%。面积最大的鄱阳湖，也从 5160 平方千米萎缩到 3859 平方千米，缩小 25.2%。近几十年来，长江中下游的水域从 3.23 万平方千米下降到 1.2 万平方千米，丧失 622 亿立方米的蓄水量，这同三个三峡水库相当!

在青海的黄河源头第一县，玛多宿县原有 4077 个大小湖泊，现在多数已消失，只剩下湖泊不到 1000 个。在新疆继偌大的罗布泊消失之后，闻名遐迩的台特玛湖已无踪影，玛纳斯胡、乌伦古湖、艾比湖危在旦夕，所有这些都使水资源大为减少，使水的供应更为紧缺。

水资源的第三症结是“败血症”。所谓“败血”，就是大量的水源被污染，污染的水源已失去应用价值。我国数以千计的河流与湖泊都患上了“败血症”，它们正呼唤人们来拯救。

2000 年我国工业废水排放总量为 194 亿吨，其中 45 亿吨没有实现排放标准。生活污水 221 亿吨，处理率极低。全国 80%的河流受到工业和生活污水的污染。据 2001 年资料，全国七大水系均遭到严重污染。长江、黄河、松花江、珠江、辽河、海河、淮河、太湖、巢湖、滇池的断面检测表明，63.1%河段水质为四类、五类或更劣，失去了饮用功能。中国82%的人饮用的水都受到污染，细菌超标75%。

长江本来是清水一江，而今却成了最大的下水道和流动的垃圾场。沿江几万个污染源，日夜不停地向长江排放污水和污物，每天有5000万吨废水流进长江，长江每年接纳废水达200亿吨，流域内施用农药70余万吨。地处长江口的大上海对长江的污染更严重，苏州河成了不折不扣的大阴沟。

京杭大运河曾经在许多人心目中如诗如画，美名远播，然而现在也被污染得一塌糊涂。无锡人有一段歌谣，一语道破京杭运河的污染情景：“50年代淘米洗菜，60年代水质变坏，70年代鱼虾绝代，80年代洗不净的马桶盖。”

另外，地下水的过度开采，也造成水质的严重污染。有些沿海城市地下水采集过度，引起海水倒灌，造成地下水的盐化和碱化。有不少城市因大量开采地下水，造成大量地下水区域水位降落漏斗，引起地面大面积下沉。还有很多城市的数以千计的垃圾堆，没有设置防渗层，垃圾滤液也对地下水造成严重污染。

三、水资源匮缺对经济、社会造成的损失和危害

水资源匮缺已经对经济社会造成了很大损失和危害。我国每年因缺水而损失的工业产值高达上亿元。80年代以来，北方不少城市由于缺水，造成部分工厂停工、停产，或限产、减产，损失年产值高达1200亿元。

特别是黄河流域，下游许多工厂，因缺水而停产、限产，缺水成了黄河流域经济发展的“瓶颈”。据山东省推算，黄河断流致使下游两岸工业和油田生产遭受的经济损失十分巨大。1995年直接损失42亿元，其中胜利油田损失4亿元。山东德州工业缺水每年达2000万立方米，有139家工厂因缺水停产，损失产值6亿元。

水资源匮缺对农业的影响更为严重，成为影响粮食安全的主要因素。每年粮食减产，主要是因缺水或者天旱。全国79%的耕地，因缺水长期处于低产状态。全国有水浇地9.6亿亩，因水资源紧缺，能灌溉的仅有6亿亩左右。进入90年代，我国农田受旱面积达到4亿亩之多，比50年代初增加1.5倍，成灾面积增加3倍。90年代，4年干旱、缺水，导致粮食减产350多亿千克。

1992 年黄河断流，造成 714 万亩农田受旱，310 万亩不能播种，减产粮食 10 亿千克。1995 年在山东黄河断流 122 天，减产粮食 15 亿千克以上，直接损失 20 亿元。

水资源匮乏，还造成很多河床升高、河道萎缩，对生态环境造成恶劣影响。因缺水还造成胡杨林死亡、造成草场沙漠化，每年有 2500 平方千米的草地变沙漠。缺水还造成很多地方饮水困难，河北省因饮用深层地下水，造成氟斑齿、氟骨病、氟中毒者超过 50 万人。特别是河流、湖泊被污染，还直接危害着人民群众的身体健康。

从楼兰古城、交河故城，因河流改道被毁灭的历史足以证明，水对于城市的存在和发展何等重要。如果没有了水，很多城池会面临灭顶之灾，如果没有水，很多地方的城市化就无法推进，很多地方的现代化也只能成为泡影。

随着我国人口增加和经济、社会的发展，水资源紧缺问题还会与日俱增，若不采取强有力的对策，我国 21 世纪的发展将会因水资源不足而受到阻碍，中华民族的生存和发展，将会因水资源紧缺而受到威胁。

四、对节约用水的几点建议

1997 年，联合国向全世界发出警告，如果在用水方面不来一次革命，今后 30 年，全世界会有 2/3 的人面临缺水压力，有 1/4 的人将为争夺水资源发生争斗。我国是个人口大国，缺水问题特别严重，进行节水革命刻不容缓。节水革命，就是要建设节水城市、节水工业、节水农业、节水生活方式和建设节水型社会。

（一）培养全民节水意识，狠抓节水宣传

要革命，就要有革命舆论。进行节水革命，就必须从节水意识抓起。要让全国人民都知道我国水资源匮缺的实际，增强缺水的危机感和重视节水的紧迫感。要通过各种媒体大力宣传我国的国情和水情，讲透节约用水的重要性，唤醒社会的良知和义务。把节约用水作为一种社会公德，形成浓厚的节水氛围，增强公民节水的使命感、责任感，大家都为节水型社会建设做贡献。

（二）重视水资源的保护和管理

搞好水资源的保护和管理，是进行节水革命的重要一环。为此，要打破

现在“多龙治水”的局面，改变部门、地区分割的现状。要统一管理、垂直管理，一竿子插到底。要强化水源的开发、保护、监督和管理。水管部门要制定国家河流、水库和地下水的开采办法、保护措施，研究和出台用水规定、节水政策和节水法规。

（三）改进生产工艺，减少用水浪费

我国由于技术水平和装备问题，用水存在着巨大的浪费。我国生产1吨钢用水量是国际先进水平的10~40倍，开采1吨原油用水是国际先进水平的6~20倍，生产1吨纸用水量是国际水平的3~10倍。农田灌溉用水量是世界平均水平的两倍多。工业用水的重复率在国外已达80%~90%，而我国还不到30%，万元GDP的用水量比国外高10倍以上。

而对用水浪费严重的局面，我们需高度重视工农业生产工艺的革新和改进，学习国外先进经验，以降低用水需求，减少用水浪费。

（四）加强节水技术的研究与开发

节水革命，一定要狠抓科学研究和技术创新。国家要加大对节水工作的投入与研发。近年来，德国经过研究，使棉纺厂用水降低80%；美国加利福尼亚三菱半导体公司，经试验，在产量上升30%的同时，又使用水降低70%。在居民用水方面，美国水务局对7.4万户居民安装了节水盥洗室，使每户居民用水量减少50%，澳大利亚和瑞典专门研究了厕所用水，降低用水分别达到80%和84%。此外，中水、雨水也在世界许多地方得到推广和使用。在农田用水方面，美国、以色列用地下滴灌代替漫灌，水利用率提高95%，节水1.6倍，减少氮肥用量25%~50%，农作物产量提高15%~50%。这些例子充分说明，节水方面有很多可以创新的地方，节水的研究可以大有作为。

（五）制定水价政策，推动水价改革

要推动节约用水，就要充分发挥水价的经济杠杆作用。要改变过低水价造成的错误导向，促进人们节水意识的增强，也有利于节水科技产品的开发和推广。浙江出现的东阳向义乌卖水现象，必将利于水资源的节约和对水源地的保护，有益于缩小地区差距和促进城乡统筹。

（六）严格污水和垃圾处理，防止污染水体

为减少污水和垃圾对水体的污染，必须加强污水和垃圾处理与排放的监督与管理。除了严禁不达标的污水排入江河湖海外，要尽快加强垃圾处理的管理。当前全国各地垃圾围城仍十分严重，大多数垃圾堆放场、填埋场没有设置防渗隔层，垃圾渗漏液大多进入地下，对地下水的污染极其严重，对此必须引起高度重视，以保护江河与地下水资源的卫生。

最后，我对圆明园防渗工程谈一点自己的建议。

如前所述，北京人均占有水量仅300立方米/年，缺水状况比索马里、以色列更严重的情况下，必须把建立节水型城市，摆在发展战略的首要位置。

圆明园作为一个重点文物遗址，要保护其水景公园的特色和面貌，不走创新节水的道路，将没有别的选择。历史证明，圆明园的水景要靠外源供水得以保证，今天北京水势严重紧缺而且要靠高价的北调来维持的情况下，绝不可能无限制地向圆明园供水来保证这里的湖光风景。前几年的圆明园湖水干涸、鱼死、草枯、花萎、鸟散的悲惨场面足以证明，要保护重点文物遗址的水景特色，必须把引入的外源水最大限度地保存起来。

在湖底铺设聚乙烯防渗膜并辅以一米土层的做法，是从北京缺水与日俱增的实际出发所做的创新之举，应该支持和提倡。这样做，既可以节省圆明园的引水开支，减轻北京对圆明园的供水负担，而且可以使最有限的水源，发挥最大的作用，以保持园中以水为特色的风景。已经做出的尝试证明这条路是最为有效的，也是最符合实际的。

任何反对防渗做法和主张拆掉防渗层，并要求维持圆明园历史面貌的人，实际是缺乏与时俱进的思维的，是忘记了今日北京水情已有了很大变化的现实的。强调拆除防渗层保存历史面貌的结果，只能是湖面干涸、鱼死、草枯、花萎、鸟散，一片凄惨，这样哪还有历史面貌可谈，哪还有水景特色供游人观赏。赵朴初曾有过一句话："脑袋都没有了，哭头发还有何用呢?"我想这句话可以提醒那些过分强调保存历史面貌，又主张拆掉防渗层的人们，能够改变你们的看法和思考。也希望有关方面从实际出发，支持防渗工程早日恢复和上马。

（原载《经济时报》）

小康村建设重在落实“全面”两个字

2005 年 7 月

为了实现全面小康，党的十六届三中全会、四中全会提出了“以人为本”和进行“五个统筹”的科学发展观。胡锦涛总书记和温家宝总理曾在多种场合下，强调指出，要让广大人民共享改革开放的发展成果。今年 2 月，胡锦涛同志“在省部级主要领导干部提高构建社会主义和谐社会能力专题研讨班上的讲话”中，特别引述了洪秀全和康有为关于“务使天下共享”“有田同耕、有饭同食、有衣同穿、有钱同使，无处不均匀，无人不饱暖”“人人相亲、人人平等、天下为公”的社会理想，强调指出“社会主义国家应当大力帮助农民，消除城乡对立”；坚持做到“权为民所用、情为民所系、利为民所谋”“按照‘五个统筹’的要求，推进经济社会全面协调可持续发展”。

为此，我们研讨小康村的建设时，一定不要忘记在“全面”两字构成的关键词上下功夫。任何事物都不例外，质量是寓于数量之中的，没有足够的数量，就谈不上高质量。小康村建设也是一样，没有大面积的和足够数量的小康村的成长和崛起，我们就不可能成就真正意义上的小康村的高质量。现在谈论问题、计算政绩，很多人往往热衷于追求示范点和追求平均值。我们说，平均值对衡量一个地方的发展，是可以参考的，但过分地看中平均值，就很容易忽略大多数。须知一个百万富翁同 99 户身无分文的人平均起来，也可以得到百分之百的“万元户”。在今天，农村出现了严重贫富不均的情况下，如果只重视示范点或是只看平均数，就会使面上的工作边缘化，就会使多数低收入阶层被掩盖，就会忽略对大多数人的支持和关怀。

为了使小康村建设适应中央提出的关于全面建设小康的精神和要求，我建议小康村的建设要做到以下“三个关注”。

一、小康村建设要关注区域统筹

应该看到，广大农村因受到二元经济结构的制约和工农剪刀差的影响，绝大多数地方还没有达到小康的标准线。以2004年全国农民平均收入2900元计，人均纯收入还不到400美元。用世界银行设定的1天1人1美元的贫困线来衡量的话，多数农民还处在贫困线上。

但是，由于改革开放初期中央实行了沿海发展战略，在国家财政、金融都向东部大力倾斜的支持下，东部先富了起来。因此，东部占据了“先入为主”的角色，东部在商品紧缺，卖方控制市场的情况下，占住了全国市场，特别是国家关于“效率优先”的原则实施后，使东部享受到很多投资立项、金融支持、政策扶植的优惠待遇。与此相反，中西部地区由于支援东部发展，而造成了自身发展的缓慢。迄今我国的地区差距已经达到了世界上少见的情况。2000年，中国内地31个省（区、市），人均GDP高的省份与低的省份相比为13：1；而同年，美国50个州，人均GDP高的州与低的州相比为2.0：1；英国12个州，人均GDP高的州与低的州相比为1.68：1。最近报道，我国100个富县和100个穷县相比，人均GDP为15：1。正是由于区域差别的拉大，经常报出百强县、百强镇大多集中于东部地区，而占人口大多数的中西部却寥寥无几。小康村的建设与评选也是一样，如果坚持用各项硬指标来评选全国小康村的话，相信也会是绝大多数集中于东部地区，而较少分布于中部和西部。

为了跳出这种令人尴尬的现状，更好落实中央关于全面建设小康社会的精神，我们关于小康村的建设和认定，一定要调整政策和方针，要为中西部地区的“小康化”多呼吁、多出力。要促进东部农村与中西部农村加强联络与合作，结成对子谋发展。不应像北京市那样，在全国人民支持下，自己发展起来了，就把自己的工资提到“3000元、5000元和8000元”，而忘了全国广大干部特别是数亿农民的收入还很低。最近我到云南玉龙县九河镇河源村去调查，该村2600人，有5个民族，书记和村主任几次告诉我，这里农民的年收入，才只有200~300元，比北京市一个科级干部年收入低了100倍还要多。我们是社会主义国家，中国共产党为了全国人民过上好日子，浴血奋斗80多年，邓小平同志多次讲到“共同富裕，这是我们所必须坚持的社会主义的根本原则”。他在《邓小平文选》的最后一卷最后一篇文章中还强调指出：“社会主义本质，是解放生产力，发展生产力，消灭剥削，消除两极分化，最终达到共同富裕。”至于什么时候提出和解决这个问题，邓小平同志也曾明确指出，“可以设想在21世纪末达到小康水平的时候，就要突出提出和解决这个问题”。邓小平同志在这里提到的21世纪末，就是20世纪末，现在我们已经跨入新世纪五个年头，中央提出“西部大开发”战略已经6个年头，但是东部同中西部的差距仍在拉大。西部大开发以来，东部国民生产总值占全国的比重，由2000年的57.3%提升到了2003年的58.5%，而西部却由2000年的17.1%下降到16.9%，中部由2000年的25.6%下降到24.6%。看来，缩小差距并非容易之事，为了实现邓小平同志提出的最终达到共同富裕，需各级政府各个方面给予高度关注。中国在世界上是最能够在中国共产党领导下做大事情的国家，相信，只要全国人民都行动起来，关注区域统筹，我们的小康建设就能更全面。

二、小康村建设要关注公共服务

公共服务包括文化、教育、医药卫生、科学技术、环境保护、交通运输、社会保障、法制建设等。

改革开放初期，在物质条件极差、国力极其微弱、人们生活用品极度匮乏的情况下，我们强调扭着经济的“牛鼻子”，狠抓经济不放手，这是十分必要的，完全正确的。但是由于长期形成的惯性思维和习惯做法，使我们普遍忽略了社会发展，忽略了公共服务。在小康村的建设与评定中，也同样存在忽视公共服务的倾向。在农村经济发展与公共服务的不协调，既制约了农村经济的顺利推进，也造成二元经济的严重化和社会秩序的不稳定。

由于公共服务的建设没跟上，一些农村连一个好的道路都没有，国家虽然下大决心做到了道路在行政村之间的“村村通”，但是在中西部村里边的道路很多还是泥土路，尤其是自然村，无雨天，道路坎坷，黄土弥漫；下雨天，行路艰难，泥泞不堪。包括前几年被评上的某些小康村，也有同样情况。“要想富，先修路”是发展的经验和共识。为建设社会主义新农村和推进小康村的全面建设，有必要在广大农村范围内，大力加强道路建设，并将此作为国家财政扶农、支农的对接点。至少要在人口超过200人的自然村，通通把道路搞起来。

公共服务的第二个重要内容是教育，长期以来，我们的教育经费多是投在大学和重点中小学。然而在很多农村，特别是西部一些边远山区，中小学破烂不堪。我在宁夏、云南、四川、广西、贵州等地方都曾看到一些学校场地十分狭窄，房屋十分破旧。上个月，我随政协视察团在云南玉龙县石鼓镇四兴小学参观时，有的同志走到旁边去流泪。这个学校连操场都没有，教室的墙是干打垒的，木制的窗户上没有玻璃，学生宿舍是个半截墙，上半部露着蓝天。几天前，我又去云南考察，在一个完全小学校里，连个电话都没有，教师教学的方式就是一个黑板、一张嘴，和几十年前一个样。我们小康村的建设，不能只顾富了的地方好上加好，一定要立足于全局，推动广大农村的教育事业健康发展、全面发展。

在农村最受人关注的还有医疗服务。小康村的建设要高度关注医疗服务，建设医疗设施。很多欠发达地区医疗服务网络很不健全，医疗设施十分落后，因此，造成“看病难”和“看病贵”，致使有近半数的人有了病不敢进医院，出现了小病托、大病磨的现象，造成在欠发达地区人的平均寿命，比发达地区少 10 岁。中部地区本来没有高山阻隔，也并非路途遥远，但在一些卫生院，所谓的病床上连被褥都没有，某卫生院的全部病床都只铺有苇薄和草席，类似这样的条件不改善，看病贵和难的问题不解决，小康村的建设就难推进，全面小康目标就难实现。

经济发展和公共服务的建设是互为条件、相辅相成的，经济发展为人们提供物质保证，公共服务为人们提高生活质量，创造幸福环境。无论是从农村经济发展考虑，还是为农民的身心健康、幸福生活着想，我们都需要在小康村的建设中，高度重视公共服务，除了以上提到的服务之外，还要重视文化服务、社保服务、科技服务、环保服务，以及法制服务等。

三、小康村建设要关注和谐与改革

构建和谐社会是中国共产党全面建设小康社会、开创社会主义建设新局面的一项重大使命，这既是全面建设小康社会的重要内容，也是实现全面建设小康社会的前提和保证。

为此，小康村的建设一定要关注和重视社会和谐，小康村离不开和谐，没有和谐就建不成小康村。和谐社会是一个美好的社会，也是民主法制、公平正义，诚信友爱、充满活力，安定有序，人与自然和谐相处的社会。小康村应当“以人为本”，要多在构建和谐上下功夫。

我国正处在现代建设的快速发展和快速转型期，因此而引起的社会秩序失范，造成的利益冲突和矛盾屡屡发生。为了妥善处理小康村建设中出现的各种争端和冲突，一定要严防以“压”换“恶”，造成矛盾的激化和加剧，要多用以“爱”换“和”的方式，促成矛盾的弱化与解决。

为了保证小康村建设的真正和谐，还需要关注正义与公平。社会公平涉及千千万万人的根本利益，社会公平了，人们才能心情舒畅，社会和谐才有保障。不然的话，一边金碧辉煌，一边草木摇落，出现了这样的不和谐，社会就会不安宁、不太平。

因此，建设小康村，还要着力推进各项改革，大力促进农村快速发展。为改变分配的严重不公，一是要通过城乡统筹发展和区域统筹发展，将差距缩小，减除风险和隐患；二是要搞好宏观调控和财政的转移支付，通过二次分配，让欠发达的地区跟上来，让弱势群体的生活有保证；三是要通过政府对教育、医疗、社保、交通、文化等公共产品的投入，向农村提供更多的服务，使广大的群众共享改革开放的成果。

除此之外，小康村的建设，还要重视以改革促发展。对于跨入21世纪五个年头的中国来说，农村的经济体制改革应该提到我们的面前。一家一户的小农经济，不可能提高效率。国内外的经验告诉我们，农村要发展，还必须走合作化的道路。只有组织起来，才能有大发展。我们再不能因为1958年的失误，就永远否定合作化的道路，更不能一次被蛇咬，就永远怕井绳。

依我看，江苏华西大队的经验，河南刘庄的经验、南街村的经验、竹林的经验，以及河北韩村河的经验等，实际上都是农民走合作化道路的好经验。如果没有吴仁宝、史来贺、王宏斌、赵明恩这些领军人物坚持合作化的方向不改变，他们的村庄就不可能有后来的发展和辉煌。

我在80年代中末期，曾通过出书及培训演讲等向国内介绍了日本的“一村一品运动”和国外农业产业化经营中“公司+农户”的生产模式。国外多是通过农产品加工的龙头企业，把农民组织在一起的。国外的“公司+农户”，农民多数是股东，公司的最高权力属于股东会，实行董事会管理、聘经理进行经营。而我们现在的农产品龙头企业，多是有钱的老板兴办的，企业的信息不公开，公司赚多少钱一概与农民无关。农民固然因企业的存在找到了市场，但所得效益十分有限。从长远看，这种农民不能入股的“公司+农户”，不利于全面提高农民收入，弄不好还会引发矛盾，造成社会不稳定。

为了实现农村的全面小康和真正致富农民，需要各位仁人志士来关注农村的产业化如何搞？农民合作化的道路如何走？由于农产品加工和营销有着很大的利润和效益，所以在一些国家农产品加工、营销的权益是属于农民的，非农民组织的企业是不能进行农产品加工、营销的。即使由他们加工和营销，农民是可以以其拥有的加工权益占取干股的。为了让我国广大农民在农产品加工、营销中得到更多利益，我们应大力扶植农民入股的“公司+农户”，国家政策和财政金融都应为扶植这样的“公司+农户”下功夫。通过这样的“公司+农户”把农民组织起来，走好新时代的合作化道路，从而推动农村小康的全面实现，为社会主义农村建设作出有突破意义的新贡献。

（原载《中国评论》《科学决策》）

房地产应做到责任与效益兼顾

2006 年 3 月

一、四个观点

第一个观点：应立足经济社会发展的全局，认识和看待房地产的改革和发展。

我们在评价房地产的发展时，不能孤立地片面地就地产论地产，而是应该把房地产摆到经济和社会发展的全局中去研究房地产，看待房地产。

应该肯定的是，我国改革开放以来，房地产业在国民经济中一直处于先导地位，是重要的支柱产业。我国的改革开放为房地产发展提供了巨大的市场和需求，创造了机遇和条件；反之，房地产业也对我国的经济发展产生了巨大的拉动作用，做出了不可低估的贡献。

我国房地产的大发展是在 1985 年之后，深圳、海南两个特区相继起动之后，吹响了我国房地产的进军号。至 90 年代初出现了中国房地产第一个高潮。我当时在北海工作，1991 年北海仅有 2 家房地产公司，到 1993 年底迅速发展至 1430 家。那时，全国房地产公司有 2800 家，北海占了一半。今天全国房地产公司已经达到 6 万家之多，仅北京就有 4000 家。如此庞大的产业群，不仅其自身成了经济、社会的重要组成部分，安排了大量就业人员，促进了 GDP 的增长，而且还带动了 50 多个产业的发展，例如在国民经济中处于举足轻重地位的钢铁产业、有色金属、水泥、建材、玻璃、家具等产业的发展都与房地产的发展息息相关。本来在 1990 年以前已经明显下滑和很不景气的钢铁、水泥等产业，进入 20 世纪 90 年代以来。却随着房地产业的蓬勃兴起，又迎来了大发展的春天。中国 GDP 仅占世界的 4%，而所用钢材、水泥等却占到世界总量的 25% 和 40%。此中很重要的原因，就是因为中国房地产的大发展，产生了对钢铁和水泥的巨大需求，促进了全国钢铁、水泥的发展。

正是因为这样，我们对房地产的态度和做法，绝不能有任何的草率，既要重视对房地产的管理和改革，使其满足广大百姓的需求和愿望，又要谨慎从事，要通过责任与效益的兼顾和统一，确保房地产发展的稳步推进和社会与经济的协调发展。

第二个观点：应承认房屋不同于其他商品，要面对它的特殊性对房地产提出高要求。

房地产业与其他产业不同，房地产所经营的房子除具有其他商品拥有的属性外，它还具有一定的社会性、公益性、福利性、政治性。房子作为有关民生的消费品，体现了政府对人民大众生存的责任心。尤其是在社会主义的中国，“居者有其屋”不仅是广大人民生存的基本需求，也是中国共产党 80 多年来为之奋斗的产物。可以说，新中国成立后，党和国家都十分重视广大工农群众的居住问题。通过推翻三座大山，实行土地改革，基本实现了“居者有其屋”。尽管新中国成立初期，国家较为困难，而且长期提倡“先治坡、后治窝”的艰苦奋斗精神，但依然做到了人人有房住。当然应该承认，还有很多人住房条件很差，但也确实消除了流离失所，充分说明了共产党是最广大人民利益的代表。

中国有句俗语叫作安居乐业。不安居，就无法乐业。改革开放后，我国推行了住房改革，政府通过住房商品化、职工集资建房、发展房地产、建经济适用房等多种方式，使广大群众的住房条件有了很大改善。但是，由于近年来房地产升值过快，价格上涨，加上在城市随便拆迁，使得很多人为住房发难，这既直接或间接地影响了很多人的生活和工作，也在一定程度上影响着社会的稳定和人民生活的改善。

全国政协副主席、世纪老人巴金同志，在辞世前曾经有过一个愿望，就是“希望所有的人都能有房住”。这说明，我们的房地产发展中，确实存在较大的死角，没房住的人确有存在。巴金副主席的“希望”既代表了广大百姓的呼声，也对房地产的发展提出了美好愿景。

近几年来，我国房价的上升，在有些城市几乎连续以 20% 的速度递增。2004 年。全国住房房价平均增长 15. 2%，高于物价上升指数 6~7 倍，高于存款利率上百倍。去年，在政协委员、人大代表的强烈呼吁下，七部委出台了抑制房价的“国八条”，今年又出了六条和 15 条细则，但时至今日，房价的上升率依然过高，今年1—5月仍有70个大中城的商品房价格上涨6.1%，其中仍有几个大城市增长幅度在10%以上。显然如果不强调房地产的发展责任，不注重责任与效益的统一和兼顾，就不能善待房地产的特殊需要，就无法满足人民群众的“居者有其屋”的基本需求，这样下去，以人为本的科学发展观就难以落到实处。

第三个观点：针对房产价格过高等问题进行规范，是房地产更好发展的关键。

我国房地产业比较年轻，从它真正发展起来，至今也不过20年的时间。由于政府对房地产管理需要有个认识过程，所以在过去的近20年的时间内，我国房地产的运作规范度较低，这样固然有利于房地产的放开、搞活，促进了房地产的发展，但是，房地产的运作中也确实出现一些秩序混乱等问题，特别是房价过高问题，非常需要进行抑制和规范。

现在社会对房地产的讨论众说纷纭，有人说它市场化过头了，也有人说它还根本没有市场化。还有一些人各自站在不同的角度和立场，有说房地产的利润太高了，有说房地产的利润应该高。特别值得指出的是，我们的房地产行业由于有着很高的利润，可以用手中的钱打通关系，又可以用手中的钱去造舆论，结果造成社会上对房地产的认识极为混乱。

其实，房价过高是有目共睹的，也是有多种数据可以说明的。在国外居民的房价是家庭收入的3倍左右，高的可达5~6倍。例如，在加拿大多伦多、蒙特利尔和在美国华盛顿附近的巴尔的摩等，我的亲戚、同事的购房价与收入比基本如此，而且他们的房是独幢的，是带花园的。而我国同样级别或年岁的同性质的工作人员，不要说买独幢带花园的房子了，就按80平方米计，像北京四环外，也要60万元以上，购房价与收入比至少15倍。Internet网民曾经有个推算说：“假如我是个工人，没有下岗，一个月拿800块钱，不抽烟、不喝酒、不结婚、不吃饭。总之，一分钱不花，在房价不上涨的前提下，要买那样的房子，得连续工作100年；假如我是个公务员，混得一般，一个月2500元，不抽烟、不喝酒、不吃饭，还不贪污不受贿，想买那样的房子得熬上33年……”

出现房价高的原因，尽管也有不同舆论迷惑了人们的视线，但就我所知，主要还在于房地产商的获利欲望过强。“一边欲望无穷”“一边财帛有限”，才是买房贵的关键。

一是表现在房地产富豪迅速增长，在《福布斯》富豪名单中，2001 年 29 人主要从事房地产，2003 年经营房地产的增至 35 位，2004 年增至 45 位，短短十几年的房地产历史，竟催生了如此多的亿万富翁，还能说房地产的利润不高吗？

二是表现在房地产的利率增长幅度上。全球房地产平均利润率为 5%，而我国房地产利润率每年都在 30%以上。2001 年增长 41%，2002 年增长 56%，2003 年增长 32%。房地产企业自有资金的利润率，以上海为例，2001 年为 38.12%，2002 年为 86.36%，2003 年为 74.24%。这个利润率是同期社会资金利润率的 20 倍以上。

三是从我认识的朋友的迅速致富，也能说明房地产利润过高，造成广大百姓购房困难。我在北京、广州有两个朋友做房地产生意，一个 1996 年下海，借 30 万元起家，现有资产已达 40 多亿元；一个 1997 年下海，借款 500 万元起家，今日已拥有资产 60 亿元以上。还有一位教授朋友，从山东进北京做房地产，4 年净赚 6 亿元。

这些例子足以说明房地产在我国刚起步阶段，没有太多规范情况下，盈利的比率是偏高的。对此，房地产价格不断攀升，如不采取措施，将直接影响到广大人民群众“居者有其屋”目标的实现。在这种情况下，政府出台一些对房地产的干预政策，增强房地产商的责任感，这是使房地产走向规范化运作的需要，也是使房地产更为健康发展的关键。

第四个观点：责任与利益兼顾将有利于房地产的健康发展。

世界杰出的商业大师迈克尔·波特曾经这样讲：“要使企业认识到，企业的健康，需要有社会的健康来保证。”“只有社会的健康发展，才能有企业的更大成功。”

重庆民营企业家尹明善说：“不承担社会责任，致富不思源，于理不容，于心有亏，也不可能有持续发展的良好环境。”

应该说，我们的房地产商都是在改革开放后发展起来的，都是得益于党的政策和社会发展机遇。我们富起来了，不能忘记还有大量低收入人群。去年国家规定个人所得税征收起线为 1600 元之后，有人统计，工薪阶层中能够和应该纳税的仅占工薪阶层的 20%。也就是说，社会上年收入达到 2 万元

（1600 元×12＝19200 元）以上的仅占工薪阶层的 20%，另外 60%农民年收入才有 3250 元，这就是说，中国年收入超过 2 万元的人，占全人口总量不到 10%。这种情况下，我们想问题，做生意，不能不从这一国情实际出发，尽管企业是要谋利的，是要追求利润最大化的。如果广大百姓收入上不去，或广大百姓都还较穷，我们的事业就一定难以取得更大成功。

现在我国的消费零售额只占 GDP 40%多一些，这同很多国家占 GDP 80%相去甚远。国内市场起不来，不仅抑制全局的经济发展，也会影响我们每个企业的发展。

美国比尔·盖茨在 2005 年前的 4 年中，向慈善事业捐款 283 亿美元，占他资产的 37%。一个美国企业家尚能有如此的社会责任，是令人敬佩的。相反我国 2004 年上半年评出的《福布斯》100 名富豪中，有 70%对慈善事业毫无作为。这说明我国的企业家还缺乏社会责任，在房地产的经营中也同样有这种表现。

我国城市化的推进中，已有 1.8 亿农民工进城，从长远看还要有 3 亿~5 亿农村剩余劳力城镇转移。因为房子贵，这些人很多进入城市后，或住工棚，或住地下室，或租城郊农民住房，他们不少人夫妇同在一城市却长年不能团聚。我们统计城市人口时有他们，我们建设住宅时就把他们丢在一边，忘记了他们。例如北京有 1600 万人，计算房屋面积时，仅按 800 多万人计。无视农民工和外来人口的存在，经济适用房不对他们开放，廉租房又无人建，这些人能安居吗？我们的城市化能真正推进吗？

当今中央提出科学发展观，要以人为本，进行“五个统筹”，特别是关于构建和谐社会的目标，需要我们处理好低收入阶层和农民工的居住问题，需要房地产商承担起这一社会责任。不要认为统筹发展城市化只是政府的责任，实际上社会环境不好，社会缺乏健康，企业也就会得“病”，企业的利益发展就会受损。因此，从这个意义上讲，我们房地产必须将责任与效益统一起来，只有做到责任与效益兼顾，才能有企业和社会的共同发展、良性发展。

二、六点建议

建议一：房地产的良性发展需要土地供应的更好规范。

大家知道我们的国土资源部正式成立还不到 10 年，在过去二十几年的房地产事业发展中，土地供应很不合理。这种不合理表现为两个方面：

一是政府划拨土地，将土地以很低的价格划拨给房地产商。有些房地产商之所以能快速暴富，主要是得到了大量的便宜土地，使得土地在房地产开发中所占成本极低。90 年代初在北海，划拨的土地是每亩 10 万元，有的人拿到土地后便以 80 万元一亩倒卖给别人赚了大钱。与此相反的是，有些房地产商，没有路子和关系，拿不到一手划拨地，要发展房地产，就必须去买别人倒卖的二手地、三手地，这在北京十分严重，造成有些房地产商在房地产开发中，土地所占成本过高，甚至超过国际上公认的土地价占房产价 20%的比例。这样既影响了房地产企业的公平竞争，也易出现腐败行为。

二是有些发达地方，以零地价向企业供应土地，然后企业将工业用地改为地产用地，也造成土地供应的混乱。

上述状况必须改变，必须规范。

建议二：要改变房地产企业自有资金率过少问题。

我国房地产的开发建设，投资商多数欠缺资金，于是多是在拿到土地后，以土地为抵押，向银行贷款。这种“空手套白狼”的情况，在房地产界屡屡出现，广为存在。例如上海，房企的自有资金 2001 年仅为 18.84%，2002 年为 17.53%，2003 年为 16.94%。房地产商自有资金少的存在，利于一些人白手起家，但也给银行带来很多风险。中国房地产开发企业的负债率远高于世界公认的 50%举债的警戒线，多数企业达到 75.8%，个别超过 80%。90 年代以来，中国各商业银行出现的大批呆账、坏账，超过 2 万亿元，此中有相当一批与房地产贷款风险和金融部门对房地产过度放贷有关。如此这般，也对房价的疯长起到了推波助澜作用。

建议三：大幅提高经济适用房比例和多建设小户型及廉租房。

由于高中档大户型房屋利润较高，而且也有一定市场，所以很多房地产商热衷于开发大户型的高中档住房。在国外是要求各个小区都应有一些相对小型的、适于中低收入家庭购买的户型的，而我们的房地产发展，却偏偏忘记了中国人口的大多数。前一时期，北京天通苑出现了通宵排队买经济适用房的现象，有的人等了几天还是连号都拿不到。更不应该的是，建筑商不该去雇人拿号，并以 4 万元一个号进行倒卖。我们的很多经济适用房大多数盖到了远郊区，像北京的回龙观小区、天通苑小区，都离市中心区约 20 千米，这也造成真正的低收入阶层住不进经济适用房，而真正入住的都是相对收入较高的有车族。在杭州也因经济适用房建得离市区过远，而无法满足“居者有其屋”的需求。

深圳在写字楼旁建起25~35平方米的小户型，方便了员工租赁，受到了热烈欢迎，建议各城市都能向深圳学习，多建小户型，多建廉租房，尤其要在城区内，在工厂和写字楼林立的地区建小户型的廉租房。只有这样，才能方便工薪阶层，才能做到房地产以人为本。

建议四：坚决制止政府与垄断行业用高价买低价卖的方式为职工购房。

高价买低价卖，是一些有钱的政府部门和垄断行业给职工谋福利的手段。但这样做的结果，为房地产价格攀升创造了环境。政府和垄断行业的某些人会因此受到商业贿赂，不计成本，为房地产的高售价大开方便之门，更造成广大百姓望房兴叹，买房无门。

建议五：从城市规划上卡住房屋拆迁的不正之风。

现在社会对房地产有意见，一个很大原因是过度拆迁。本来很好的住房，往往会因商业贿赂，变成规划拆迁地方。广大居民本来可以安居乐业，一拆迁，就没了着落，富裕户也变成了欠债的赤贫户。像这种情况，一定要把好规划关，不得乱拆乱迁。许多国家一些住房都是上百年，我们不能把仅用了几十年甚至几年的房子都拆掉。

因为有不少企业十分看中旧城改造，看中一些住宅区的商业价值。在很多地方政府经营城市的欲望十分强烈的情况下，就出现了大拆大改。特别是因为拆改的越多，GDP的增长越快，某些干部的成绩越突出，甚至可以得贿赂，于是拆迁范围越搞越大，愈演愈烈。很多城市以服从规划需要为名，把20世纪五六十年代建设的住宅区，硬性改为商业区，把仅建成三四十年的住房定为危房子以拆迁改建。更有一些地方，不考虑百姓利益，把很多上班族从城市迁往郊区，赶到一二十千米以外，不许回迁，给百姓上下班造成很大困难。由此造成群众群体上访事件频频发生。2004年北京市上访人数和批次都比2003年增长90%以上。百姓为了表示对拆迁的不满，在北京春节时期，曾有人在上衣前后写上大大的“拆”字，行走在大街上。也有教授级的人物对拆迁不满而跳楼表示反抗。总之，拆迁改造引发的社会矛盾，已经十分普遍。中央关注到这个问题的严重性，出台了相关规定，这是完全必要的，是有利于和谐社会构建的。我们的房地产企业家应支持国务院的决定，所有的拆迁，都应“以人为本”，多替百姓着想。从总体和长远看，这一定会有利于房地产的更好发展。

建议六：政府应更加重视房地产领域的反腐倡廉。

很多房地产商认为房价过高，也与各种乱收费、通关费直接相关。有些房地产商为了要到便宜土地或把某口岸较好的地面买断，不惜通过商业贿赂，使自己的目的得到实现。房地产是最大的腐败滋生温床，很多大案要案都与房地产有关。另外，政府有些人看到房地产有大利可图，往往采取“措施”，设卡刁难，进行寻租，也给地产商增加了很大负担。总之，官商勾结造成了土地黑洞和房价失控。想拆就拆，想迁就迁，弄得群众求诉无门，苦不堪言。因此，为了更好地发展地产，必须要重视管理部门的反腐倡廉，坚决打击商业贿赂，减少政府人员的寻租。这也是确保房价下降，实现“居者有其屋”的重要一环。

（原载《建设科技》《中国经济周刊》）

关于促进邮政服务“三农”的建议

2006 年 8 月

近年来，我国邮政服务“三农”取得很大进展。今年中央一号文件，又专门对促进邮政服务“三农”进行了明示，这不仅给邮政参加新农村建设指明了方向，也对邮政服务“三农”给予了肯定。但是，由于种种原因，邮政服务“三农”还存在诸多问题和困难，现根据我们对湖南和新疆的调研，就将邮政网络建成社会主义新农村服务体系给出如下建言。

一、将邮政网络建成新农村服务体系的有利条件

中国邮政已有百年以上的发展历史，他们在投寄信函、包裹、传送电话、电报中，同广大城乡、各个村庄建立了密切联系，取得了百姓的崇高信誉。迄今邮政在全国各地沉淀资产高达 1000 多亿元，多数乡镇都有邮政的 5~10 亩工作地和 100~200 平方米的工作房。现在每个县都有一个邮政大楼，全国邮政队伍超过 50 万人，加上临时工约有 100 万人。可以说，在农村科技网和供销社的农资供应网在广大县乡“网破、线断、人散”之后，唯一保留下来的政府服务农村的网络只有邮政了。邮政服务网庞大而周密，既有服务大局的主动脉、支动脉，又有伸向广大乡村各个角落的微血管。因此，如果能够给邮政服务一些宽松政策，赋予其服务“三农”的更多功能，就有可能把邮政服务网建成新农村建设服务体系，这样既满足广大农民的需求，又可为新农村建设发挥重要作用。

二、邮政服务“三农”，可以缓解邮政危机，稳定普遍服务

随着通讯方式的改变，信函已大量减少，邮政业务明显递减。但是作为普遍服务，例如广大百姓，包括农民工的家书、义务兵的免费邮件、党报党刊的传送、盲人读物的免费传递等，却是一项政治任务，是邮政的光荣使命。

这种情况下，很多邮政部门要保持自己网络的完整和做好普遍服务，却遇到了营业任务的下降和营业收入的窘境。例如新疆有60%的邮政点营业额低于2000元，而其成本却高达5万元，出现了严重的入不抵出，仅喀什邮政局一年就亏损1000万元。有的邮政所一年只卖一张邮票，运营十分困难。根据湖南、新疆各方反映，邮政服务“三农”，为邮政新发展找到一条新出路，不仅能使邮政的运力、场地、人员充分发挥作用，而且可以通过服务“三农”进行创收，使邮政自下而上得到维持和延续，使普遍服务得到稳定和保证。因此，邮政服务“三农”，是“一石二鸟”“一举多得”的好事情，具有重要的战略意义和作用。

三、邮政服务“三农”的现状及对新农村建设产生的重要作用

三年前，温家宝总理和回良玉副总理对全国政协委员工祥林关于邮政服务“三农”的提案作了重要批示后，国家计委、财经领导小组和邮政总局都高度重视邮政服务“三农”的开展。根据我们对湖南、新疆的调研，邮政服务“三农”主要是利用邮政现有的设备和人员，借助普遍服务的网络，为农村投送以农肥、农药和各种种子为主的“三农”服务。湖南还开展了在春节期间为农民工寄递火车票的服务等，得到了农民和农民工的高度赞扬和拥护。邮政服务“三农”，多是由邮政总局或者分局同一些技术先进的农肥、农药和种子生产厂家签订供货合同，统一销售价格；然后通过邮政物流，向各省、各县、各乡进行货物配送。一般在乡邮局设供货仓库和货物展销点，多数农民可以到展销点或展销点在村上设置的加盟店进行购物。另外，邮政还直接接受农民的委托，通过邮递员向农民送货。在新疆邮政服务还被纳入了正在建设的“万村千乡市场工程”。

邮政服务“三农”和参加“万村千乡市场工程”建设的优势是：①可以取得农民的高度信任；农民从邮政购物十分放心，邮政服务“三农”既减少奸商对农民的盘剥，又可以防止假种子、假化肥坑农害农。②可以更好地利用邮政的场地、车辆和人员，投入少、见效快。③可以通过邮政吸纳的农业技术人员，为农民办培训班，传播新产品，传授新技术，使新技术得到推广和普及。④邮政面对农民无钱购买新农药、新种子的实际，利用自己百年信誉向生产厂家赊货，然后再于基层店赊给农民，这样既解决了农民的难题，

又促进了技术推广，增加了农民收益。大量的事实证明，邮政服务“三农”做到了信誉到位、感情到位、功能到位、保障到位，邮政传送货物品种正在扩大，进行服务的数量正在快速递增，在新疆赶“巴扎（集市）”时，邮局门口常有购物人排长队。邮政服务“三农”正在对农村经济带来推动、对建设新农村发挥作用。

四、邮政服务“三农”遇到的困难和问题

（1）思想认识问题。一些政府和部门认为邮政是送信的，服务“三农”属不务正业。更有一些基层管理部门，认为邮政是国有企业，垄断行业，有种“吃大户”的思想，凡邮政要办的手续，都要多收费，甚至故意设障碍进行刁难。

（2）利益保护问题。地方农资部门或商业部门出于维护垄断经营的自身利益，反对邮政对农资和商品进行经营，也给邮政服“三农”带来一些难题。

（3）服务操作问题。①建立小小的加盟店，工商部门要求一定注册登记，并收注册费320元，加盟农民往往拿不起。②县上安检部门培训费高达每人667元，《安全评价报告》每个点高达1500元，这对农村办点带来困难。③有关方面要求开店面积过宽、仓库面积过大，对有关人员要求上岗证、资格证、许可证手续十分烦锁。

（4）经费紧缺问题。邮政历史久、包袱重、欠债多，如湖南邮政欠债10多亿元，湖南娄底邮局一家就欠债9934万元，负债率63%。经费紧缺，给服务“三农”带来了一定困难，造成服务“三农”难以大量开展。

（5）宣传欠缺问题。邮政服务“三农”，需要大力进行宣传，但现在电视、报纸等媒体均不曾介入，尚没形成邮政服务“三农”的良好环境。

五、建议

（1）解决认识问题及出台政策的建议。中央关于邮政服务“三农”的决策，不是权宜之计。新农村建设需要服务体系，邮政又有担负这一体系建设的优势和条件，所以应把邮政服务“三农”作为国家扶植“三农”的重要手段提上日程，给予高度重视和关注，并需尽快出台有关政策和法规，确保这一服务体系的顺利建成。

（2）解决邮政服务“三农”运作困难的建议。①建议在注册方面，由省邮政局统一登记，地局、县局依次办理。乡、村一级可不办理注册手续，享受“农村摊贩”不注册既可经营的待遇，由县邮局统一管理。②安全培训和安全评价应在县以上做好，乡以下可免除评价及评价收费，安全培训应降低价格，或授权县邮政统一培训。③邮政服务“三农”的各级铺面，不需过苛要求，可根据具体情况适度放宽。

（3）解决邮政更多承担“万村千乡市场工程”建设的建议。应参照新疆经验，允许邮政服务“三农”进入“万村千乡市场工程”，特别是边远地区、乡村的商贸网点可更多交给邮政组建。国家对万村千乡超市的经费补贴，可按同样标准放给邮政建起的超市网点。

（4）解决服务“三农”经费的建议。邮政固然可以以自身信誉向厂家赊货后再赊给农民，但这并非长久之策。国家银行应放宽对邮政的贷款，用于邮政服务“三农”。至少可让邮政储蓄切出总量的一部分贷给邮政物流，以保证邮政服务“三农”。鉴于邮政服务“三农”有着振兴农村和推广新技术的重要作用，所以国家支农经费和科技推广经费，也可划拨一定数量，供给邮政使用。

（5）解决电信部门乡以下业务交给邮政代办的建议。邮政与电信有着长期共处一家的历史。邮政因担负普遍服务，乡及乡以下网络齐全完整，为避免电信在农村大量增设收费机构，可考虑电信系统乡及乡以下收费业务交给邮政代为办理，适当多给邮政一些代办费。这样既可减少下面两家收入过度悬殊的对比，又能起到以丰补歉、改善邮政生存条件的作用。

（6）解决邮政普遍服务补贴的建议。当前邮政承担的普遍服务信函在一些地方信函中占到70%。特别是边疆义务兵的免费信函传递路线遥远，加上党政报刊、机要通讯，不管刮风下雨，还是多远的路程，哪怕是只有一封信，一张报也要按时投送。但是，由于邮政收入太低，很多邮政网点难以为继。为了使邮政更好存活下去，十分需要国家对普遍服务进行补贴，防止网点被撤，支持其在服务“三农”的同时搞好普遍服务。

（7）解决铁路部门支持邮政寄递火车票的建议。农民工回乡与返程，在“春节”十分集中，他们本来回乡时间十分有限，但为了返程，常提前离家，在车站等上几天。这不仅给农民工带来很多不便，而且也常常在火车站聚人过多，造成社会不安。邮政根据回乡农民工的申请，以实名制向车站购票，并以速递方式传到农民工手中，是一件利国利民的极好事情。希望铁路部门给予大力支持。要相信邮政、支持邮政，使邮政局向农村寄送火车票的业务不断走向规范和繁荣。

（8）解决宣传部门重视邮政服务“三农”的建议。中央和地方各个媒体要关心和重视邮政服务“三农”的采访和宣传，创造邮政服务“三农”的氛围和环境。

（原载《国务院参事建议》）

关于推进项目建设要与富民相结合的建议

2007 年 5 月

最近，我参加全国政协常委视察团在黄河沿岸视察时，不止一次地听到有关省领导发出的关于“项目建设要与富民相结合”的建议声。这一方面表明我们这些党政领导人确有一颗“权为民所用、情为民所系、利为民所谋”的赤诚之心，另一方面也说明当今确有很多工程建设项目，虽然搞得轰轰烈烈，但并没有给广大百姓带来利益和好处。

沿黄河一路走来，我们目睹了很多水电、煤、油、化工等大项目，正在黄河上中游蓬勃兴起。它们虽然带动了地方交通条件的改善、财政的增收、城市面貌的变化，但与此形成反差的是，这里的广大百姓依然很贫穷。

例如，在青海省，这些年在黄河上建起很多座梯级水电站，作为企业创造了很大效益，得到很多好处，而作为地方百姓，为支持建设电站从祖辈生活过的好地方，或向后靠，或往高移，而得到的补偿却十分有限。电站建设后的生存环境不仅没有改善，而且更为困难。当地有“三望三叹”之说，一是“望水兴叹”。水库修起后，农民吃水用水反倒更困难，那些在黄河边上靠黄河水养育成长起来的人们，今天要么要用高价水，要么就是没水吃。二是“望电兴叹”。本来百姓看到国家要在身边建电站，无不兴高采烈，而电站建成后，为电站作出贡献的农民却享受不到任何优惠，身在电站边上，用的电和城市一样贵。三是“望站兴叹”。电站建起后，电站职工不仅有高收入，而且还享有用大量资金打造的好住宅、好环境，当地百姓同他们比起来一个是天一个是地。这怎能不让人兴叹呢？

在山西，虽然每年有各种各样的企业在这里挖出 6 亿吨的煤，发出数亿千瓦的电，但在 2006 年黄河沿岸的 28 个县，农民收入达到 1000 元以上的只有 14%，53%的县农民收入只有 600～1000 元，还有 33%的县农民收入还在 600 元以下。在我们国家 GDP 今年就要跨入世界第三位的时候，我们该如何去面对这些曾经有着灿烂文化的母亲河畔的儿女们?!

在陕西榆林，那里因为发现了大煤田和大油田，他们有些人自豪地讲，我们这里就是“中国的阿联酋”，政府财政收入和城市面貌变化之快十分喜人。尤其油、气、煤的开采和加工垄断型企业，其办公大楼之豪华，职工生活环境之好、收入之高让人惊叹。但是，迄今，占这里人口绝大多数的农民收入只有2200元。我两个月前去过中东的沙特和阿联酋，人家在采油增收后，并没有忘记百姓。我在沙特参观时，他们指着大片的住宅区，说是政府建好后送给百姓的，而且最近还要再建150万套住宅，准备送给那里的普通百姓。而我们的企业和项目的发生地，是否也仿效一下沙特和阿联酋的做法，去关注下平均收入还远不及全国水平的当地农民呢?

其实项目建设者脱离群众，不能与富民相结合的问题，并不只发生在黄河两岸，应该说这是一个普遍问题，只不过西部显得更为突出而已。我曾经在有些城市听出租车司机讲，“我们不希望发展，越发展，百姓的利益越受损，越发展，普通百姓的生存越艰难!”这话虽然有较大的片面性，但确实也反映了部分百姓的心声。我也不止一次的收到过矿区人民的上访信，例如某地开采铁矿，由于地下被挖空塌陷，不仅造成居民住房裂缝、倒塌，而且使稻田不能存水保墒，以致颗粒无收。群众为此上访时，还受到严格禁止，甚至是无情打击。

总之，国家项目、民企和外资项目在地方的建设发展过程中，如何与富民相结合，已成为我国当今经济社会发展的突出问题，也是需要研究解决的大问题。资源是国家的，也是广大人民群众的，水是这样，土地也是这样，煤、油和各种矿产也是这样，各种各样的农副产品资源同样是这样。这些资源不能够被攫为少数企业所有，更不能因为一些企业是国家的，或是因为企业有资本可以抵押贷款进行投入，就可以自以为是，为所欲为，置群众利益于不顾。研究解决项目建设与富民相结合，已经到了不能再拖的时候了。

为此建议：一是要把几十年来形成的农业支援工业的观念转变到工业反哺农业上。新中国成立后大约50年的时间内，我们为了推进工业化，一直奉行着农业支援工业的政策。只要是垄断行业的建设项目需要的，不仅地方政府要让路，广大农村和农民更要让路。一切支持项目，一切服从项目。项目开发单位主宰一切，地方和农民从来是顾全国家利益，从不讲价钱，也很少提要求。正是这样，我国的工业化才得以较快的实现。然而，由于这种观念未能及时转过来，所以造成了迄今为止仍是在项目建设中考虑开发单位的利益多，考虑农民和地方的利益少，也因此导致了城乡差距的拉大。实际上，现在很多国企建设项目，特别是水力发电、火力发电、开采煤矿、挖掘石油、电信交通、石油化工等项目在具体操作中，仍然沿袭了传统的农业支援工业的观念，地方和农民的付出是巨大的，企业对地方和农民的关注是很少的。这是不符合中央关于工业反哺农业的政策精神的，更是不利于和谐社会的构建的。因此，要实现项目建设与富民相结合，必须要转变原有的观念，按照工业反哺农业的原则，去建设工业、开发资源，使项目建设为致富民众作贡献。

二是要改革税收政策。现在很多重大的水电、煤、油生产企业，多实行总部纳税机制。很多公司的总部设在北京等大城市，无论项目开发有多大效益，作为税收大头的所得税都在大城市交纳，地方上虽然可以在增值税中分成，但多为25%的提成，75%仍要交总部。地方提成的25%增值税，其中省市还要进行分成，所以地方上的所得是非常有限的。因此，为了使项目建设与富民相结合，可以考虑改革税收政策，对进行水电、煤、油开发的企业，要么实行在开发地注册公司、税收交注册地的办法；要么实行所得税、增值税都进行分成的办法，并应扩大地方税收留成比例，力争中央、地方各取一半。

三是要资源开发项目建设中，应允许地方入股，可考虑让资源地占股份的30%。现在很多国家大项目多是靠国家贷款支持的。为了使项目致富百姓，可以实行地方或百姓以土地入股的办法，然后共同承担贷款责任。包括走向农村的农产品加工企业，也应实行这种办法，让农民在龙头企业内占股分红，形成真正的“公司+农户”。加拿大在水电开发中，给搬迁移民赠送股份，并在移民地建设工业企业使农民就业的办法很值得参考。为了确保地方和农民得到效益，在企业管理上要由地方和农民参加董事会，资源开发型公司的党委书记，应在地方遴选，以代表国家和百姓的切身利益。

四是要尽快建立资源补偿、生态补偿和环境补偿机制。对各类企业在进行资源开发中，自身已经取得较大效益，而当地居民仍然贫困的，或者是过去几十年已经把当地资源开发殆尽，而今当地生存环境困难的，应该从这些垄断行业的效益中切出一定份额，对资源地的居民和政府进行补偿。而因资源开发造成生态破坏、地面塌陷、水位下降，导致百姓房屋倒塌或无法种植庄稼的，资源开发企业应在其销售收入中切取一定份额，对遭受影响的农户和居民进行生态补偿。凡企业因开发水力、工矿和农业资源，造成环境和空气污染的，也要依据污染的程度，从企业销售额中切出一定份额用于对环境的补偿。为确保补偿得以落实，需要政府早日出台补偿法规和相关法律。

（原载《人民网访谈发言》《人民论坛》）

关于把宁夏牛奶产业做大做强的分析与思考

2007 年 5 月

一、我国牛奶产业的发展形势

我国牛奶产业的大发展是从 1999 年开始的。为什么说是从 1999 年开始的呢？从牛奶产品的增长曲线看，在 1998 年以前的十几年中几乎是一个平线，而到了 1999 年，这个增长曲线突然扬起了脑袋，迅速向上攀升。营养学专家于若木是陈云同志的夫人，早在 1987 年，她就主张要大力发展中国的牛奶产业，我当时作为国家科委星火总公司的总工程师，于老曾要我在北京举行一个推动牛奶发展的讨论会。在讨论会召开时，她亲自参加了会议，并讲述了发展牛奶产业的重要性。在这之前，于老还十分关心海南的椰子奶的发展，当时海南想搞椰子奶没有钱，于老给我打电话，让我给予支持。当时“星火计划”的钱还没下来，我便找到海南科委的张主任，要他先从地方的科技经费中垫资 140 万元，“星火计划”的钱下达后，我们把椰子奶扶植了起来。后来我离开国家科委去北海工作了，有一次在北京机场遇上于老，我问她牛奶产业推得怎么样了？她对我说，关键是要有热心人。

1997 年，陈云同志去世后，江泽民总书记去看望于老时，于若木同志向江泽民总书记陈述了发展牛奶产业的重要性，并提到中小学生的身体健康应予以重视，需要使牛奶走上餐桌，走进中小学。为此，江泽民总书记曾经作出批示，责成有关方面给予关注。全国政协安排由蒋民宽常委带队，组成了中小学生身体状况调查组，我当时作为全国政协常委也参加了这次调查，国家体委副主任张发强、世界跳高冠军郑凤荣、乒乓球名将张燮林等都参加了这次调查工作。调查后，除全国政协向有关方面发出考察报告外，我还特意根据于老的意思写了篇关于《大力发展牛奶产业，满足市场增长需求》的国是建言。这个建言最早发表在《中国生物学》杂志上，1999 年 3 月政协大会上《中国市场报》《中国经济导报》等相继对我进行了采访，以较长篇幅发表了我的建言和观点。

1999 年以来，直至三聚氰胺事件发生，我国的牛奶产业可以说是方兴未艾、蓬勃发展。1999 年开始，国家加大了对牛奶产业的投入，牛奶产业发展走上了快车道。在 1999 年之前，中国人均牛奶量只有 6.3 千克，仅相当于全球人均年消费牛奶 103 千克的 6.1%。如此巨大的差距，不完全是由饮食习惯造成的，实际上与我国的经济水平较低和对奶业发展重视不够有关系。改革开放后的 1979 年至 1999 年，我国牧业增长 19 倍，渔业增长 79 倍，而奶牛的头数仅增长 8 倍，奶产量只增长 6 倍。但在 1999 年之后，伴随国民经济大发展，人民生活有了大改善之后，也给牛奶的发展拓展了一个新天地，牛奶的发展迎来了一个新时期。以 2002 年为例，这一年乳品企业共完成工业总产值 358.3 亿元，比上年增长 22.8%，工业销售产值完成 346.9 亿元，比上年增长 23.4%，销售收入完成 340.3 亿元，比上年增长 25.2%。2003 年中国人均牛奶量提升到 10 千克以上，城镇人均消费牛奶量已经达到 21 千克。

三聚氰胺事件，被称为牛奶行业的“9·11”，给我国的牛奶产业带来了很大的影响和打击。但是，事物总是一分为二的，三聚氰胺事件后，牛奶产业的发展更加引起了各方面的支持和关注。近两年来，国务院连续出台了整顿牛奶行业和发展牛奶行业的文件和纲要，不久前又出台了牛奶产业的行业标准，这对牛奶产业的发展来说，不仅仅是对三聚氰胺事件的恢复性建设，而且是催生牛奶产业大发展的起步枪声和号令。

2008 年，在金融危机冲击下，我国的牛奶产量依然达到了 3561 万吨，比 2002 年的 1299 万吨高出近 3 倍。人均占有牛奶量已经达到 26 千克，比 2003 年的 10 千克高出 16 千克。比 1999 年的 6.3 千克高出 4 倍还要多。

目前，我国奶牛的总头数为 1300 万头，比美国的 700 万头高出 600 万头。但由于我国奶牛品种和饲养技术落后，我国 1300 万头的奶产量还赶不上美国的 700 万头的奶产量。我国每头奶牛的产量为 4 吨左右，而国外多达 9 吨以上。当然，这些年来我们也做了不少引种工作，在饲养技术方面也做了很多改进和研究，去年底我在北京郊区就曾看到三元公司培养的新品种，产奶量就可达 7~8 吨/头。

我国乳品市场，主要集中于城市，由于鲜奶受总产量和供应模式的限制，现在还基本没有进到村镇，农村奶制品的需求还基本停留在奶粉的供给上。中国奶源基地主要集中于内蒙古、黑龙江等地，但全国各地或多或少也都有奶牛养殖，宁夏的银川、中卫等地也是重要的奶源地。

就企业的品牌看，近十年来，中国涌现出一大批优秀企业，除了上海的光明、北京的三元之外，内蒙古的伊利、蒙牛，黑龙江的完达山、四川的新希望、广西的黄氏乳业、西安的银桥、甘肃的好为尔等都在国内享有很高的威望。三鹿奶业本来是一个很有品牌的老企业，只是因为经营上不守信用、不讲道德，“三聚氰胺事件”使这个品牌轰然倒下，企业负责人也因此走进监牢，成了人民的罪人。在这些名牌的企业中，最红火的要算是蒙牛了。蒙牛去年的产值是238亿元，进入世界牛奶产业排行榜的第19位。

牛奶行业发展的问题当然也有不少，主要的问题：一是奶源紧缺，奶源紧缺导致了市场的无序竞争，其中胖头娃娃事件、三聚氰胺事件应该说都与奶源不足引发的市场的无序竞争直接相关。二是生产过于分散，造成成本高和产品的不安全。外国的奶牛养殖场都是大规模进行，多为上万头的养殖场，而我国多为家庭养殖或小规模养殖，专业化水平差、技术水平低，不仅造成成本过高，而且潜在不安全因素。三是土地资源紧缺，牧场相对较少，奶牛放牧的条件欠缺，因此，中国奶牛的养殖主要依靠用人工饲料和秸秆进行圈养。

二、把宁夏牛奶产业做大做强的有利条件

（一）牛奶在我国仍属“朝阳”产业、“长青”产业

一个产业能否做大、做强，要看它的发展潜能，如果是一个濒危产业，当然不可能做大做强。相反，一个待发展或刚要发展的产业，它的发展必然势不可当。改革开放初期发展饲料产业时，有人认为在中国吃的粮食都没有，怎么能发展饲料产业，一次在湖南长沙枫林饭店召开的由八个部委参加的会上，就有不同的争论。就我所知，那时中国人均配合饲料只有0.03千克，而发达国家是220千克。我们认为中国必须要推动饲料业的发展，养殖业才能上去，中国人吃肉蛋奶问题才能解决。而另外一种观点则认为，中国无可能解决肉蛋奶的问题，应该实行杂和面战略，使含大豆的杂和面馒头、面条进入市场。为此《红旗》杂志发表了《十亿人蛋白质营养战略——吃杂和面》。

为此，我还和商业部饲料局的符文渝同志写了一篇反对文章，只因人轻言微，未能发表。改革推进20年后，我国的饲料工业快速崛起了，刘永好、刘汉元和泰国正大在中国创造了奇迹，都是因为进入了饲料行业。那时饲料行业就是朝阳行业，也是长青产业。与此相似的还有啤酒产业的发展，我国改革开放初期，在上海衡山饭店开啤酒工作会，当时中国仅有50万吨啤酒，人均不到1瓶，而当时德国人均啤酒300瓶。开始人们认为中国人不喜欢喝啤酒，啤酒不可能大发展。在做这方面规划时，很多人认为长远需求不会过500万吨。但因为它是一个朝阳产业，所以在20世纪末就达到了2400万吨，如燕京、青岛、雪花等企业的快速崛起，都是因为进入了这个朝阳产业。当然这样的例子举不胜举，比尔·盖茨为什么能一跃成为世界首富，阿里巴巴为什么开始不懂网络而能在网络方面崛起，也是因为进入了一个朝阳产业。

牛奶产业，不仅是朝阳产业，而且是长青产业。牛奶在中国的发展潜力依然很大，虽然牛奶的市场发展有待人民收入的进一步提高，有待进一步开拓，但这个市场注定是巨大的，发展的空间是不可估量的。世界上人均牛奶量100千克以上，而我国今天只有26千克。如果赶上世界平均水平，中国的牛奶还要有4倍增长。我国现在每人每天平均消费牛奶70克，与美洲人均738克相差10倍，与欧洲人均897克相差13倍。若以肉蛋奶之比来分析，发达国家是0.4∶0.06∶1，而我国现在是6.7∶2.8∶1。发达国家肉蛋在蛋白质食品消耗中的占比都远低于奶的比重，而中国肉蛋所占比重高出奶的3~7倍。由此说明，随着人民收入水平的提高，随着生活习惯的改变，中国对牛奶的需求还会大大增加。尽管这是潜在的，但它是势不可当的、必然的。当然，中国人与外国人习惯不一样，我们也不能盲目追寻外国的水平和目标，我们不寄希望达到发达国家水平，但达到世界平均水平看来是不可回避的，即使如此，我们的产量也要成4倍翻番。因此这是一个巨大的市场。介入这个产业，必然有利可图，介入这个产业，必将会迎接大发展。

（二）在宁夏发展牛奶产业有很多有利条件

宁夏回族自治区的经济发展，近几年迈向了快车道。宁夏的人均GDP、财政收入和人均收入都有了明显提高，特别是中央少数民族政策的进一步实施，宁夏必将前途无量。宁夏有600万人，每人按50千克奶的需求，也需要牛奶30万吨，如果考虑牛奶制品的加工和外销，这个需求量将会更大。

宁夏回族自治区政府高度重视经济发展，重视牛奶发展，牛奶产业在宁夏已经有了基础。另外，从自然条件看，宁夏处于河套地区，黄河水供应相对充足，尤其银川、吴忠等地湿地较多、湖泊较多、种植牧草有良好条件。特别值得重视的是，宁夏人民的创新精神、艰苦奋斗精神，一定会在发展牛奶产业中得到弘扬。宁夏这些年搞的压砂西瓜，在石头缝里种植出高质量的西瓜来，说明了宁夏人民的创新精神是很强的。在中卫美丽纸业公司，用造纸废水在沙漠中种杨树，实现了沙退林进，并在沙漠中造出人工湖，这也表明宁夏人的思维是不一般的，是能够从实际出发，战胜困难、改造自然的。宁夏人民在治水、管水方面自古就有创造，秦汉渠的修建至今还在造福人民，现在农村建立的管水协会，提高了水的利用率。因此，我们可以设想，宁夏人养起奶牛来，发展起奶产业来，也一定会有更多的创新，取得更大的发展。

（三）宁夏尚有一些不能利用的土地，一旦黄河上修起高位水坝，这些土地就可能变为良田

现在固原一带有数以万亩计的土地因缺少灌溉被撂荒。如果把大柳树水坝工程建起来，坝位提高后，灌溉面积就会大大增加，用以种植牧草的空间将可明显扩大，养殖奶牛的前景就会更好。

（四）宁夏有工作扎实、为百姓着想的领导班子

从宁夏这些年的发展可以看出，各级领导班子都在扎实工作，为百姓着想。以中卫为例，2005 年，中卫作为地级市刚成立，市领导在调查研究中发现广大农民在发展农业产业方面，凡资金充裕的就可以做大做强，凡资金缺乏的就难以发展。为了使农民能够取得资金的支持，便要求干部以自己的工资收入做抵押为农民贷款，有抵押贷款 5 万元的，有抵押贷款 3 万元的。我看到的一个村搞大棚蔬菜，就是因为用了干部工资作抵押的贷款，很快搞起一批大棚，等我们 2007 年再去看的时候，那里的农民已经富了起来。这种抵押工资进行贷款不一定有推广价值，但一定会调动百姓的积极性、创造性。把这种精神用于牛奶产业的发展，宁夏的牛奶产业就有希望。

三、对宁夏做强做大牛奶产业的八点建议

（一）对发展牛奶产业充满信心，制定好发展规划

如前所述，牛奶产业在中国还是朝阳产业、长青产业，牛奶产业的市场

需求会不断上升，牛奶产业在宁夏一定会有好的前景。因此，宁夏要搞好牛奶产业发展，需要解放思想、从实际出发，搞好牛奶产业的发展规划。既要规划养殖基地的建设、又要规划牛奶加工的品种与规模。现在牛奶产品还很单一，除了鲜奶、奶粉加工外还要加工奶酪、干奶等。任何事情都是一样，不怕做不到、就怕想不到，机会是为有准备的人提供的，我们在牛奶发展中一定要多想、敢想，只有规划好、谋划好，才会有好前景。

（二）加大对牛奶营养价值的宣传，拓展区内市场

牛奶是一种营养齐全，而且营养成分十分丰富的健康食品，对于人体健康十分有益，特别是对青少年和老年的生长与保健具有重要意义。我国由于经济落后，广大群众长期以来喝不起牛奶，没有饮奶习惯，有的还因为从不喝牛奶，还出现了乳糖酶缺乏症，喝了牛奶要拉稀。因此，要开拓牛奶市场，一定要加大对牛奶有益健康的宣传。日本人原来都比中国人矮，现在因为日本人喝牛奶，平均身高比中国人多出 1 厘米。通过宣传把饮奶习惯调起来，区内市场就会扩大，区内的奶品加工就会强起来。

（三）要提高牛奶的质量，确保牛奶安全

确保产品质量才能确保稳定的市场，才能打出自己的品牌，特别是牛奶的安全性，涉及千千万万百姓的生命与健康，我们一定要高度重视。河北三鹿一个大公司的彻底垮下，就是只知追求利润而忘记了为百姓服务，三聚氰胺是增加了企业的效益，可给多少人带来了灾难！做食品产业首要的任务就是要保证产品的质量和安全。现在网上散布一些饮牛奶的害处，实际上那些都是因为在生产牛奶过程中有农药、激素等添加入饲料所造成。所以生产牛奶，还一定要注意饲料的安全性。我曾经看到过个体户奶农，在卖不掉的牛奶中添加抗菌素借以防腐，媒体上也曾曝光光明牛奶公司的奶产品含有大量抗菌素，这对人体是十分有害的。为了创造宁夏品牌，一定要强化奶牛养殖的生态，尽量减少人为污染，确保牛奶安全。

（四）要建立公司制的农民入股的农业合作组织

发展牛奶产业，一定要考虑致富农民，我看到有些地方在扩大养殖规模的幌子下，把农民的奶牛收上去，作价很低，企业是可以得益了，农民却很少有好处。我曾在奥地利看到一个奶牛的专业公司（Milimi），把养奶牛的农户组织起来，建设起6000户农民入股的公司制的合作社。公司设置各方面的服务部门，为奶农提供良种、提供饲料、提供兽医服务、提供挤奶场所、提供产品加工，一切按照统一的要求进行操作和管理，这样既保证了产品质量、食品安全，又可以吸收最先进的技术。公司是集体的，人人有份，公司实行董事会管理，奶农可以参加决策、参与管理。这个公司后来搞起了丽拉包生产线，搞起了饮料生产、搞起了旅游，建起了宾馆，所有收入农民都有份，这样既扩大了生产规模，统一了生产管理，而且致富了农民。现在的龙头企业做法不是这样，企业发展赚了很多钱，农民没有份，这是不利于农民致富的，不符合“以人为本”的科学发展观。

（五）要重视思维创新，以推动管理创新和技术创新

思维既是财富，思维创新了，才能推动管理创新、技术创新。沃尔玛之所以快速崛起，就是把购物商场建到郊区去，投入少产出高，现在已有4780家连锁店。广东陈村人搞花卉，把一棵树起名为“发财树”赚了大钱。最近日本“经营四圣”之一，京瓷的董事长稻盛和夫在北京大学做报告时讲，他之所以能创造两个世界500强公司，很重要的两条经验，一是拼命工作，“付出不亚于任何人的努力”，他说做不到这一点，经营的成功、人生的成功都是空中楼阁。二是活着就要感谢、要报恩，要积善行、思利他。他认为多行善、多做好事，就会有好的回报。我想，我们要发展宁夏的牛奶产业，除了创新思维外，就是要拼命工作，而且要持感谢的态度、利他的态度去工作，这样你才能做好管理，提高技术，才能把各方面的积极因素都调动起来，搞好创新和发展。

（六）要改革农村金融，加大对奶业的贷款和投入

美国历史经济学家戴维斯兰德讲“有钱才能赚钱”，没有钱无法创业，没有钱无法利用机遇，没有钱就无法发展。我国农村之所以发展缓慢，就是投入太少，农村仅有的存款也多流入了城市，变成了资金的农转非。要想把宁夏奶业做强做大，一定要改革农村金融，要加大给农民贷款，要成立农村银行，要允许农民以住房为抵押，或以土地使用权为抵押进行贷款。有了贷款扶植，有了大的投入，奶牛养殖才能崛起。

（七）要促成人文交汇的管理

我们很多企业，特别是涉农企业，往往管理层都是老乡、都是战友、都是家族，这样的管理，不可能创造出高水平。要提高管理水平，包括搞农民的公司制合作组织，都要尽可能吸取各方面的人才。世界上的新思想新创造，往往是多种思想碰撞的结果，只有多种思想、观念相碰撞才能闪耀出耀眼的火花。蒙特利尔一个公司17个人来自8个国家，烟台一造船厂有十来个国家的管理人员。我大学毕业后搞第一个攻关项目，就要来10个重点大学的学生。这样就扩大了对资源的占有，对知识的占有。现在处在金融危机中，有些企业利用大学生难分配，招募硕士生、博士生，河南长垣一企业招了200名，这都是有远见的。只有戴眼镜的、说普通话的、讲外国语的一起汇聚时，经济才能快速发展，产业才能振兴。

（八）视个人利益淡如水，视人民利益重如山

温家宝总理谈到落实科学发展观时，指出各级干部只有视个人利益淡如水、视人民利益重如山，才能落实好科学发展观。要搞好宁夏的牛奶产业，也十分需要这一点。如果事事为自己着想，人们就会更多地考虑形象工程，政绩工程，该做的事就很难做好。科学发展观是以人为本的发展观，是为广大人民谋福利的发展观。要做好宁夏的牛奶产业，一定要以科学发展进行指导和统领，这就需要视人民利益重如山。南阳内乡古县衙有一副对联，上联是“得一官不荣、失一官不辱，勿说一官无用，地方全靠一官”，下联是“吃百姓的饭，穿百姓的衣，莫道百姓可欺，自己也是百姓”。100多年前的封建官吏就懂得这一点，我想我们就更应该不计个人得失，为广大百姓利益谋发展。江苏华西村为什么搞得好？就是因为有吴仁宝书记那样的带头人，他强调“有福民先享、有难官先当”。也只有“权为民所用、情为民所系、利为民所谋”，我们才能把我们的事业做好，才能把宁夏的牛奶业做大、做强。

（在宁夏牛奶产业发展论坛上的讲话）

生态现代化战略需以黄河流域为重点

2007 年 7 月

一、生态战略水为纲，水是生态的生命线

生态环境，包括了人类所有的生存条件和空间。土壤、空气、阳光、温度、雨水、河流、湖泊、海洋、湿地、林木和生物的多样性是生态环境的基本组成。

其中，水在生态环境的构成中，其作用更加突出，其力量更为无穷。水是一切生命之源，也是人类起源的母体和空间。

地球曾经是一片汪洋大海，很多生物的形成都是从单细胞生物开始在海水中演绎进化而来的。直到四亿年前，大片海洋因地球变动而露出地面后，生物体才开始向陆地进军。这样才逐渐产生了两栖类、爬行类、鸟类和哺乳动物等。人类的从无到有，从原始到现代，从愚昧到文明，也都是离不开水的孵化和滋生。

因此，水如同生命，和人类是不可分割的。没有水，河流、湖泊与海洋都会干涸；没有水，湿地、草原和森林都会枯萎；没有水，空气、气候和田地都不再有存在的价值和意义。水是人类文明的摇篮，人类的文明之舟依水而行，因水而向前。基于此，生态现代化绝对不能脱离水资源，生态现代化战略一定要突出水的保护和使用。把水视为秀美山川和生态现代化的重要基础和必要条件。

由于工业化的快速推进，地球的生态发生了很大改变，气候变暖，海面上升，雨量减少，加上工业污染造成的用水紧张已经在全球凸显。迄今，世界上已有 17 亿人饮水不安全，有人预测，过去的战争常为争夺石油而引起，而今后的战争将会因争夺水源而发生。由此可见，水对未来人类社会发展有着极端重要性。

水作为农业的命脉，工业的血液，是经济社会发展的基本保证，一个地区缺了水，活力就会衰退，一个国家缺了水发展就会窒息，所以说，水是一个国家和地区的重要战略资源，水的安全也是国家的安全、地区的安全。

中国是人均水资源仅相当世界人均水平33%的国家，并因我国水资源严重分配不均，秦淮以北有65%的土地，而拥有水量仅占全国的20%。七条主要河流大部遭到污染，一半以上的水质降为五级。由此造成300座城市缺水，3亿农民饮水不安全或饮水困难。

为此，生态现代化，首先要结合江河的治理抓好水，以水为纲，才能纲举目张。只有狠抓江河的保护和治理，大力推进江河流域的生态现代化，各种生态要素才能得到完善和保障，生态现代化建设才能大有成效和希望。

二、江河治理最重要，黄河流域作首选

根据本人多年的调研和观察，深感在中国七大水系中，其流域的水质和生态问题应以黄河最突出。仅从水质污染看，固然海河、淮河与黄河有同样的严重性，但将其水污染、水中泥沙及流域生态问题综合一起考虑，应该说唯有黄河最严峻。水少、水混、水脏在黄河并存。再说黄河流经9个省，其流域面积之大，生态问题影响之广，更是其他任何一条河流所不及。

在七大河系中，流经省份最多，流域面积最广的是长江，但因长江经由的地区大都在我国的南方，那里雨水充足，植被丰富，生态环境相对较好。我曾专对长江的一些支流做过调研，从盘龙江、安宁河、大渡河、岷江、沱江、嘉陵江、乌江、湘江、汉水、赣江的水质以及泥沙携带情况看，总体上是较好的。除去湘江注入洞庭湖、赣江注入鄱阳湖、大渡河注入岷江间接进入长江外，其他支流同长江交汇处的水质都较清。唯独盘龙江与安宁河先行汇合后进入金沙江时是十分混浊的。盘龙江在进入攀枝花之前，河道上修建了二滩水电站，盘龙江出电站的水库后，水质高度澄清，但就在它即将流入金沙江时与安宁河汇在了一起，两河相汇时，形成了明显的分界线，一条是青龙，一条是黄龙，最后形成了大混合，以明显的黄龙面貌，携带大量泥沙进入了金沙江。安宁河发源于四川凉山州的东中部，流经黄土冲积的河谷地，在当地经济十分落后，百姓砍树作柴，垦草地种庄稼的情况下，泥土流失比较严重，但这同黄河的泥土流失相比，只是小巫见大巫。

黄河与长江相比，因其所流经的地方多在中国北部，干旱少雨，而且又是黄土高原地区，所以造成黄河水的平均含沙量高出长江 30 倍。黄河的年平均径流量为 580 亿立方米，实则进入黄河下游的平均水量仅为 468 亿立方米，黄河水量相当于长江水量的 1/17，而泥沙总量却高出长江 10 亿吨以上，平均河水含沙量高达 35 千克/立方米，这同世界上输沙量最多的印度的恒河相比，高出近 10 倍，同美国含沙量最高的科罗拉多河相比高出 12 倍。黄河在全世界 13 条输沙量最多的河流中，其输沙量和平均含沙量均居世界首位。进入黄河下游的泥沙，平均每年 16 亿吨，将其垒成宽、高各 1 米的墙，可绕地球 27 圈，仅在山东黄河入海口的垦利县，每年仅靠淤积造地 3 万亩。

黄河水的泥沙量，不仅说明黄河水混之严重，而且也告诫人们黄河沿岸及流域生态情况之恶劣。下雨天一条条混浊的激流像万马齐奔，这不仅使本来就不多的雨水被流走，也使黄土高原被切割得支离破碎，千疮百孔。水土大量流失，植被严重破坏，小气候变得更干燥，土地不断沙化和减少，群众生活变得更贫困。据悉黄河沿岸有 2/3 的县是贫困县，仅黄土高原地段就有 126 个国家贫困县，含贫困人口 2300 万人。

除去泥沙严重外，污染也十分严重，甘肃、宁夏黄河水多为四类，到了陕西渭南，渭河水质比五类还要差，周围地下水被污染，沿岸出现了用水困难。

因此，无论从减少黄河泥沙、治理黄河污染考虑，还是从改善黄河沿岸生态环境、构建和谐社会促成沿岸百姓脱贫着眼，都应该把黄河沿岸的生态环境建设作为生态现代化战略的首选地，作为促进生态现代化的工作重点。

三、退耕还林见成效，加大力度更必要

最近，本人随全国政协常委视察团，从青海高达 4000 多米的日月山，走到了山东东营的黄河入海口，用了 24 天，历经 1 万千米路程，沿着黄河驱车走一遍。

我们所到之处，不仅看到了西部大开发的新成绩、新面孔，也看到了退耕还林、退牧还草创造的新奇迹。从青海高原到鄂尔多斯；从陕甘宁交界到渤海岸边，的确有不少林带、绿洲或湿地都是西部大开发以来，通过退耕还林、退牧还草才得以出现的。在青海海南州德保县的塔拉滩，我们看到了一

片防风固沙的8800亩的防护林，这是在一个沙漠的一角，通过对树苗深埋1米的办法育出的杨树林，树林已长出2米多高，草场植被得到恢复，沙漠移动得到控制。甘肃刘家峡水库边的黄土高坡上，通过节水灌溉，也长起大片的树林和花卉，盛开的牡丹花和芍药花格外迷人。就连山西最北处的偏关县，人们形容这里是“山像鸡爪爪，地是鱼鳞甲，晴天风沙刮，雨天洪水发”，而在国家退耕还林的政策出台后，这里已搞起诸多生态工程，已建起8处10万亩以上的防护林，全县林木覆盖率已达37.5%。尤其在陕北由神木经榆林到延安的包茂高速公路旁，我们还看到昔日绵延数百里的沙丘，在退耕还林、退牧还草后，已全部长满了红柳、沙打旺、柠条、沙棘和野草。出现了“山变绿、水变清、田变平、路变通”的新景象。

所有这些，都使很多人受到鼓舞。特别是对曾经怀疑沙漠能否绿化，西北能否山川秀美的人，这是一次很大的教育和启发。人们更加相信只要舍得投入，坚持退耕还林、退牧还草不动摇，并进一步加大力度，突出重点，黄河两岸的生态建设一定有希望。

迄今，黄河流域七年间累计退耕还林1.24亿亩，8年累计投资388亿元，但这对辽阔的青海高原和夹带有大面积沙漠的西北的黄土高坡来说，离彻底的根治泥土流失，土地沙化和营造生态良好的秀美山川还相去甚远。退耕还林、退牧还草及减少泥沙向黄河流入的任务还十分艰巨。

特别是黄河中游陕、甘、宁和蒙、陕、晋的交界处，大约有7.86万平方千米的地区，这是黄河泥沙集中的来源区，也是对下游黄河淤积影响最大的粗泥沙的发生地。这个地区年产泥沙11.82亿吨，占到黄河每年泥沙产量的62.8%。因此，治理这个地区的水土流失，减少这个地区的高山耕地和放牧，实行退耕还林、退牧还草、封山育林和在山谷间修筑淤积坝等将对减少入黄河泥沙、减缓下游淤积、减轻黄河灾害、改善黄土高原生态环境、营造西北秀美山川有着重要的意义和作用。

西部开发以来，退耕还林、退牧还草的资金使用是不够突出重点的。我走过一些东部和南方的一些省区，那里雨水充足、山清水秀，他们都曾向我炫耀说，用退耕还林专款，改造了耕地，营造了果园。这说明退耕还林的专款没能真正地“雪中送炭”。为了加快黄河沿岸及其流域的生态建设，用黄河流域的生态现代化确保全国的生态现代化，必须要继续实施退耕还林、退牧还草政策，并需加大投入、加大力度、突出重点，通过集中力量打歼灭战的办法使陕、甘、宁和蒙、晋、陕相交处的生态环境早日得到改善，让秀美山川在这个地区早呈现。

四、改善生态人为本，项目建设要富民

生态现代化战略，是“以人为本”的战略。

生态现代化是为了人的生存和发展，因此，黄河沿岸及其流域的生态现代化，一定要坚持“以人为本”，要关心人，爱护人，特别是要关心黄河两岸的弱势群体、牧民和农民。要按照“权为民所用，情为民所系，利为民所谋”的要求，搞好黄河沿岸及流域的生态建设，把发展好、维护好最广大群众的根本利益作为我们实施生态现代化战略的出发点和落脚点。

有人说，为了保护黄河沿岸的生态，就应该限制黄河沿岸的发展。实际上这种说法，并不利于黄河沿岸的生态建设和发展。除了黄河源头另当别论外，要改变黄河流域的生态，就必须推进这里的经济发展，只有经济发展了，才能有经济实力确保这里生态环境的改善。

事实上，现在黄河沿岸的大开发，已经给沿岸的生态改善增添了活力。很多水、电、煤、油、冶金等项目的蓬勃兴起，不仅带动了地方交通条件的改进、财政的增收和城市面貌的变化，而且也使企业员工及企业所在的小环境大为改观。现在的问题是沿岸的普通百姓还很穷，需要解决的是要使开发项目同富民相结合。

在黄河沿岸，虽然兴起了很多大项目，但黄河沿岸还有 2/3 的县是贫困县。在山西，各种各样的企业在这里每年挖走煤炭 6 亿吨，但山西沿黄河的 28 个县，农民收入超 1000 元的只有 14%，53%的农民收入只有 600~1000 元，还有 33%的农民收入在 600 元以下。山东沿黄河 25 个县，人均 GDP 和人均财政收入同非沿黄河县市比，分别相差 6 倍和 12 倍。

在青海，沿黄河修了多个梯级水电站，作为企业取得了很大效益，得到很多好处，而作为百姓，为了支持建设水电站，从祖辈生活过的好地方，或向后靠，或往高移，而得到的补偿十分有限。电站建成后，这些百姓生存环境不仅没改善，而且变得更困难。当地有“三望三叹”之说，一是望水兴叹。水库修起后，农民吃水用水反倒更困难，今天要么要用高价水，要么就是没

水吃。二是望电兴叹。本来百姓看到国家要在身边建电站，无不兴高采烈，而电站建成后，为电站做出贡献的农民却享受不到任何优惠，身在电站边上，用的电和城市一样贵。三是望站兴叹。电站建起后，电站职工不仅有高收入，而且还享有用大量的资金打造的好住宅、好环境，当地百姓同他们比起来一个是天一个是地。这怎能不让人望之兴叹？

在陕西榆林，那里因为发现了大煤田和大油田，他们有些人自豪地讲，我们这里就是“中国的阿联酋”，政府财政收入和城市面貌变化之快的确十分喜人。尤其油、气、煤的开采和加工企业，其办公大楼之豪华，职工生活环境之好、收入之高让人惊叹。但是，迄今，占这里人口绝大多数的农民年收入只有 2200 元。我两个月前去过中东的沙特和阿联酋，人家在采油增收后，并没有忘记百姓。我在沙特参观时，他们指着大片的住宅区，说是政府建好后送给百姓的，而且今年还要再建 150 万套住宅，准备送给那里的普通百姓。而我们的企业和项目的发生地，是否也仿效一下沙特和阿联酋的做法，关注一下平均收入还不及全国水平的当地农民呢？

为了更好地落实科学发展观，促进和谐社会的构建，十分有必要促进项目建设与富民相结合。一是需要尽快把几十年来形成的农业支援工业的观念转变到工业反哺农业上，按照工业反哺农业的原则，去建设工业、开发资源，使项目建设为致富人民做贡献。二是需要改革税收政策，对进行水、电、煤、油开发的企业，要么实行在开发地注册公司、税收交注册地的办法；要么实行地方参与所得税、增值税的分成，力争中央、地方各取一半。三是涉及资源开发项目，应给地方或百姓赠送干股，或实行地方或百姓以土地入股的办法，然后共同承担贷款责任，共同参加管理和分红。四要建立补偿机制，对造成资源受损、生态破坏、水位下降、空气污染的企业，要在其销售收入中切取一定份额，对百姓进行补偿。

五、黄河“水少”是关键，开源节流要并进

黄河水本身有“混”的问题、“脏”的问题，有时也有“多”的问题，而更重要的是“少”的问题。“水混”的问题，已如前述，需通过退耕还林、退牧还草来改善。“水脏”的问题，特别是作为其支流的渭河的污染治理，需要通过对污染企业的关停减排来解决。“水多”可能导致洪水泛滥问题，已经

通过多座水库的建设，得到了管控，很多年不曾发生。现在最难办的还是“水少”问题。作为生态现代化战略关注和介入黄河问题的时候，一定要在“水少”方面下功夫。

黄河流域仅保有全国2.5%的水资源，却要保证全国12%人口和15%耕地的用水量，沿岸50多座城市和420个城镇的生活生态和工业全都依赖这点水。黄河流域人均水资源为647立方米，水资源的可利用量为每人403亿立方米，这个数字不到世界人均水资源量的1/4，比世界最缺水的国家索马里人均水资源量还少300多立方米。

为了节约用水，国家和沿岸地区作了大量工作，例如国家实行了水量分配制度，对各省区实行定量供应。又如宁夏为了节约用水，一是在海原、中卫等地推行了压石块节水保墒种西瓜的技术，使不能种庄稼的干旱土地，种上了70万亩西瓜。二是开始用纸厂废水造林，在中卫市靠近腾格里沙漠处造出30万亩杨树林，并形成一个鸥鸟成群的淡水湖。三是实行了水权转换制，并在农村建立了水协会，促进了农村节水，将农民节约下的用水量，转卖给工厂，既增加了农民收入，又保证了工业发展的水需求。另外，在内蒙古我们也看到一些企业，完善了污水处理设施，使“中水”得到了重复利用。

但是，不能不看到，黄河沿岸浪费水的现象也还十分严重，有些地方农业用水还采用大水漫灌的方式。很多地方水蒸发量高达2000毫米，但还在发展水稻种植。也有一些地方，为开发旅游，建湖泊、建运河，造成水资源浪费严重。在黄河水的管理上，虽然划定了各省区的用水量，但是，并没有具体分配和管理办法，有的地方由黄河分出的取水河敞开放水，被当地人称作“第二黄河”的排水量，从表面看比黄河的水流量一点也不少。我们在一些地方考察中，还发现公路两侧的荒地上，出现有数十米宽，十几千米长的漫水带。

为了使有限的黄河水资源能够更好地保证沿岸的生态现代化，并满足西部开发中工农业发展的需求，很有必要采取有效措施，从节约用水和补充水源两方面，解决好黄河沿岸的“水少”难题。

（一）节约用水方面

一是要尽快出台黄河水的取水管理法规，建立水资源管理监控网络。可以按流量断面控制，使配水的限量定额得以保证。尽快改变现在有定额无监控的现状，消除实际上的自发取水、滥用水资源的现象。

二是要千方百计提高水的消费效益，尽量提高农业用水效率。力争减少大水漫灌，引进先进的农业灌溉设施。依照节水需求，调整农业种植结构，发展低水耗和高效率的作物种类，推广利于保墒节水的地膜、喷淋及滴灌技术。

三是要严格控制超采地下水的发生，研究和开发因矿产开采导致地下水位下降的防治技术；加快城市工业节水技术与设施的推广；搞好中水回收和污水处理；尽力保护好地下水资源免遭破坏，提高水资源的重复利用率。

四是要推广水权转换经验，对节约用水的农民和企业，可允许进行水权转换，推动水资源由低消费效益行业向高消费效益行业转移。

（二）开辟新的水源方面

一是要高度重视黄河水继续减少的现实，面对黄河源头玛多县原有 4000 个湖泊已减少到 400 个，并已导致近 10 年来黄河水流量同 20 世纪 70 年代相比减少 23%的实际情况，要采取紧急措施。可考虑将玛多县及附近几个县的牧民全部迁出，对黄河源头进行封坡育林、育草，恢复植被、湖泊，防止土壤沙化，遏制水源继续减少，搞好涵养水源、增大黄河水量。

二是要立足于黄河沿岸大发展及其流域的生态现代化，需下决心早一点启动西线调水工程，或从雅鲁藏布江或从盘龙江实行南水北调，扩大黄河水源，增加黄河水流量。通过节流与开源并进，解决好黄河沿岸的“水少”危机。

总之，生态现代化战略以黄河流域为重点，这不仅是必要的、可行的，也是可以大有作为的。黄河流域的人口占全国人口的 24%，没有黄河流域的生态现代化，就不会有全国的生态现代化。下决心把黄河沿岸的生态现代化搞上去，就一定会使全国的生态现代化发生根本转变，为全局的生态现代化作出大贡献。

（原载《人民政协》）

关于大力支持青海退牧还草与种林护沙的建议

2007 年 9 月

最近，在青海的考察中，既有喜也有忧，喜的是改革开放和西部开发使青海迎来了新机遇，呈现出新面貌；忧的是经济的发展、人口的增多使环境与生态面临更大的风险。在青海考察的曲折漫长的路途上，我们更多看到的还是严重退化的草原和寸草不生的高山。草原上不时可以看到被放牧的一群群白色的绵羊和一群群黑色的牦牛，正在很不景气的草地上啃着那孱弱的小草，有的甚至在雪地上透过白雪要把那里的草根吃掉。

由于人类活动增多和放牧的过度，很多地方生态环境已经超越了草原承载能力，草原已呈现出恶化趋势。

一是黄河两岸水土流失严重，地方的同志告诉我们，这里土壤侵蚀面积已占到青海黄河流域的 38%，每年流入黄河的泥沙量高达 8814 万吨，黄河干流中每立方米水的含沙量高达 1. 8 千克。

二是土地沙化、草场退化速度正在加快。一位副省长对我们说，黄河沿岸沙化面积已达 1. 78 万平方千米。我们去到的共和盆地的塔拉滩、木格滩，草原沙化面积已经占到两滩面积的 73%，草地草量下降 30%~50%。

三是冰川后退，湖泊干涸，沼泽萎缩。我在没到青海之前，就曾看到资料写道，黄河源头第一县的玛多县，20 世纪 50 年代有湖泊 4000 多个，到了 90 年代已经减少到 1000 个。这次到青海后，地方的同志告诉我们，现在实际只剩下 402 个。也就是说，作为黄河水源地的玛多县的湖泊已经有 9/10 干涸了。当我们问及玛多县湖泊减少对黄河水流量有无带来影响时，陪同我们的省里领导说，黄河在青海境内年均流量，近十年来同 70 年代相比，已减少 23. 2%。

当看到和听到这些很不景气的现状和数据时，使我们倍感担忧。黄河作为中华民族的母亲河，她孕育和支撑了整个中华民族的繁衍和发展。水作为生命之源，有水才有万物，有水才有生机。看着一天天萎缩的黄河之水，一片片被沙化的草地，我们岂能掉以轻心！

考虑到保卫中华母亲河对我们经济社会发展的重大意义，建议一要高度重视青海草场的保护。要保护草场，必须要退出草场，要使水源地的人畜撤出来。对草场进行封闭，就像封山育林那样，只要人畜不再去吞食它，破坏它，草场就会复苏，水源地就可得以保护。鉴于这里人口数量并不太大，涉及的牲畜头数并不太多，根据我们的国情，现在完全有能力这样做。二要种林护沙，对已经沙化的草场，要种植更多的防护性的灌木林。根据当地试验，将要种的林木，深埋一米，就能取得造林的成功。需要组织专门队伍，推广现有技术，加大种林护沙技术。三要加大对青海生态建设的投入。需要认真计算应退出草场的牲畜和人数及每年需要种林护沙的总亩数，按实际需要，加大国家财政支持力度。

（原载《全国政协提案》）

搞好创新和继承　促茶文化更繁荣

2007 年 10 月

茶在人类的生存与生活实践中，占有十分重要的地位。我们常说，开门七件事“柴、米、油、盐、酱、醋、茶”，最后一个就是茶字。茶是人们生活的必需品。

中国是世界上最早饮茶和种茶的国家之一。孙中山指出“中国曾为以茶叶供给全世界的唯一国家”“最良之茶惟可自产茶之母国即中国得之”。一些外国文字中关于茶的取音，多是来自中国茶的发音和方言。例如俄语中的Чай 就是中国茶的同音语，英语的 Tea 和法语中的 Tea 也是来自中国福建、广东对茶的方言读音。

据《茶经》记载，远在公元 770 年的唐代，浙江长兴就已经生产为皇族使用的贡茶了。长兴产的紫笋茶，向朝中续贡 800 多年，最高年贡额高达 18000 千克。顾渚山的贡茶院作为中国最早的贡茶烘焙加工的场所，不仅反映出中国茶叶种植历史之悠久，而且反映出茶叶加工、茶叶产业远在 1230 年前就已经在中国建立和形成。

迄今，中国年产茶叶高达 114 万吨，年出口茶叶 30 万吨，出口总值达到 6 亿美元。现在全国生产茶叶的省份达 17 个之多。中国茶的品牌高达数百种。从茶的种类看，不仅有红茶、绿花和白茶之分，而且有茶饼、茶块、茶砖、茶叶等多种造型。最有名的龙井茶、毛尖茶、乌龙茶、毛峰茶、普洱茶等已名扬海内外，深入百姓心。最近开发的茶树花茶，更是独具特色，用茶树花作茶叶受到人们的欢迎。

中国茶文化内容丰富，含义高深，中国的《茶史》《茶经》《茶诗》《茶歌》《茶具》《茶艺》《茶人》《茶馆》《茶都》《茶山》《茶场》《茶路》等到处可见。特别是改革开放以来，随着人们收入的增加、生活水平的提高，经济活动更加频繁，茶文化得到了进一步的繁荣和发展。饮茶不仅是人们生活的一个组成部分，而且也成了人们休闲、消遣和商业活动的载体和媒介。特别在成都等地，茶馆成了人们会客、交友、联络生意、交流信息、商务洽谈的重要去处和场地。

伴随科学技术的发展，人们进一步发现茶叶的构成对人体十分有益，其不仅含有对人体有益的微量元素和维生素 B1、维生素 B2 和维生素 C，而且还含有抗氧化、抗衰老的茶多酚，主要是儿茶酚。有人证明，饮茶可以改善肠胃功能，调节新陈代谢，增强免疫能力，可以延年益寿。李时珍在《本草纲目》中记载“茶苦而寒，最能降火，火降则上清”。还有试验证明，茶叶中的儿茶酚可以抑制皮肤炎症，抑制皮肤乳头瘤的增生，有利于预防血管硬化等。在美国经过 500 人的临床试验后，儿茶酚被美国 FDA（食品和药物管理局）批准为处方药物。因此，茶叶已不仅仅是作为食品供饮用，而且可以作为药品被使用。

自古以来，茶叶就是重要的商品内容。因为它不是所有地方都能够生产，做到自给自足，所以和食盐一样，茶叶是在大范围流动的重要商品。茶叶不仅供给国内，而且还销往世界上很多国家。山西的晋商是从食盐的销售开始的，皖南的徽商是从做茶叶起步的。后来，他们都成了茶商、盐商、丝绸商等。因此，茶叶促进了人类的商业活动，它对商业的发展、商道的形成起了重要的推动作用。按今天的话说，茶也促进了服务业的发展和物流业的形成，促进了市场和商业的繁荣。

近两个月来，我跑了两次云南怒江，在怒江由西藏流进云南的接壤处，那个地方叫丙中洛，在丙中洛的雾里村，我看到了十分壮观的茶马古道。古时候，由香格里拉（中甸）的德钦到西藏，必须经雾里村秋那桶到达西藏。可这里山高水深，下面是大峡谷怒江，上面是碧罗雪山，人们为了运云南的茶叶到西藏去，不得不从这里穿过。于是就在山体上横切一个通道，一人多高，从那里走过时，好像进了半个山洞，唯独旁边是万丈深渊，下边流着湍急的怒江水。一片小小的茶叶，有如此大的推动作用，不仅是推进了物流，也推进了交通道路的建设，至今那里还标识着“茶马古道”。

事实上，茶叶对一个地方农村经济的发展所起的促进作用是十分明显的。一般来说，产茶叶的地方，多在山区，山区多是经济落后的地方，而产茶叶的山区，往往是相对比较富裕，经济也相对繁荣的。我在福建的福安和武夷山、湖北的襄樊和武当山、河南的信阳和大别山，还有安徽的安庆和黄山、四川的雅安和蒙山等产茶盛地，既看到了茶叶市场的兴旺发达，也看到了茶文化的厚重和繁荣，茶叶不仅带动了地方经济和物流业的发展，也促进了地方百姓的致富和农民的增收。因此，我们不能小看茶叶的重要作用。一片小小的茶叶，其延伸的产业链条很长，要重视茶叶在地方经济中的龙头作用。产茶的地方要充分发挥茶叶之长，带动旅游休闲、食品医药、商业贸易、文化产业、物流运输和交通道路的更好发展。

今年是我国改革开放 30 年，这 30 年我国人民在中国共产党领导下，高举邓小平理论旗帜，取得了举世瞩目的成就，我国的 GDP 已从 7800 亿元增加到 23 万亿元，迄今我国 GDP 总量已跃居世界第四，对外贸易进入了世界前三强。现在全国都在总结改革开放的经验和展开进一步开放的大讨论。在这时候举行茶道与商道论坛，不仅是必要的，也是适时的。我们应该抓住“传统与未来”这个主体，一方面对我们的茶文化、茶经济的好传统，搞好继承，另一方面要面对改革开放的新形势，搞好技术与管理的进一步创新。像浙江长兴这样的地方，1230 年前就有了贡茶院，就有了茶叶的加工厂。在民间、在社会积累经验十分丰富，我们要珍爱历史，不能妄自菲薄，要认真总结和继承好传统、好经验，使其得到弘扬和推广。长兴连续多年举行茶文化节，并且在顾渚山建起了贡茶院，说明长兴是重视继承传统的，这方面工作做得是好的。我们中国各地的茶文化有很多内容，各具特色，需要更全面的总结和继承。

当然，继承不等于抱残守缺和在低水平上重复。继承就是要在充分挖掘传统优势、传统特点的基础上，用当代的新技术、新装备和用各种各样的新思维改造它、发展它、完善它、提高它，这就需要创新。

当今，我们进入了一个科技爆炸时代，我们做事情、谈问题都要注意创新。创新是一个民族的灵魂，是一个国家兴旺发达的不竭动力。对于中国的茶文化和茶经济来说，能否再创辉煌和振兴，关键要看创新工作如何做和做得如何。

要搞好创新，一是需要有创新环境，首先要有一个思想解放的大环境，茶叶产业需要进一步克服小农意识，要广联系、多交流、开眼界、创思维。要聚集人才、尊重人才，大力提高行业人的素质，提高经营管理水平。要在人才素质增强的基础上，加大向上、向下、向左、向右、向前、向后及同国内、国外的沟通、合作与交流。只有这样才能促进创新，扩大创新，才能向规范化、科学化、现代化、国际化发展和挺进。

二是要重视自主创新，并抓好集成创新、移植创新、消化吸收再创新。现在很多行业有很多新技术，如何把这其中一些有用的技术移到茶叶产业的发展上来，这将是当务之急，也是茶叶经济能否振兴的重要条件。

这里我要特别讲一下移植创新。改革开放以来，我们国家不仅引进了数以万计的各种技术和装备，而且也研制出数以十万计的专利和工艺。茶叶行业应认真审视这些技术和装备，争取更多地向茶叶产业移植，做到拿来为我所用。

我是搞微生物化工的，我们这一行用琼脂平皿培养微生物已有 200 多年的历史，但行业内的人从未想到用它去培养高等植物，而高等植物行业把这一技术移植到他们的领域后，用琼脂平皿培养植物茎尖和叶片后，就创造出了组织培养新技术。现在这一技术不仅被用于土豆脱毒，而且还被大量用于植物的快速繁殖等，创造了巨大效益。有没有那些技术可以移植到茶叶行业呢，我相信是有的，是可以通过进一步创新迎来茶文化与茶经济的进一步繁荣的。

在吸收先进技术和进行自主创新中，还要打破思想的禁锢。例如在中国人们常说“不喝过夜茶”，其理由是什么并不清楚，但它抑制了我们把茶开发为饮料来销售。后来发现日本人把茶叶做成饮料，摆满街头后，我们的茶饮料才得以兴起。

还有值得一提的是，聚集人才问题。所有重大的事件，都是由一种思想火花开始的，而这种思想火花不是天上掉下的，常常是多种思想认识和观念在一起碰撞产生的。世界上所有发达的地方都是人文交汇的地方，各个人种、各种肤色、操各种语言的各国、各地的人在一起相聚，必然要有思想观念与认识的碰撞，这样火花才能产生，创新的烈火才能形成。一个企业、一个科室、一个政府都要克服用人方面的地方观念、家族观念、战友观念、同学观念，要让四面八方的人走进你的企业、你的科室、你的政府。要向全国、全世界募集人才，促进人文交汇，促进人才聚集，这样就一定会带来更大的发展动力和效益。

总之，茶道与商道论坛，应该关注“传统与未来”这样一个主体，要紧握继承与创新两个抓手，才能创茶文化的更大辉煌。最后，祝愿古老的中国茶都长兴在进一步改革开放的推动下，迎来更大发展和繁荣！

（原载《中国经济》）

关于怒江水电开发情况的反映和建议

2008 年 3 月

最近，在怒江水电开发的争论达到白热化的情况下，我于 3 月自费赶到云南，由保山沿怒江北上，直至云南与西藏的接壤处，并深入到部分支流的内部，对怒江水电开发情况进行了为时 7 天的实地调研。一路上听取了不少干部群众关于怒江开发的反映，看到了不少怒江开发的具体情况，深感问题十分严峻，形势格外紧迫。

一、反对怒江水电开发是一种真情和责任，但专家学者、有识之士实难同利益集团进行比拼

怒江发源于唐古拉山南麓，上游叫黑水河，流经西藏入云南后称怒江，南行入缅甸后称萨尔温江。怒江全长 3200 千米，中国境内 1540 千米，在怒江州境内长约 360 千米。怒江州内还有一级支流 60 多条，蜿蜒奔腾于怒江两岸。由于江水落差大，水流急，有较大的水电开发潜力。因此，进入 21 世纪以来，水电开发单位出于利益的驱使，对开发怒江水电垂涎三尺，跃跃欲试。另外，怒江又是 2004 年被联合国批准的“三江并流自然遗产保护区”。按照怒江州委书记段跃庆的说法，怒江是“自然地貌博物馆、生物物种基因库、人类文明处女地、民族文化大观园。”遏制怒江的水电开发，不仅是保护自然遗产，保护物种基因，保护民族文化的需要，也是维护中国政府尊严、履行中国政府庄重承诺的神圣职责。很多有识之士、专家学者、环境保护工作者基于为国分忧的责任和真情，意识到水电开发将使中国最后一条没被水坝截断的河流再一次因水坝的高筑、水库的淹没造成生态、物种与民族文化的损毁和破坏，从而对怒江的水电开发提出了反对意见，希望把这唯一没有修坝的河流留下来。温家宝总理曾在有关上报的开发计划上作出了严肃批示，要求“慎重研究，科学决策”。

但是，由于保护怒江的有识之士、专家学者所面对的是资本雄厚且背景复杂的电力公司和有权有势的利益集团，在“弱势”对“强势”的情况下，“力主保护”同“力主开发”之间，形成了很多干部和群众所讲的那种“鸡蛋撞石头”“胳膊扭不过大腿”的情况和局面。与此同时，我们有关主管部门的某些工作人员也受到利益集团的影响和左右，较少重视有识之士和专家学者的反对意见。2004 年温家宝总理作出批示后，有关方面也曾组织专家团到怒江进行调研，但当有人不赞成开发怒江水电时，便被排斥在研讨会议之外。其中，当时被选派参加调研队伍的生态组负责人，中国科学院植物研究所首席专家蒋高明被排斥就是一例。

事实证明，“力主保护”与“力主开发”的争论，实际上既是一场利益的博弈，也是一次实力的较量，作为专家学者、有识之士的弱势群体，实难同资本雄厚、权势兼有的利益集团进行比拼。

二、怒江的水电开发在地方政府的支持下，现已如火如荼地全面展开，怒江的环境已是千疮百孔，惨遭严重破坏

近日来，种种迹象表明地方政府或出于创造政绩的冲动，或因受到利益集团的说服，开发怒江水电的决心已经下定。为了制造舆论，否定专家学者和有识之士的有关论述，地方政府从北京请来了曾将中医药作为打假对象、肆意否定中国传统医药的“打假专家”方舟子、何祚庥，到怒江用很短时间转了一圈后，便返回北京，在凤凰电视台进行“打假”。地方的民族弟兄告诉我们，“打假专家胡言乱语”，实则是上演了一场“以假打真”的闹剧。由于地方政府的开发冲动，现今怒江的水电开发在没获得中央正式审批，更没有公示环评的情况下，实际上已经如火如荼地全面展开。

从怒江各县水利局长会议交流材料得知，截至 2007 年 1 月 31 日，仅泸水、福贡两县就已签订协议出让了 44 条河流的水电开发权，拟建电站 60 座，投资 42.5 亿元。有人估计，迄今，整个怒江州出让的河流已经超过 60 条，拟建电站已经超过 80 座，投资总额预计高达 80 多亿元。沿怒江两岸走过时可以看到很多水电站已在江岸立起。为修电站进行的开涵洞、挖沟渠、修道路、架桥梁的工程随处可见。两岸本来绿茵如盖的青山，现已被搞得千疮百孔，很多地方被黄土、乱石覆盖，有些工地还把大量的黄土和石块倒入江中。

不仅干流两侧如此，一些支流也出现了同样情况，沿支流亚目河向西前进，走了不到30千米，就遇上电站3座，有的已经建成，有的正在施工，凡建电站之处，都要毁林、炸山，怒江生态正遭受一场前所未有的破坏和劫难。

怒江干流的电站工程，实际上也在开始启动，一是保山市境内的赛格电站，除了打洞勘测外，为电站筑路架桥的工程已经开工。怒江州境内的六库水电枢纽工程的前期工作也已开始，中国水电第一工程局正在修建为六库水电站提供服务的瓦库公路。地方政府还为水库的兴建对小沙坝村进行了移民搬迁。当地一些对开发怒江电站持不同意见的人，现在都对我们敬而远之，不敢讲话了，一些对搬迁、移民有意见的村干部也受到了监视，难以出村。总之，怒江水电大开发似乎形势已定，万马齐喑的情况使我们感触尤深。

三、人们怀疑水电开发可以致富本土居民，与其环境破坏后水电收益又被利益集团带走，还不如走旅游开发让公众受益的道路

前不久，“打假专家”方舟子在凤凰电视台大放厥词，说什么开发怒江水电是“为了不再让怒江百姓饿肚皮、穿兽皮”。也有地方领导跟着学舌，重复如此论调。这些话在电台报纸传出后，引起了怒江人民的愤怒，在福贡一位叫小江的傈僳族朋友对我们说，“这纯属对怒江人民的污蔑”。同时，怒江还有几位朋友讲，怒江水电开发很难给怒江人民带来好处，根据他们的体会和观察，怒江人民不仅难以从水电开发中致富，而且还可能出现民族文化的丢失、生存环境的转恶和切身利益受损。

现在怒江已有一大批水电站正在建设，也有一些电站已经建成。但在电站建设中很少雇用当地的农民工，电站建成后就更难为本地创造就业机会。我们看到一些农民工在一个山下为电站建设运沙子，一群傈僳族妇女每人每次要背上百斤的沙子，向既无道路又十分陡峭的山顶爬去，干一天才只有30元。而我们同电站的工人交谈时，他们讲，电站内的技工工作1小时，工资200元，一般的电站工人工作1小时，工资100元。相比之下，当地农民工干3天还赶不上电站内工人工作1小时的收入高。电站运用这种对本地人进行榨取和剥削来养肥自己和为少数人创造巨额利润的做法，让当地人怀疑水电开发可以致富本土居民。

我们在一条怒江支流上看到三个电站，虽然有些输电线从附近农民的房前走过，但农民家里却没能用上电。像这种情况我们去年在青海省调研时也遇到过，农民为支援“国家水电建设”让出了土地，提供了方便，但在电站修好后，农民不仅因失去河滩上肥沃的土地变得更穷了，而且离水也远了，用电还不如城市人方便。于是出现了望水兴叹、望电兴叹、望站兴叹的“三望三叹”。

我们刚走进怒江州首府六库镇的第一天，就有人向我们送上了六库镇小沙坝村 97 位移民签名的意见书，他们讲，“过去没有搬迁前，就算在外一个月挣不到一分钱，也可照样生活几个月，因为在村里还可以发展种养业，而今搬到新村后，连块菜地都没有，不要说养猪、养牛了，就连吃一根葱，也要花钱去购买”。如此造成了农民的紧张和忧虑。面对这种情况当地有人向我们反映，与其环境遭破坏，水电收益又被利益集团带走，还不如让怒江走旅游发展，让公众受益的开发道路。

大自然的神奇造化，使地处横断山脉的怒江州，既嶙峋壮观又风光旖旎，夹在碧罗雪山与高黎贡山之间的怒江大峡谷世界罕见。怒江在人们心目中既神奇又美丽，是一个旅游好去处。特别是怒江漂流完全可以打造为世界知名品牌。考虑到怒江旅游资源丰富，旅游特色突出和我国今后十几年旅游人数将成倍翻番的具体实际，我们很同意怒江地方同志的建议，应该让怒江走好发展旅游让公众受益的道路。

四、节制水电开发，保护旅游资源，加大国家支持力度，建好五条旅游路线，让怒江人在共享改革开放成果中得到发展

据国家旅游局推算，我国的旅游事业至 2015 年将迎来巨大发展。届时，到我国旅游的外国游客将达 1 亿人，国内旅游人数将达 28 亿人次。这一成倍增加的游人不仅要吃、住、行，而且还要游、购、娱。旅游业的发展将给我国的经济发展，特别是交通运输、宾馆、餐饮等带来前所未有的好机遇。同样，也会对游览、娱乐开拓出更加广阔的新天地。如前所述，怒江作为世界自然遗产的保护区，作为地貌的博物馆、物种的基因库、民族文化的大观园，一定会以她神奇而美好的名声，迎来旅游业空前的大发展。

因此，我们对怒江的开发和怒江人民的致富战略，绝不能仅寄希望于难以指望的水电开发上。应该把战略重点坚决、快速地转移到旅游事业上。为此，一定要把怒江生态环境和民族文化资源的保护提上政府工作的议事日程。拒绝利益集团的说服，节制水电开发。现在仅怒江支流的水电开发已经远远超越了怒江的电力需求。因此，怒江干流的水电开发应坚决予以止步，这不仅是发展怒江旅游的需要，也是坚持可持续发展、对子孙后代负责的保证。今年元月，我去澳大利亚布里斯班考察时，那里因为缺水每人每天洗澡时，只能供水 4 分钟。这个城市地下水十分丰富，但是为了子孙后代用水，他们暂不予开发。澳大利亚的这种做法值得我们学习和借鉴。

为了使旅游这一怒江的战略产业更快崛起，需要国家财政、金融加大扶植力度。特别在打造交通条件方面，国家需打破常规，采取特别措施，尽快使怒江在空中、陆地两方面与内地接轨。最近，怒江提出了五条精品旅游路线，即昆明—大理—怒江大峡谷风情风光旅游线；怒江大峡谷—迪庆—丽江生态旅游线；腾冲火山热海—怒江大峡谷生态文化大众观光旅游线；怒江大峡谷—西藏察瓦隆—独龙江自驾车旅游线；大理—剑川—兰坪—德钦三江腹地旅游线。为了使五条精品旅游线能早点开通，应大力支持怒江贡山到西藏察隅的公路建设、贡山到德钦的公路建设、怒江六库到中缅边界片马口岸的公路建设。更要支持怒江州扩宽怒江两岸的公路和提高怒江深部各有关旅游的道路等级。此外，还要修好保山到六库的高速公路，早日规划怒江机场，使怒江尽早进入滇西、滇藏、滇缅旅游圈和大理丽江、剑川、德钦旅游圈。为海内外各方人士进行遗产生态游、民族风情游、科考探险游创造好条件与环境。最终通过实现旅游大战略、推动旅游大发展，提高怒江的经济社会发展水平，使怒江近 50 万民族姐妹和弟兄共享改革开放成果，过上幸福生活。

（原载《中国改革内参》）

关于在农村大力推进农民入股的公司制合作实体建设，以确保农业安全的建议

2008 年 3 月

从 1987 年起，我作为国家“星火计划”的实施者——中国星火总公司总工程师，曾授命随国家科委副主任杨竣同志去日本和欧美等国家考察过国外的农村经济组织形式和农业产业化经营状况。进入 21 世纪后，我作为全国政协常委，又先后随同全国政协李贵鲜、罗豪才等领导或单独率团对各地的农业产业化进行过多次调研。最近，我又在云南、广东、安徽等地对农业经营方式和土地流转情况作了一些考察。

现就我这 20 多年来，对我国农村问题积累的研究、观察和思考，并结合国外的做法和经验，对农业经营模式的改革提出如下建言。

一、一家一户的小农经济模式是我国“三农”严重滞后和城乡差距继续拉大的总根源

古今中外的经验证明，不管什么地方和行业的发展，都必须靠投入和市场的双轮驱动。在投入方面，美国历史学家 Davisland 讲过:“有钱才能赚钱”。而我国农村由于一家一户为单元，他们既不能用土地，房屋作抵押向银行借贷，又不能直接承纳国家扶植农业的财政拨款，此前，扶植农业产业的资金和扶植农业科技的资金，农民均不能受益，而全部放给了富人兴办的龙头企业。在市场方面，一家一户的体制，既难以获取市场信息，又无力与市场对接。农民的生活资料、生产资料的供给和农产品的加工、运输、销售等全靠中间商维系。日本前总理田中角荣总结的经济发展需要有“三快”（收集信息快、加工生产快、占有市场快）的做法，在中国农村很难实现。

如此中国农村在投入与市场两个轮子都缺失的情况下，必然造成“三农”发展的滞后和城乡差距的不断拉大。

二、农业合作组织是好东西，不能永远避忌和抛弃

走合作化道路，以改变中国小农经济和促进中国农村发展，这是在新中国成立前，就受到梁漱溟、冯玉祥等有识之士的重视和进行过探索的。新中国成立后，全国立即在农村推开了互助组。1955年起，全国组织了农业合作社，应该说农业合作社对中国农村经济特别是集体经济的发展是起到了很大的推动作用的，只是由于后来的操之过急和快速向公社化的转变，出现了共产风、浮夸风，导致了三年困难时期，演变成一场灾难。

改革开放后，安徽凤阳小岗村18位农民提出的包产到户或叫“大包干”，拉开了农村改革的序幕，并得到了邓小平同志的肯定。这件事对改革开放初期农村的发展所起作用是毋庸置疑的。但是，当这种过分关注的倾向形成时，也出现了另一种倾向，这就是对合作化的彻底否定。1987年我们走到国外调查时，在不少国家都发现，公司制农业合作组织对农业经济发展、农民致富起到了十分重要的作用。特别是日本北海道农村的变化，农民的致富，无一不是靠合作起来发展集体经济实现的。我国改革开放后较早富起来的河南新乡的刘庄、河南临颍的南街村、江苏江阴的华西村等，也都是原先的合作组织没有拆散发展起来的。

因此，在改革开放32年后的今天，我们需要以新的改革思维，审视和重视合作化道路对农村发展的重要意义和作用，不能对其永远避忌和抛弃。

三、龙头企业进农村虽然受到地方政府的青睐，但却难使农民致富

根据国内外的共同经验，农产品加工、销售、运输所创造的价值是农产品本身的3~10倍。前天我在安徽凤台考察时，一位企业老板告诉我，当地农民卖粳米1.7元/斤，而公司将其运到南京后可卖到17元/斤，刚好是10倍。

因此，农民一旦有了自己的公司，走上市场化道路，使农民与市场对接，农民一亩地的收入就会变成三亩地甚至十亩地的收入。在有些国家，多把农产品的加工、销售和运输权益留给农民，如有非农企业进农村加工、销售、运输农产品，那么这个企业是要给农民干股的。

我们的龙头企业进农村，虽然为农产品销售找到了市场，但是这些龙头企业大多没有与农民建立起利益联结机制，不能做到发展的互动。几年前，

我在山东、吉林等地调查时，发现很多龙头企业在进农村后，很快发了起来，但农民的收入还十分有限。如山东一个草莓冷冻加工厂，收农民的草莓6角，冷冻卖出时为10元，这近15倍的增值，是公司拿去了，而农民并未能从中受益。又如，吉林一个由国外来的肉鸡屠宰场，生意做得很大，经营十分红火，但农民为其养1只鸡才给农民1元。我让有关养鸡场的同志为我算下账，当时一般鸡场养一只鸡的人工费绝不少于2元。可见龙头企业自称的“公司+农户”，对农民的剥削是严重的，如此情况下，农民致富的希望也是十分渺茫的。

四、外国公司大量走进中国农村参与土地流转，将给中国农民致富和食品保障带来重大风险

土地流转，从总体看是十分必要的。随着农民工大量走进城市，土地向少数人手里集中是必然趋势，但怎么集中，要从中国实际出发。中国毕竟还有8亿人口在农村，再过20年，中国农村人口也不会少于5亿人，为了使这部分人生活好和逐步跟上现代化的进展，是绝不能让唯利是图或追求利润最大化的企业完全占领广大农村和对农民进行盘剥的。

现在农村的土地流转，一是少数流给了土生土长的已经致富了的农民企业家或本村的村干部；二是流转给了城里来的龙头企业；三是流转给了外资企业。前天我到小岗村去，得知该村已进入五个大企业，企业已参与土地流转。企业把土地收走后，一般给农民的回报是有限的。在凤台县看到一个农业企业，老板是本村人，对农民感情较深。该企业共流转600多亩土地，发展立体农业，亩产值达8000元以上。每亩地一年给农民1000元。除少数身强力壮者被雇用外，绝大多数只能做临时工，一般不超过100个工作日，每工作日男40元，女30元，全年收入男不超过4000元，女不超过3000元。

引入外资发展农业，有利于吸收外国的先进管理经验，但是，在我国农业技术与外国差距较大的情况下，外资的大量进入，必定会控制我国农业局面，操控我国农产品市场。例如由美国控股的新加坡丰益国际集团，该集团全球共有90家公司，其中71家设在中国，涉及榨油、浓缩蛋白、粮油加工。还在黑龙江、河北、吉林设立了4家水稻加工厂，在四川、河南设立4家面粉加工厂。国际粮商嘉吉公司在华控股13家饲料厂、4家化肥厂、2家玉米加工厂，在华企业已达27家。此外，国外公司邦吉、路易达孚、摩根等也都在准备进入中国农产品加工市场。益海嘉里公司已经介入粮食收购，其60多家粮油加工厂已经占据了我国食用油市场的50%。

为了防止土地流转和未来食品安全的风险，我们需高度警惕外国公司大举进军中国农村，并且需要早日采取措施。对国内农业公司上市集资要有限制政策，以防“大鱼吃小鱼”，被外国公司侵吞。

五、关于大力发展农民入股的公司制合作组织的几点建议

（一）要以新的改革思维推进农民入股的公司制合作组织建设

公司制是当代最先进的经济组织。应在政府指导、支持下让农民根据自愿在农村建立专业性或综合性公司制合作组织，直接与市场对接。允许农民以土地、农业机械及投入资金占取股份，并成为股东。原则上500~5000户成立一个公司，50~500个股东推一名董事，公司实行董事会管理，聘总经理进行经营。公司运营，除董事长监督外，还应设监事长、监管运营。公司除负责加工、运输、销售农产品外，还要负责对农民所需良种、化肥、农药、兽药及科技传播进行服务，并着力公司业务发展，创造更大效益。

（二）要把发展农民入股的公司制合作组织作为一项国家战略给予高度重视和推进

我国农村问题的解决，必须立足于解决农村的投入和与市场对接的问题。在农村兴办农民入股的公司制合作组织，是解决投入与市场对接的根本途径，应将其作为解决中国农村问题的战略举措，提上各级政府改革议事日程。在中国共产党领导下，可以集中力量办大事，是我们的优势，只要全党全国去努力，这件事一定能办好。

（三）财政金融要大力支持农民入股的公司制合作组织建设

解决好财政金融支持和投入“三农”问题，是农村发展的关键，财政金融要把过去支持农村外来龙头企业的积极性向支持农民入股的公司制合作组织转移。要采取国家贴息办法，并允许公司制合作实体以土地作抵押，让银行向农民合作组织大量发放贷款。彻底改变农村基本没有投入的窘迫局面。投入到位了，农村一定会起来，“三农”问题一定能改善。

（四）狠抓公司制合作组织的带头人的配备与培训

为了建立农民入股的公司制合作组织，需要人事、组织部门在全国范围内选拔和培养一大批有组织能力并乐意献身农村的经营人才。为了使这些人才本土化，国家可设立若干经理人才培训学院，由国家免费为各地进行经理人的培养。有些经理人才，可由大学生村官出任。

（五）需要对农民入股的公司制合作组织实行特事特办，给予更优惠的政策扶植

对建立农民为股东的合作组织，从政策上，可以免于登记注册，只要求进行备案。从土地上应提供方便，并允许在农村建设不污染的农产加工业、物流业。从税收上，可以对所得税、营业税“免二减三”，欠发达地区可考虑五年免税。从经费上，国家要对其进行补贴和进行科技发展的扶植。从基础设施上，国家要加大对农村基础设施投入，农村道路和水利设施要认真搞好。

总之，农村的问题，一是投入问题，二是人才问题。有了农民入股的公司制合作组织，财政、银行便可找到对“三农”投入的对接点，在政策扶植下，投入问题会因此得到解决。农村有了公司制合作组织，处处需拓展农产品加工、农产品运输、农产品销售，这样农村就有了留住人才的平台和载体。大批的“白领”和“蓝领”就可以留在农村，走进农村，这样农村才能有人才的支撑，农村就会大有希望。

（原载《国务院参事建议》）

启动农村上网工程，加速农村发展

2009 年 4 月

信息网络经过二十几年的创立和发展，它对经济发展所起的作用和对社会发展的巨大推动，已是众人皆知、有目共睹。

伴随计算机研发的进步、卫星技术的突破、光通信技术的快速发展及芯片技术、软件技术的问世与提升，网络建设举世瞩目、方兴未艾。网络技术的发展极大地提高了知识、技术与文化的扩散速度，极大地降低了工作成本，不仅推动了全球经济的一体化，而且也大大促进了文化、技术的广泛合作与交流。网络的发展正在和已经在改变着人们的生活方式，经济的发展模式、政府的办公模式、文化的传播模式、教育的传授模式、商业的经营模式、安全的管理模式等，提高了人们生活及各项工作的方便度、幸福度、快捷度、高效度。

事实已经证明，凡是网络技术普及较好，使用网络比较普遍的地方，就一定是经济快速发展和经济高度繁荣的地方。相反，一些地方因为不重视网络建设，不注重网络技术的普及，那里的发展就沉闷，进步就缓慢，经济就落后。网络技术的发展、应用和普及，现在已经成了各国、各地进行竞争的重要筹码，也成了各国、各地经济快速发展和推进经济全球化的重要支撑杠杆。正如格林斯潘所言，美国经济发展的源头，是计算机、电信和互联网。我国从 20 世纪末以来的快速发展和所取得的令世人惊叹的全面进步，此中网络技术的贡献也不可低估。现在我国的网民数量已位居世界第一，达到 3 亿人以上。网络技术在广大城市的普及，为我国经济和城市发展增添了巨大活力与蓬勃生机。

相比之下，网络在农村的普及率还十分之低，虽然有些农村应用网络技术得到了好处，尝到了甜头，也在农产品的推销和网络文化熏陶方面起到了示范作用，但由于农村网络基础设施建设严重滞后和缺乏宣传、组织与推动，仍使绝大多数农村还是一片空白。今天，同中国真实辅网牵头在广东举行 8 亿农民上网的启动仪式，这将有利于加速先进科技、文化和信息向农村传播，有利于农村与市场对接，促进农村的市场化和农产品销售的订单化、快捷化，无疑对“三农”的发展具有重大意义，对农村经济的繁荣将发挥巨大作用。

为了启动 8 亿农民的上网工程，我认为：一是要大力宣传网络对农村发展的重要作用，使各级干部和农民能够看到农村网络经济的美好前景。二是应请国家财政按照“重中之重”的要求，支出足够经费，用于农村网络基础设施建设和对农民购买计算机与应用网络进行补贴。三是信息产业部门要把着力点移向农村，大力推进农村的宽带建设，并需要薄利多销，尽力减少收取各种费用，降低农民上网负担。四是需请教育部携力农村中小学计算机课程按国家要求进行全员开设。同时，要像国外那样，可以允许家长与孩子同时进校学习。五是要设专项培训经费，用于各县、乡镇举办网络与计算机使用培训班。人事、组织部门要像配大学生村官那样，向广大乡村配备大学毕业的网络与计算机教师，实实在在地做好网络培训。六是政府要加强组织、领导，应将 8 亿农民上网作为一件具有战略意义的大事情提上议事日程，安排强有力的领导力量，进行组织和推动。

最后，我要说一句，“网络推广要实现，经费保障是关键，没有钱，一切都是空谈”。我们应该站在战略高度，来看待 8 亿农民上网这件具有极大意义的大事情，应将其作为“重中之重”的重要内容，用国家不断增长的财力，确保这项事业的有效推动和广为运行。

（原载《任玉岭谈经济》）

对中国农副产品与食品加工业发展的战略思考

2009 年 6 月

各位来宾、各位专家、女士们、先生们：

非常高兴在这里与大家共同探讨食品安全与生态安全发展战略中的系列问题。今天我想着重与大家交流我在中国农副产品与食品加工业发展战略研究中的一些观点，希望对各位有所参考。

谈到农副产品与食品加工业，首先要对“农副产品加工业”的概念的内涵和外延做一个简单的界定。可以这么讲，所有人类享用的食品，都是由农副产品加工而成的，农副产品的食品加工业的天地十分广阔，门类也十分繁多。食品加工业包括粮油加工业、酿酒工业、罐头工业、乳品工业、饮料工业、发酵工业、方便食品工业、调味品工业、水果加工业、蔬菜加工业、茶叶加工业、烟草加工业、蜂产品加工业、食用菌加工业、食品添加剂工业以及与食品工业发展相关的饲料加工业等，这些工业领域，看似分得很细，实际上每个工业领域中，仍然包含有十分丰富的内容，就以酿酒工业来说，它又包括了白酒工业、葡萄酒工业、黄酒工业、啤酒工业、果酒工业、药酒工业等。因此说，食品工业是一个门类极其繁多的产业，也可以说是一个五缤纷、光彩夺目的产业。

我国农副产品加工食品业，在改革开放后取得了巨大发展。据统计资料显示，1999 年我国食品工业总产值为 7828 亿元，农业总产值为 24542 亿元，食品工业总产值与农业总产值之比仅为 0.32∶1；到 2005 年，我国食品工业产值达到 2 万亿元，实现销售收入 1.9 万亿元；2006 年全行业实现产品销售收入 24273.64 亿元；2007 年达到 31705.8 亿元，实现利润总额 2341.58 亿元；2008 年食品工业产值达 4.2 万亿元，实现利税 6174 亿元。

伴随我国人均 GDP 的迅速增长，城乡居民收入的快速增加，人们的膳食模式有了很大改变，对方便食品、奶品、饮品以及餐饮业的需求在大幅度上升，食物消费正在向优质化、安全化、多样化、营养化方向发展。从长远看，随着全面小康社会的推进，占总人口70%的农民生活的改善，我国食品加工业一定会像温家宝总理所说的那样，作为一个“永恒不衰的常青产业”，将迎来更大的市场需求和更好的发展商机。

但我们也要看到，与发达国家相比，我们农副产品与食品加工业的发展仍有一定差距。这主要表现在以下几个方面：

一是从农副产品与食品加工业占农业总值的比重来看，目前许多发达国家农产品加工业产值是农业总产值的3倍以上，农产品加工程度达到90%。我国农产品加工业产值大约与农业产值相当，同国外相比低1倍多。

二是从农产品加工的科技水平来看，国外十分重视食品科学的教学与研究，韩国从60年代就在韩国大学、汉城大学等著名的大学里设立了食品科学系及食品营养系。美国的食品类研究生专业设有食品科学、营养科学、谷物科学、食品供应科学、乳制品科学、食品化学、风味化学、临床营养学、食品生物技术等；在食品类博士课程中，还设有食品碳水化合物结构与功能学、食品蛋白质和酶学、风味化学与评鉴、食品生物学、食品工艺化学、营养研究进展、食品腐败学、食品微生物代谢等。我国于20世纪40年代在中央大学、浙江大学、武汉大学、复旦大学设置有食品科学专业，1952年院系调整后，食品科技的教学与研究地位明显下降，食品作为各行业首位的支柱产业，至今没有评选一个院士。食品科学的研究开发经费所占比例极低，处在被边缘化的境地。

三是从农产品加工设备的研发来看，很多发达国家都处于领先地位。我国从饮料生产到肉食加工，从牛奶消毒、灌装到鸡蛋的装箱，凡属大厂的设备几乎都是从国外引进的。我们去内蒙古伊利、河南双汇等工厂参观时，老板都很自豪地说我们的装备来自九个国家。在大连看过一个鸡蛋的分拣包装线，其设备也都是从国外引进的。企业的全行业中，从国外引进的生产装备和国产的一样多。在日本、韩国等十分注意引进设备的消化吸收和再创新，而我国重引进轻消化吸收和再创新的情况十分严重。

四是从农产品加工企业管理模式来看，国外的农产品加工，特别是食品加工业，几乎都是农场或农民自办的。农民是企业的股东，农产品加工、销售的权益基本是属于农民的，销售加工的盈利是由农民所得的。而我国的农产品龙头企业，大多是有钱的老板兴办的，企业的信息不公开，公司赚多少钱与农民无关。农民固然因企业的存在找到了市场，但所得效益十分有限，例如山东一家草莓加工厂，收购农民的草莓是 6 角，冷冻出口是 10 元，企业成长很快，而利润与农民无关。从长远看，这种农民不能入股的“公司+农户”，不利于全面提高农民收入，弄不好还会引发矛盾，造成社会不稳定。

分析上述差距，我们认为，一方面是受二元经济的制约，另一方面是受国家产业发展导向的影响。看一看我们对食品行业的科技投入、产业投入、技改投入、银行贷款就会发现，食品工业没能引起足够的重视和关注。因此，要加速食品工业的发展，一是要转变观念。政府各有关部门都需重新认识食品工业的重要性，正视食品工业的地位和作用，将支持农副产品加工食品工业的发展，摆到破解“三农”、致富农民和建设社会主义新农村的战略高度，给予重视和扶植。只有从人才培养、科技立项、财政支持、金融配置、宣传力度和奖励办法等多方面全方位地去努力，才能创造出加速食品工业发展的导向和环境，才能推动食品工业的大发展。

二是要认真加大对食品工业的金融支持和财政投入，我国食品工业发展缓慢和发展水平较低，与融资困难、投入上不去直接相关。美国历史经济学家戴维斯兰德曾强调论述道，“有钱才能赚钱”。为了使农村的农产品加工业更好发展，必须要改变农村严重缺乏资金的现状，除了中央和省一级财政应给予大力扶植外，还需要大力兴办农村银行，活跃农村金融，增加对农副产品加工的贷款，尤其要解决好农民抵押贷款办法和贷款担保条件，建议应允许农民以自有房屋、农机设备以及承包土地的使用权作抵押进行贷款。2005 年，我们到宁夏中卫市调研时，当地市政府要求干部以工资收入额度作抵押，为一个乡的农民贷款 1678 万元，支持农民建起 213 列鸡舍和 1800 个蔬菜大棚，此举受到农民欢迎。2007 年，我们再次来到这个乡镇时，那里已是“今非昔比”了，农村面貌已经有了很大改变。因此，我们只有解决好贷款问题，农产品加工业、物流业才能在农村兴起。为此，要下决心改革金融体制，坚决改变金融部门以向农村投入效率低、风险大为借口而不愿向农村进行贷款的不良倾向。必要时，应由政府出台干预政策，学习泰国金融支农的好办法，对金融投向农村进行切块和定额。

三是要大力扶植农民入股的贸工农一体化的公司制农业合作组织在农村兴起。当前农村广为流行的“龙头企业”，实际上是与农户分离的，公司不管怎样有效益，农民都不能从中得益。这同世界上通行的农户入股的“公司+农户”有很大区别，难以带动农民致富。为了让我国农民在农产品加工营销中得到更多利益，我们应大力扶植农民入股的公司制农业合作组织，从管理政策和资金投放上加大支持力度，给予更多关注。

本人在20世纪80年代末，就曾在日本、美国、加拿大和奥地利等国家考察了一些公司制农业合作组织的经营状况和发展过程。例如，奥地利咪丽米牛奶专业合作社，它是在以奶牛养殖为支柱产业的农村建立起来的，拥有社员5000户。该专业合作组织实行公司化经营，社员均拥有公司股份，是当然的公司股东。公司设董事会和监事会，监督和指导公司的管理和运营。公司除了负责向农民供应饲料、购置机构、提供运输和在国内外设立产品销售店铺外，还组织奶品的系列加工及兼营肉、蛋、酒类及果汁的生产等。它们富起来之后，又发展旅游和酒店，使盈利的领域进一步拓宽。这样的农业专业合作社就像集团公司一样，不仅为农民提供了服务，开拓了市场，而且为农民创造了更多财富。

又如，日本北海道的一家农业协同组合包括600多户人家。在60年代，这些农户只会种马铃薯，收入很低。其农业协同组合建立后，搞起一个土豆淀粉加工厂，刚一起步就使农民尝到了甜头，见到了效益。此后，它们又办起一个以淀粉为原料的葡萄糖厂，使马铃薯进一步增值，农民进一步增收。这个农业协同组合，按照公司制进行经营和管理，不仅把产业扩大到机械修配、生物工程、产品加工，而且还把销售网建到了大阪和东京。后来，它们还建立了生物工程研究所，用水培技术生产的网纹瓜、西红柿可以一年四季向市场供应。由于这种农业合作组织走向了公司化经营的现代农业产业之路，所以它们虽然所处地理位置十分偏僻，气候条件比较恶劣，却促进了农民致富。我们在当地看到的农户，都有舒适的庭院，宽敞的住宅，自家有农机、大卡车、农用轿车和丰厚的银行存款等。

四是要大力改善农村的基础设施及道路。农副产品与食品加工业作为致富农民的举措，往往都在农村发展，因此必须先修农村道路。我们已看到很多交通条件良好的地方，水果、蔬菜与食品加工业往往发展得较好；相反，交通条件差的地方，水果、蔬菜与食品加工业就发展困难。上个月我们在河南调查教育时，就在中原大地的农产区，一些行政村还没有公路直接入村，自然村的路就更不用去说了。那里很多农村道路，都是晴天满目土，雨天满是泥，一旦进入雨季出不来，进不去。地方干部反映因为没有硬化路，有的地方种了草莓、蔬菜也都烂在了地里。所以，建议国家把修建农村道路作为国家财政与致富农民的对接点，对至今尚未修起农村道路的欠发达村庄，应改变修路投资的经费匹配办法，改变钓鱼政策，对欠发达的粮食产区且是人口十分集中的地方，应由国家全额出资把那里的道路修起来。至少要使硬化道路覆盖着人口超过200人以上的自然村。

五是要实施科技与人才战略。产品与食品加工业能否在农村兴起和加快发展，关键还在科技和人才。有人才就有一切，没人才就将万事落空。为了推动广大农村食品工业的快速发展，除了支持一些实力雄厚的企业到乡镇兴办龙头产业、吸纳农民入股外，还要出台政策，鼓励干部下乡，同农民一起创业，或是动员一些在外打工多年，并有一些收益的青年回家乡兴业。与此同时，政府要组织农村青年干部进行培训，并责成信息部门广为其收集科技信息，引进先进加工技术，开拓产品市场。必要时促进企业与技术单位进行联姻，开展合作开发、合作经营。

六是要实施物流推动战略。任何产品的开发前景都取决于市场的大小和有无。尽管食品加工业面临众多人口的选择，有足够的市场保证，但是，如果不能把产品及时运达消费网点，再好的产品，也难创造出好的效益。为了使农产品加工的各类食品及时走向市场，不使企业货物积压，各地政府有必要实施物流推动战略，推动农副产品与市场对接，确保农产品加工业更上一个新台阶。

（原文《在食品安全与生态安全国际论坛上的讲话》）

我国到了向均衡发展转变的关键期

2009 年 8 月

一、经济的发展有不均衡发展阶段和均衡发展阶段的区分

任何事物的发展，几乎都是波浪式前进，螺旋式上升的。

经济的发展也不例外，它不仅会在前进过程中出现节奏加快和放慢的高峰与低谷，而且也一定会出现不均衡发展和均衡发展的不同阶段。

事实上，理论家早已提出了经济发展的两种理论，一种是赫尔希曼提出的“不均衡发展”理论，一种是诺贝尔经济学奖获得者缪尔达尔提出的“均衡发展”理论。不均衡发展有利于打破平均主义，区别先后，拉开距离，促进竞争，提高效率。而均衡发展，则是针对不均衡发展持续时间较长后引发的贫富差距加大，社会矛盾凸显而必须采取的发展路径。均衡发展更强调公平、正义、社会稳定，是构建和谐社会的保证。

在一个经济体发展的一定阶段，或因资本紧缺，或因条件有限，或因平均主义严重而抑制了人的积极性的时候，常常需要有不均衡发展，以拉开差距、提高效率和保证效率优先。但是，不均衡发展也并不是可以无限期地推进的，是有其阶段的、局限的。任何事情都有一个限度和阈值，并不是差距越大就一定效率越高，更不是越不公平就越能产生效率。

不均衡发展因其以拉开和扩大差距为特征，所以不均衡发展，必然会造成地区差距、贫富差距的拉大和社会不平衡的加剧。我们发展经济是要利用差距和不公平对经济发展的刺激功能，但却又不可忽视差距和不公平加重后的反作用。这就是凸显的社会矛盾和问题必然会对经济发展带来负面的影响和抑制作用。因此，不均衡发展到了一定阶段，就必须向均衡发展转变。否则，不均衡发展就会在被激发的重重矛盾中，引发危机，出现市场倒闭，甚至会造成政权的更迭。

二、实行不均衡发展和向均衡发展转型，都是我国社会主义本质所要求和决定的

邓小平同志在他的文选第三卷的最后一篇文章中，明确指出，“社会主义的本质是解放生产力，发展生产力，消灭剥削，消除两极分化，最终达到共同富裕”。由此看出，解放生产力，发展生产力是社会主义的本质，消除两极分化，达到共同富裕也是社会主义的本质。

为了解放生产力和发展生产力，改革开放初期邓小平同志提出：“农村城市都要允许一部分人和一部分地区先富起来。”这种一部分人和一部分地区先富起来的做法，就是不均衡发展的做法。这种不均衡发展，不仅使有限的资金集中投放到了沿海地区，加快了东部发展，而且打破了当时吃大锅饭的局面，促进了竞争和提高了效率，对增强社会主义国力和人民生活的改善做出了重要贡献。

从1978年到2008年，我国经济通过不均衡发展使GDP总量由1473亿美元增长到3.3万亿美元。中国城市居民的收入已经从343元增加到15781元，农民收入已经从134元增加到4761元。按人均GDP计算，我们的国家已经达到作为小康标准人均800美元的3倍以上。总体上的小康不仅是已经实现，而且是超出两倍地实现了。

值得注意的是，当前我们讲的总体小康，还是平均值的小康，须知我们还有很多人并没有达到小康。如不能看到平均值下面掩盖的不公平和矛盾，我们就会失去均衡发展的紧迫感，甚至会把投入与决策引向错误的方向。有人打比方说，一个大厅里有99个穷光蛋，外面进来1个百万富翁后，一平均就都变成了万元户。本来穷光蛋分文没有，是需要特别关注的，而因为平均后都成了“万元户”，必然会使管理层失去改善“穷光蛋”生活困难的意识和理念。这只是一个比喻，但这个比喻启示我们，在收入差距过大时，用平均值来看待国情，看待事物，那是一定要被误导的。

事实上，我们占总人口70%的农民，他们中的多数人，其收入还没有达到小康小平。中央电视台于最近报道中讲，仅家用电器一项，农民与城市就相差20年。因收入差距拉大，引发的社会问题多与贫困相关。例如社会上青少年罪犯占到犯罪人数的75%，其中绝大部分犯的是偷盗抢劫罪。更值得深

思的是，一些被拐卖妇女，当警方把她们解救出来后，却出现了有家不愿回，原因是家乡太穷了。所有这些都启示我们要确保社会稳定和长治久安，还必须要关注消除两极分化，达到共同富裕这一社会主义的本质问题，必须把推进向均衡发展转型，视为执政为民的重要使命。

三、城乡差距、地区差距和收入差距拉大的日益延续和加重，使向均衡发展转型成了宏观管理的重要使命

据可靠消息，迄今北京已有亿万富翁 8800 人，千万富翁已有 14.3 万人；上海已有亿万富翁 7000 人，千万富翁 11.6 万人。从地区来看，不久前《求是》杂志报道 20 个地市的农民收入，昆山农民是 12000 元，甘肃定西农民是 1800 元，这两地农民收入差距在 7 倍以上。若把定西农民收入与昆山市居民收入相比，按城乡差距 3.3 计，则为 7×3.3=23.1 倍。按城乡差距为 6 计，则为 7×6=42 倍。

我国的城乡差距：在 20 世纪 80 年代为 1.8∶1，在 90 年代达到 2.5∶1，2003 年达到 3.2∶1，2007 年达到 3.3∶1。若以消费水平看城乡差距大概为6∶1。

我国的地区差距：据资料披露，美国 50 个州的差距为 2∶1，英国 12 个郡的差距为 1.68∶1，我国 31 个省份的差距超过了 10∶1。

我国的人均收入差距：若以基尼系数论，1981 年为 0.288，1990 年为 0.343，1999 年为 0.397，2003 年为 0.46，现在基尼系数已经在向 0.5 靠近。

有资料表明，20%的穷人和 20%的富人之间的收入差为 18∶1，这同《世界第一》中描述的 80 年代日本为 4.3∶1、美国为 7.1∶1 的情况相比要大得多。按金融资产拥有情况看，我国城市中 20%的富人拥有金融资产的 66%，而城市中 20%的穷人仅拥有金融资产的 1.3%。2000—2005 年，城市中 10%的富人与 10%的穷人的收入比已由 4.6 倍之差，上升到 9.2 倍，可见分化仍在加剧。

由于城乡差距、地区差距和人均收入差距的拉大，导致了社会矛盾不断发生，尽管在治理群众上访和群体事件方面下了很大功夫，加大了资金投入、强化了防范力度，但是仍然摁下葫芦浮起瓢。前天我拿到一张报纸，同时看到的是“吉林通钢事件始末”、“綦江 26 位安监员请辞背后”、不能让“开胸验肺”事件重演、“温州出租车集体罢运”这些群体事件，这都是不均衡发展越过限度的具体反映。就拿“开胸验肺”来说，明明是一些企业只顾赚钱发财，而置工人的生死于不顾。4 年前我去陕南安康一个县做教育调查时，就有一乡长告诉我，他们乡有 40 个农民工得了矽肺病，并且已有 4 人死去。另据最近报道，云南水富县农民工在某石英干粉厂打工，返乡后相继有 12 人死亡。今年初安监总局对广西马山调查，已进行矽肺病体检的 600 人中就有 225 人患了矽肺病，其中 14 人已死亡。由此看出，发展的过度不均衡，不仅影响了人们的收入和生活，也危及了人们的健康和生命。

为了缓解差距拉大引发的各种矛盾，在进入 21 世纪以来，中央提出了西部大开发、东北老工业基地振兴、中部崛起和把“三农”作为“重中之重”等一系列推进均衡发展的战略。这些战略虽然取得了很大成绩，但由于认识缺乏统一、既得利益者的阻拦，以及财政金融投入惯性的难以改变等，导致城乡差距、区域差距、人均收入差距仍保持住继续拉大的趋势，而且是差距越来越加剧。

据此，我们必须要高度重视差距拉大的严重性、危害性和认识向均衡发展转型的紧迫性，把向均衡发展转型作为宏观管理的重要使命。

四、要充分发挥集中力量办大事的政治优势，采取强有力的对策与措施，促使不均衡发展向均衡发展转型

（一）必须要认真统一认识，取得共识

现在一谈均衡发展，就有人说是搞平均主义，甚至会说“杀富济贫”。这些说法，正好说明我们现在的改革遇到的最大困难是既得利益者的阻拦，既得利益者要保护自己的利益，不惜进行官商勾结以阻止中央政策的实施。但是，我们不能因为既得利益者的话语权大，就无视广大群众的利益。当然迁就和退缩更不符合共产党执政为民的宗旨，也不符合社会主义本质的要求。面对差距拉大、矛盾凸显、问题增多的现实，必须从我国已经在总体上达到小康 3 倍水平的实际，下决心实行发展的战略转型，必须推动不均衡发展向均衡发展转变。要把实行均衡发展看成是经济发展的需要、社会发展的需要，也是政治的需要，增强各级政府和广大干部、群众推进均衡发展的紧迫感。

（二）必须要转变重富轻贫的投资战略

现在差距拉大难以遏制，甚至继续拉大的原因，是投资的马太效应。投资的马太效应就是投资扎堆、投资聚集。作为民间投资，这种效应是无法拒绝的，但作为国家的投资，国有企业的大项目、银行贷款的大方向是完全可以掌控的，是应该为国家战略服务的。既然国家做出了推进统筹区域和统筹城乡发展的战略，特别是把“三农”当作了“重中之重”，我们国家可以控制的项目和投资就应该服务总体发展战略，就应该改变一味扎堆的现象。

在国家一些投资中，实行的匹配资金政策，也称为“钓鱼政策”，这实际上是造成资金扎堆的政策，也是造成穷的越穷、富的越富的政策。例如很多农村道路修不起，国家又不投入，其原因就是地方匹配不起资金。而富裕的地方，因为拿得起匹配资金，所以可重复得到国家的支持，不仅行政村的路修了，自然村的路修了，甚至田间的道路也都硬化了。又如一些地方因为匹配得起资金，一个城市周围一小时路程可以有三个机场能够使用，而有的地方因匹配资金困难，两小时路程内也找不到一个机场。类似这种重富轻贫的投资战略必须改变。

（三）必须加大对财政土地和公共资源使用的监督

财政、土地和公共资源既是国家的财产，也是纳税人共享的资源。财政、土地和公共资源使用的缺乏监督和分配使用的不透明，既埋下了腐败政府官员的严重隐患，也是导致投入和使用不断锦上添花、造成贫富更加悬殊的根源。在发达国家，财政等公共资源的使用是依法行事的，是受到严格监督的，而我国常常是少数人说了算，机动性过大和不透明，也造成“感情预算”和“跑部钱进”的泛滥。去年央视曾经报道一名市长在国外考察时，邀请对方市长对中国考察，对方市长说财政预算没有，不能成行，而中国市长却可以马上承诺由中方出钱，使对方到中国造访。如此对比一下，我国财政使用的缺乏监管同国外形成了鲜明对比。同样，我们的土地使用也有不少问题，对欠发达地方要求严上加严，弄得很多地方无法发展。相反，对另一些富裕的地方，却是无限宽松，马路建得宽宽的，广场建得大大的，公园、绿地多多的，别墅建了一群又一群。同财政使用一样，土地的“感情划拨”也是十分严重的。

（四）必须强化政府的执行力

中国的政治体制有一个最大优势，就是可以在中国共产党的领导下，集中全国人民的智慧办大事。我们的“两弹一星”、我们的北京奥运会都充分说明这一点。但让人遗憾的是，我国在统筹城乡发展方面，统筹区域发展方面以及在提高低收入者的收入方面，从党的十六大就提出了，实际上党的十五大已经注意到这个问题，特别是进入21世纪之后就大张旗鼓地喊出了西部大开发、中部崛起，并把“三农”摆到了“重中之重”的位置。但是，多少年过去了，我们的城乡差距、地区差距和人均收入差距不是缩小了，而是越拉越大了。问题在哪里呢？为什么在共产党领导下集中力量办大事的优势未能在这方面充分发挥呢？此中很重要的原因是，政府的执行力度过于疲软，对这样一个问题，我们应该给予高度重视和研究。毛泽东同志曾经讲过，“世界上的事怕就怕认真二字”，说穿了，我们在推进均衡发展方面就是太缺乏“认真”了。我深信，各级领导，特别是管钱管物的部门领导都真的去关心均衡发展，认真去工作的话，就一定会使层出不穷的问题得到遏制和转变。

搞城乡统筹、搞区域统筹绝不能停留在口号上，决不能只喊得多、做得少，更不能只喊不做。现在我们各地的财政收入差别之大，有的达到上百倍，但是，至今我们的义务教育仍然“以县为主”，富的县可以把学校搞得好上加好，穷的县别说多媒体教学了，就连应该在小学三年级开的外语和计算机都开不了课。最近我们到中原大地上做教育调查时，一些县95%的学校还是旱厕所。在紧靠京广铁路的一个县城内，有一所82年校龄的重点初中，全校5000人，还用着一个旱厕所，苍蝇乱飞，蛆乱爬，大院里充满臭气。

要搞好均衡发展，还必须制定有关法规和政策，遏制腐败和黑洞的发生，要对那些仅从个人利益出发、削弱或拒不执行中央政策的进行问责，要坚决克服“重大轻小”“重富轻贫”“重工轻农”“重锦上添花，轻雪中送炭”的老毛病。

总之，均衡发展是构建和谐社会的保证。面对诸多社会问题和矛盾，我们一定要从人均GDP达到3倍小康的实际出发，下决心使我国经济发展向均衡发展转型。

（原载《沿海时报》）

关于做好海洋开发与保护并重的思考与建议

2009 年 11 月

一、海洋是我国可持续发展的重要资源

从哥伦布发现新大陆起，人类社会就迎来了海洋时代。曾有哲人指出，“谁拥有了海洋，谁就拥有了财富”。是这个海洋时代，大大提升了海洋的作用，使很多沿海国家迎来了发展生机，使世界上不少国家和城市借助海洋而崛起。

综观人类的发展，世界上很多发达国家都是沿海国家，世界上很多大城市也都位于沿海。世界上有 60%的人口居住在沿海地区，世界上很多重要的产业带也都分布于沿海。

就海洋资源而言，中国虽然不像美国、英国、澳大利亚、加拿大等国家那样丰富，但中国仍属于海洋大国之一。中国的海域面积约为 300 万平方千米，其中水深 200 米的大陆架有 148 万平方千米，水深 20 米以内的浅海面积 2.4 亿亩，海水可养殖面积 4200 万亩，可供捕捞的渔场面积 281 万平方千米，合 42 亿亩左右。另外，我们国家海岛较多，面积大于 500 平方米的海岛有 6500 个。中国的海岸线 18000 千米，岛域岸线 14000 千米，有居民住的海岛 460 多个。如此众多的海洋资源，只要能够使其更充分地开发和利用，一定会为我国的可持续发展做出更大的贡献。

二、我国海洋开发已经取得重大进展

我国改革开放后，海洋脱颖而出，显示了它对促进经济发展和对外开放的特殊作用。从 1979 年深圳等四个特区的设立，到 1984 年沿海 14 个城市的对外开放，不仅促进了我国的大发展，也促进了这些城市的大发展。迄今珠三角、长三角和渤海湾三块沿海经济区，其 GDP 都已超过了 5 万亿元，占比

接近全国的50%。而这个地区占国土面积不到全国的1/10。

这些沿海地区，之所以能够快速发展和崛起，重要的原因是一批港口在这里建成，一批口岸在这里设立。进出口货物在这里集散，又促进了这里加工业、服务业的大发展。为这些地方的繁荣奠定了基础，创造了条件。

在海洋捕捞和海产养殖方面，改革开放后取得了重大突破。特别是养殖方面，从20世纪80年代中期开始，在国家“星火计划”的推动下，由养殖对虾、扇贝和鲍鱼入手，现在已经形成了庞大的海养产业。2006年，海水养殖总产量已达1445.64万吨，为沿海农民的增收和海洋经济的发展做出了重要贡献。在远海捕捞方面，增加了不少大船，有的还走到了其他国家，开展了公海的深海捕捞。

在油气资源的开发方面，改革开放后也取得了较大进展。仅在南海一地，就已经完成16万平方千米的海域勘探，于此范围内查出石油储量达55.2亿吨，天然气12万亿立方米，开发价值将超过20万亿元人民币，未来20年内只要开发其30%，每年可为中国的GDP贡献1~2个百分点。

资料显示，我国的海洋经济已经从1986年的226亿元，发展到2006年的18408亿元，10年增长81倍，平均年增20%。2007年又有明显增长，总量达到24929亿元，占到了国内GDP的10.1%，2008年29662亿元，占11%。由此可见，海洋经济的发展增速快、潜力大，前景无限。

三、海洋经济的开发需要抓住几个战略性的新支点

（一）第一支点：要抓紧对公海的依法探测和立标

除了世界各国的领海和专属经济区外，世界上还有49%的地球表面属于公海。公海拥有广袤的空间，蕴藏着丰富的资源。这些公海资源已经成了各国争夺的空间，“兰色公土”的圈地运动正在全球紧锣密鼓地展开。

我国在这方面已经做了一些工作，于太平洋上圈定了7.5万平方千米金属开发区，并且开展了对南北极的科学考察。但对整个公海的探测还开展较少，我们还应加大投入、奋起直追。我们有强大的商船队伍和航天工程积累下的科技优势，应该利用这些有利条件，进一步提高探测水平，依法加大对公海、极地和无人岛的探测和立标，这样既可以为人类探索公海与极地作出贡献，又可以为未来研讨和分配公海与极地权益时，增加我国的受益度和发

言权。

（二）第二支点：要高度重视可燃冰的探测和开采

可燃冰作为含甲烷量高达99%的固体瓦斯燃料，有着极大的开发价值。加拿大已经完成可燃冰的实验性开采，日本和美国已确定了开采时间表，韩国也已在日本海的海底发现了三个可燃冰矿层，总储量超过6亿吨。韩国已制定出《可燃冰开发十年计划》，并计划由2005—2014年投入资金2257亿韩元，用于可燃冰的研发与勘探。日本也已圈定了12个可燃冰分布区，并十分重视开采技术与能力的发展和创新。我国已经把可燃冰列入了《“十一五”发展规划》，现在看来，为了早日掌握可燃冰的开发技术，给开发公海抢占先机，我们还需要将可燃冰的开发提到战略高度，加大这方面的研发投入和研发力度。

（三）第三支点：要进一步强化海洋油气的开发能力

目前，我国虽然已经具备了寻找复杂地质条件下大中型油气田和自营开发海上油气田的技术和能力，但同国外深水海洋石油工程技术的飞速发展相比，尚有较大的距离。为了迅速提高中国在深海探测与开发石油的方面能力，提高我国在这方面的国际竞争力，增强我国同深海油气丰富国家的合作能力，需建立深海油气研发的重大专项，以加快研发进度，尽快缩小同国外的距离。

（四）第四支点：坚持科技兴海，做到装备先行

根据我们前两年在沿海各省的调查，我国海洋探测能力落后的根本原因还在于技术的滞后。海洋经济要发展，不仅需要海洋渔业开发装备、海洋潮汐能和风能发电装备、海水淡化及生产装备、海洋运输与空间利用装备，更需要海洋探测及科考装备和海洋勘探与开采装备。如果不能把这些装备水平提上去，我们的海洋开发就难以在世界上争取主动和提高国际竞争能力。因此，必须坚持走科技兴海、装备先行之路，要在已经取得进展的基础上，加大这方面的科技投入。当前应集中力量打造海洋工程的研发平台，建设海洋装备研发中心，打破政出多门、行业分割现状，集聚技术力量，搞好产学研合作，瞄准国际上的制高点，进行攀登和突破。

四、重视搞好对海洋使用的规划和保护

随着全国南北大发展、大开发的不断推进，在陆地供应紧缺的情况下，

我国的填海造地出现了无序地进行且规模越来越大。

由于规划不当和规划执行不力，导致一些地方对海岸线的使用不当和填海造地的力度过强。迄今我国的海岸线已经锐减 1000 千米。至 2006 年，仅大连的海岸线就已缩减 93.4 千米，占其总岸线的 5%，自然岸线所占比重已经由 64.8%下降到 56.1%，人工岸线比重由 35.2%增加到 43.9%。从利用率看，大连瓦房店的岸线与滩涂利用率已分别达到 70%和 68%。就连广西北部湾经济还不太发达的地方，因项目建设，用海面积已由 2004 年的 1.88 平方千米扩大到 2006 年的 20 平方千米，增长 10 倍还要多。

由于重开发、轻保护，已经导致我国海洋减灾能力的降低，纳潮量减少，自净能力弱化，海湾淤积加重，很多海湾生态系统乃至有关湿地已完全陆地化，造成一些海湾属性破坏，有些景观也一去不复返。因此，为了更好地利用开发我国的海洋资源，一定要统筹岸线与海域的使用，合理规划围海造地，包括海岛的围海造地、建港，都要统筹规划、统筹审批，尽力避免自然岸线的继续减少和海洋功能的劣变。

保护海洋的另一使命，就是要减少对海洋的污染。一些地方重化工业的大力发展和海上石油开采与石油运输以及大量填海工程造成的海水动力场的改变，引发了对海洋环境的严重挑战。海上石油污染不断增加，沿岸水质不断恶化，赤潮发生频率和范围不断增加。2000 年以来，赤潮事件已有几十次之多，每年都发生面积超过 1000 平方千米的特大赤潮。其中有几年赤潮面积竟然达到了 10000 平方千米以上，因赤潮造成的损失，有的年份达到 10 亿元以上。

比如烟台，前年就曾遭三次石油污染，最严重的达 300 平方千米海面。2006 年，浙江海域污染中，无机氮和磷酸盐分别位居全国第二位和第四位，海水中度污染和严重的占到全海岸线面积的 77%。另外，来自陆源的污染也很突出，大连市检测的 60 个排污口，也有 60%属超标排放，2006 年污水排放总量达到 132 万吨。

由于海水污染，造成渔业资源严重衰退，2006 年浙江省水产养殖面积减少 14 万亩，舟山渔场已少有成规模的渔汛，优良品种已难以捕获。出现这些问题的原因，固然与法制不健全有关系，更重要的是因为政出多门，管理不顺。在国外多设有统一的海洋管理机构，美国有“国家海洋政策委员会”、日本有“综合海洋政策部”、韩国有“海洋与水产部”、法国有“海洋国务秘书处”、澳大利亚有“国家海洋办公室”，连菲律宾都设有内阁级别的“海洋事务协调委员会”。我国虽然有副部级的国家海洋局，但仍存在海警、海监、海事、渔政、环保、交通、石油、农业、国土、部队等部门对海洋的管理，海洋局对其协调难度较大、力度不足。为了使我国的海洋使用得到更好的规划与保护，很有必要强化海洋局的统筹与管理权限，做好对海洋的统一管理，统筹执法，以期把海洋的开发和保护提到战略层面，提到国家高度。

（原载《国家智库》）

城乡统筹的思考与建议

2010 年 6 月

城市与乡村，作为一个区域内同时并存的两个空间实体，在政治、经济、文化等领域，它们既相互依存，又互相制约。随着工业化的推进和农耕时代的结束，城市渐渐成了人口、财富和文化的聚集地，并位居强势地位，而农村则渐渐沦为单一的食品生产场所，农村的劳动者也变成了弱势群体。这便出现了城乡间的二元空间和二元社会。

经济社会的发展，概莫能外的是需要经过一个以农补工的不均衡发展时期的。任何一个发展中的国家，其城市的发展一开始都需要农村的积累和农村的支援。而到了一定的时候，又必须反过头来，推进以工补农和城市对农村的支援，重视均衡发展。不这样，社会矛盾就会增多，社会的危机就会加剧，最终的结果是造成整体经济发展的减速，甚至是抑制发展。

我们的国家，经过 61 年的建设和 32 年的改革，广大农村和农民通过剪刀差对整个城市的发展作出了巨大贡献。没有中国农民和农村的支援，就没有中国城市的今天。但是必须看到，由于城市发展中对农村发展的缺乏统筹，或是说没有能及时对农村进行反哺，而致农村和农民问题日趋严重，城乡差距十分突出。我国的城乡差距在 20 世纪 80 年代是 1.8∶1，90 年代达到了 2.5∶1，2003 年达到了 3.2∶1，现在超过了 3.3∶1，若以消费水平来衡量，城乡差距高达 6∶1。

前些年，世界劳工组织曾经对 47 个国家的城乡差距做过调研，其中城乡差距超 2∶1 的国家有 3 个，中国为 3∶1，比任何一个国家都大。因此说我国的城乡差距是世界上最严重的。

中国农村的问题，概括讲应包括人多地少、资金匮乏、天灾不断、技术落后、人才稀缺、观念陈旧、竞争激烈、交通不便、缺乏组织等。组织化程度仍然过低，发展方式仍然粗放，基础设施仍然较重，农村人口仍然过多，农民收入仍然偏少，公共服务水平仍然不高，这就是中国农村的现实状况。

当初邓小平同志在谈小康问题时，一是界定了 800 美元的标准，二是强调了农民实现小康的重要。邓小平同志指出，“中国社会是不是安定，中国经济能不能发展，首先要看农村能不能发展，农民生活是不是好起来，翻两番，很重要的是这 80%的人口能不能达到”。我们今天的经济水平已经是 4 倍于小康了，而农民呢？何止 1 亿人、2 亿人还没有达到小康！

城乡统筹发展，实质上，就是要更好地发展农村、致富农民，就是为了缩小城乡差距，让农民与城市人一样共享改革开放成果，真正做到农村基础设施大改善，农业生产水平大提高，使农民增收走出困境，农村发展迎来新局面。

为此，我提五点建议：

一、统筹城乡发展需进一步增强紧迫感

在统筹城乡发展方面，我深感成都的工作是做得最早的，也是做得最好的。2003 年，各有关方面还没有重视到统筹城乡问题时，成都市委市政府就感觉到了城乡发展不协调的矛盾，就开始采取了以成都这个大城市带成都市这个大郊区的协调发展举措。后来又向国家报批了城乡统筹实验区，于 2007 年获国务院、党中央正式批准。成都在统筹城乡发展方面是走在前面的，统筹城乡发展的紧迫感是很强的。成都这些年的快速发展得益于对统筹城乡的大力推进，也得益于在城乡统筹方面的先知先觉和先行先试的紧迫感和超前性。

但是，就全国而言，城乡统筹并不是都做的很好的，从总体看城乡统筹发展方面存在的问题还是很多的。为促进“三农”的发展，促进农民的增收，中央出台的文件和政策之多，应该说数也数不清了，使我记忆犹新的是，朱镕基总理在 2003 年所做的政府工作报告就曾明确指出，“过去的五年，我们一直是把‘三农’问题作为重中之重对待的”。2002 年朱镕基总理答记者问时也曾说，“政府已经把农民收入作为当前经济工作的首要任务，放在了突出位置”。由此观之，党和国家对“三农”问题的解决、重视程度不可谓不高，关注时日不可谓不久。但是，为什么城乡差距仍在不断拉大，农民收入仍然难以提高，农村面貌仍然难以改变呢？

依我看，归根结底，还是各级领导的认识不到位，还是缺乏统筹城乡发展的紧迫感。我想，如果各级领导，特别是管钱、管物的部门领导，对“三农”的认识一旦上去了，统筹城乡的紧迫感就会增强。对统筹城乡，光看口号，听声音是远远不够的。几十年的发展历史充分证明，在中国共产党领导下，我们是最能集中力量办大事的，我们的“两弹一星”、北京奥运的举办，如此出色，就说明认识上去了，我们就能够“上蓝天揽月，下五洋捉鳖”。“三农”问题解决缓慢，二元经济依然突出，城乡差距越拉越大，就是因为紧迫感没形成，认识上不到位。当然也有些地方是因为过分重视 GDP，过分重视个人政绩，在“三农”难造政绩工程的情况下，必然出现说得多，做得少，雷声大，雨点小等。

二、城乡统筹一定要大力推进城市化和使农民变市民

城乡统筹发展，一定要看到一个事实，这就是中国农村的人多地少。中国最大的问题，是城富乡贫，中国收入差距中，因城乡悬殊造成的占 60%。去年，为调动内需，搞了个家电下乡，年初预计可销售 1500 亿元，结果仅销售 500 亿元。年初预计汽车的销售可达 1500 亿元，结果仅销售 30 亿元。由此说明，农民还是太穷了。18 亿亩耕地为 9 亿农民占有，每人 1 亩多地，种什么，都很难达到小康水平。日本、韩国在推进工业化早期，城乡差距拉到了 1.7∶1，而我国现在是 3.3∶1，要看到这个问题的严重性。但日本、韩国现在农民的收入比城市还高 10%，靠什么？就是靠城市化，靠对农民变市民。

世界上人均 GDP 达 3000 美元的国家，城市化率都在 55%以上，日韩是 75%，而我国呢？说是城市化率达到 45%了，实际上入城的 1.2 亿~1.6 亿农民工还过着与农民差不多的生活，我们的户籍城市化才只有 35%，这 35%当中还有约 4000 万人是城郊的农民，因此城市化率 35%都不到。对此，我们必须要引起高度重视，在城乡统筹发展中，必须要高度重视城市化，重视分流农民和使更多农民变市民。

在城市化方面，必须看到仅靠发展小城镇是远远不够的，我们要分流更多农民，必须要放开大城市发展。成都市进入 21 世纪以来，城市化率由 30%多发展到 53%多，这是值得赞扬的。但是我们总体上限制大城市发展，这是不利于城市化推进的。今后，中国经济的发展动力，主要要依赖城市化，以

我看应该发展大城市（50 万～100 万人）和特大城市（100 万～200 万人）。因为只有大城市和特大城市才能更好发挥聚集效应、产生聚集效益，才能发生更多的第三产业需求，才能创造更多就业岗位。另外，从节约用地上看，更应该发展大城市和特大城市。一般建制镇人均占地 155 平方米，小城市人均占地 143 平方米，中等城市（20 万元 50 万人）人均地均占地 108 平方米，而大城市为 88 平方米，特大城市 53.4 平方米。发展大城市和特大城市，人均占地可减少 3 倍左右。

再说，同日本、韩国等相比，我国的大城市、特大城市的容积率还低得多，日本、韩国容积率为 2，中国台湾地区为 1.2，中国香港地区为 1.6，而中国大陆平均才 0.5，超大城市如上海也才 0.8。因此，中国的大城市，特大城市和超大城市都存着接纳人口的巨大潜力。正因如此，在统筹城乡发展时，很有必要解禁对外来人口的流入，尤其要高度重视降低大城市的入城门槛，只有这样，才能真正解决好中国的城市化率问题，解决好“三农”问题，才有可能把城乡统筹推上一个新台阶，推向一个高水平。

三、统筹城乡发展一定要重视“全域性”

我们统筹城乡发展是同统筹区域发展一起提出的，我们的科学发展观是强调改革开放成果共享的。但是，在很多地方做城乡统筹时，只重视建样板、搞试点，不惜用财政投入，大搞锦上添花，将样板和试点搞得好上加好。我们在一些地方调研时，发现不少城乡统筹的试点村和示范点，政府可以倾其财政全力给予扶植，而这些示范点和试点村，往往又都是基础较好，原先较富的地方。相反，那些嗷嗷待哺的经济滞后的村镇，反倒没人去雪中送炭，以致造成差距的进一步拉大。

我们发现，成都在城乡统筹工作中，提出了“全域成都”的理念，把成都所辖的 1.24 万平方千米都作为统筹共建的现代化都市区，推动全地域的经济、政治、文化、社会一体化发展，整体推进城乡统筹，努力促进现代化城市和现代化农村和谐相融，使历史文化、现代文明在整个城乡交相辉映。我想只有这样，才能达到中央对统筹城乡的要求，只有这样，才能使发展成果人人共享落到实处，才能使科学发展观得到更好的贯彻和执行。温家宝总理讲到如何落实科学发展观时，十分强调“要视个人利益淡如水，视人民利益重如山”。我们毫不客气地说，那些只重样板、重试点、重锦上添花的城乡统筹，实际上是以个人利益出发的，而像成都这样的全域性统筹城乡发展，才是视人民利益重如山的具体表现。

四、统筹城乡必须有非农产业来带动

城乡统筹发展，其目的就在于致富农民。但是，中国土地少、人口多的农村现实，没有非农产业的建设和带动，农民是难以致富的。“成都市统筹城乡发展的探索与实践”一文指出了“两个基本不可能”，一个是从目前公共财政收入看，基本不可能支撑农民向城市转移，另一个是从农民现实收入水平看难以支持入城的成本，因此，农民进城也基本上不可能。成都市对这两个基本不可能的判断我是赞同的，但是不能因为有这两个不可能，我们就不让农民进城。城乡统筹发展，一是要创造条件使农民进城，二是要使农民能够在农村更好、更多地就业。要实现这两个目标，只有发展农村的非农产业。30 年的改革开放我们总结一条经验即“无工不富”，农村要富起来，就必须发展工业，发展非农产业。

当前在发展工业上，不少理论家一味地强调效益，认为只有在沿海发展产业、在大城市发展产业，才符合效率原则，但他们较少去想长期的城乡差距该如何解决。根据外地的一些经验，要想更好地统筹城乡，使农民逐步致富，就一定要高瞻远瞩，不是只注意生产要素向城市聚集，而是要让包括资本在内的生产要素向农村流动，在农村多布一些产业，在农村多发展一些产业集群。我们反对“村村冒烟”，但没有乡镇一级的冒烟，统筹城乡是搞不好的。为了农民致富，是需要一些重点乡镇，按照人口分布，按照地理位置，合理聚集一些工商企业的。

美国历史经济学家 Devisland 早就指出，“有钱才能赚钱”，只有在农村多一些开发区，发展非农产业，加大资本投入，农村才能搭建起让农民致富的平台，才能使农村的劳力更好分流，才能增加农民的收入，这才是缩小城乡差距的根本途径。

五、统筹城乡发展需要有农民入股的公司制合作组织作保证

公司制经济组织是当代经济管理的重大创造，也是现代经营的最好模式。

公司制经济组织不仅在工业领域中得到了推广和普及，而且也在世界各国的农业领域内得到了广泛应用。一些国家在发展“一村一品”、促进农业产业和特色农业的发展过程中，大多都建立了公司制的专业合作组织，实现了种、养、加或产、供、销的一条龙，把市场经济体制引进了农村，推进了分工合作，提高了工作效率，推广了科学技术，增加了就业岗位，拓展了产品市场，加强了民主管理，致富了广大农民。

我国从改革开放初期实行土地承包以来，已经有30年的历史，联产承包制为农村经济体制改革和农村经济发展做出了重要贡献。但是一家一户的小农经济模式如果不能有所突破，农民的致富是受制约的，建设现代农业的步伐也是很难加快的。这些年提倡的龙头企业进农村，虽然向农村引进了资金和技术，促进了农业经济的市场化，带动了农业发展和农民增收，但是，由于龙头企业很少做到“公司+农户”，农民不能成为龙头企业的股东，得不到企业发展的好处。因此，这条道路，对致富农民是比较困难的。例如山东某草莓公司，发动农民种草莓，由农民那里收购草莓的价格是0.6元，而企业冷冻包装后的售价是10元。企业的效益是很高的，但农民是享受不到的。

我国农业合作组织是从50年代就开始推进的，只是后来因操之过急和“一大二公”的共产风的刮起，导致了农业合作组织的被否定。事实上，农业走合作化的道路是没有错误的，改革开放后，农村出现的不少先富的典型，大多都是在原来合作化的基础上崛起的。例如江苏的华西村，河南的刘庄、南街村、竹林，山东的南山村，北京的韩村河等，它们都是农村合作化与改革开放的春风化雨相互结合、渗透的样板和典型，也是公司化经营运作的产物和结晶。

建立农民入股的公司制合作组织，一定要做到“以人为本”，在农民入股公司时一定要根据自愿原则，进出自由。农民入股公司的资产（包括土地）或应占有的集体资产股份，都要作认真评估、合理界定，做到公开透明、公平公正。公司的管理一定要民主，股东大会是公司的最高权力机构，公司资产的处置非经股东大会同意不得随意转让。集体的资金，不得随意挪用。公司实行董事会管理，总经理负责，让农民参加监管，企业的红利按股分红。

为了使公司经营形式能在农村落实，还需要大力发展农村支柱产业，建立农产品加工工厂，放宽农村公司的注册条件，加大对这种公司的科技支持力度和金融扶植贷款，尤其要从税收方面给予必要的减免。还需由政府出面，专门为农村进行公司化经营，组织和培训领军人物及各种管理人才，以此促进农村经营形式的新突破，促进现代农业的大发展。

总之，城乡统筹发展，一定要站在科学发展观的立场上，以发展成果人民共享为原则进行设计和突破，只有这样，统筹城乡才能为解决中国的“三农”问题作出更大成绩，作出更大贡献。

（原载《中国智库》）

关于在城镇化推进中节约土地资源的建议

2010 年 12 月

一、我国土地资源严重紧缺，必须把节约土地资源提上重要议事日程

这次论坛提出了在城镇化过程中节约土地资源的命题，我认为是十分必要的。大家知道，中国虽然有着 960 万平方千米的国土，位居世界第三，但是，由于我国人口过多，再加上我国的雨量分布极不均衡，气候条件差异过大，而致人均耕地占有量十分有限。

我国人均水资源为 2400 立方米/年，相当于世界人均水量的 1/4，排行世界第 121 位。尤其因为水资源的时空分布不均，更造成一些地方极度缺水。我国淮河与秦岭以北地区，包括华北、西北、东北和华东部分地区，占全国 3/5 的国土上，水资源总量仅占全国的 1/8，人均水资源不到 300 立方米/年。世界上极度缺水的国家，索马里人均水资源 980 立方米，以色列 461 立方米，而我们北方很多地区连以色列和索马里都不如。

我在全国跑过很多地方，很多大片的土地，就是因为没有水，而不能利用。如内蒙古的阿拉善地区，特别是额济纳；新疆的石河子地区、和田地区、吐鲁番地区，都是一马平川的黄土地，只是因为缺水而被闲置和沙化。也有很多地方如青海东部、内蒙古北部和东部，包括呼伦贝尔，幅员辽阔，就是因为缺水，而只能维持野草的生长，无法种植庄稼。

正因为这样，我们国家的可耕地资源主要集中于两广、两江、两湖、两河、山东、浙江、安徽、东三省和四川盆地。这些地区，是人口最密集地区，也是城市化推进最快的地区。特别是长三角、珠三角和渤海湾地区，因改革开放后的投入大增加、工业大发展，不仅成了农民工的主要流入地，也成了物流、商品的主要集散地。于是造成了大量的优质农田被占用，很多"鱼米

之乡”被林立的工厂和高楼大厦所取代。

截至2010年底，我国耕地总数已不足18.26亿亩，已接近18亿亩的红线。人均耕地不足1000平方米，不到世界平均水平的1/2，不到发达国家的1/4，只有美国的1/6、阿根廷的1/9、加拿大的1/14。就在耕地如此紧缺的情况下，我们有些地方却在大手大脚地浪费土地、毁坏土地。近几年是我们国家对土地使用严加管制的年份，也是保18亿亩红线喊得最响的时候，但最近五年（2006—2010年），我国仍然批准了11450平方千米的建设用地，此中绝大部分为耕地、农田。由此可见，我们对土地的需求形势和占用份额有多么严重。

因此，我们必须把节约土地资源提上重要议程，找到浪费土地的病根，认真解决好城镇化过程中对土地浪费问题，确保18亿亩耕地红线不被突破，确保城镇化的顺利推进。

二、城镇占地规模应与接纳人口相联动

中国虽然人口多，耕地少，城镇化水平不高，但是，我们的城镇占地却一点也不比发达国家少。据1986年资料，那时城市扩张不甚严重的时候，我国的城镇用地就已达土地总面积的14.2%，实际数量为20.5亿亩，远高于其他很多国家。同期其他国家城市占地面积同国土面积相比，加拿大为1%，英国为4%，意大利为4.2%，法国为4.9%，美国为8%，丹麦为9.2%，西德为11.8%。现在21年过去了，我国城镇土地占有率实际远远超过了14.2%。城镇占地虽然已极度扩张，但是却未能起到分流农民、减少农民的作用。所谓的城镇化，首先一个含义就是农民变市民，我们的城镇人口虽然已经达到50%，但绝大多数由农村走进城市的人，并未能真正在城市安家落户，更不要说享受市民的各种待遇了。前年教育改革时，有一个统计数字，义务教育阶段农民的孩子占80%，也就是说15岁以下的总人口80%是农民，这就可见中国农民迄今所占的比例和中国城市化的问题了。

由于城市扩展过程中，没有建立利用土地和吸收农民入城的联动机制，而致中国的城市化没能起到农民市民化的真正作用。至今很多大城市的农民工，也包括来自农村的小商小贩、大学毕业生，他们因为无户口、无住房，而不得不住在城乡接合部或在市区住地下室。我们总讲印度、巴西有贫民窟，

而中国的城乡接合部与它们的贫民窟并无两样，包括北京大批房东把一间房隔成几个小间，对外出租，既无厕所，又无洗澡设施和做饭条件，这还不如人家的贫民窟。

因此，要做到以人为本的科学发展，就一定要建立起城市占地与接纳农民人口的联动机制。国土资源部门应该认真统计一下，改革开放以来我国各个城市到底占了多少地，而又安排了多少农民工和新市民。根据中国的实际，至少应按照占地1平方千米安排1万人来考虑，没完成接纳任务的要促其完成，需要新征土地的也应该匹配这样的指标，只有将城市化占地与接纳农民变市民联动起来，才能谈得上对土地的节约使用。否则，那才是对土地的最大浪费。

三、副省级以上城市尤应吸纳农民变市民

改革开放以来，副省级以上城市是膨胀最快、占地最多的城市。经济的发展出现了马太效应这是不可避免的，正是在马太效应的作用下，大量的资金和企业不断向副省级以上的大城市云集。如此，副省级城市不断的摊大饼，就像北京一样，改革开放初，三环还没修，两边还都是玉米地，现在已经扩到了五环和六环之外的地方，城市的建成面积不知达到了原来的多少倍。其实，上海、天津、重庆、成都、广州、深圳等无不是如此。真正大量占地的就是这些副省级城市，中国的农民工也大多集中在这些副省级城市内，如果这些副省级城市不接纳农民工和农村走出的大学生，那么中国的农民变市民就很难推动。这样的城市化也就不是真正的城市化，或者说这只是城市大量占用土地、无限提高门槛，而不为农民变市民做贡献的伪城市化。这才是对城市化的极大亵渎和对土地的最大浪费。

这次户籍解冻中，为什么文件形成后一年才发布？又为什么副省级城市可以偏偏不予解冻呢？是副省级城市的人口密度过大吗？不是。与日本、韩国、中国香港地区相比，我国的副省级城市仍有着接纳人口的巨大潜力，按城市的容积率计，日本、韩国均为2，中国台湾地区为1.2，中国香港地区为1.6。而中国大陆的大城市平均只有0.5的容积率，上海被认为是我国最拥挤的大城市，现在的容积率也只有0.8，比日本、韩国少1倍还要多。此外，绝大部分农民工和农村的大学毕业生本来就在这些副省级以上的大城市生活着，

并把人口数量计进了这些城市的人口总量中，为什么就不能解决他们的农民变市民，而要硬逼他们回到家乡镇上建房、买房呢？现在北京有流动人口763.8万人，广州有流动人口600万人，上海有流动人口542万人，深圳有流动人口1200万人。很多农民工已经在副省级以上城市生活达30年之久，他们的第二代都已经工作了，仍然漂泊在这些城市里。由于城市没有住房，他们就把赚到的一点钱拿回到原籍盖房子，既占了地，又花了钱。但因为买了房无人住，却永久闲置在那里。这样造成的农民工的不方便和土地浪费，又有谁进行统计呢？又有谁给予重视呢？现在我们有5800万留守儿童，上千万留守妇女和几千万留守老人，我们的副省级以上城市不去解决他们的问题，能对得起为这些为城市卖命的农民工兄弟吗？

四、节约土地资源还需要解决的几个具体问题

节约土地资源除了谈到的三个问题需从战略层面给予高度重视外，还需要解决以下几个具体操作问题：

（1）关于土地的异地占补平衡需要叫停。

城市化是经济的产物，也是经济发展的火车头，我们很多欠发达地方，经济上不来，就是城市化水平太低，也是因为缺乏中心城市的带动。按说，随着大城市的发展，那些地方土地紧缺了，升值了，项目和投资就应该向欠发达地区流动了，欠发达地区的城市化就应该发展了，但是土地占补平衡的异地化，使得很多发达的大城市到欠发达地区以十分低廉的价格买土地指标，造成大城市继续摊大饼，而欠发达地区招商难。我们发展是要以人为本的，是要使土地用在安置和分流农民的，如果这样下去，只推动不安排农民到大城市，而又把小城市的土地剥夺去，不仅收入差距拉大难以解决，中国的城市化也难以推进，也会造成土地真实的最大浪费。为此，异地占补平衡的做法应该叫停。

（2）土地的管理应该一碗水端平，决不能扶大压小。

我们很多副省级城市大建别墅区、高尔夫球场、大型广场、大型公园、大型湖泊，似乎是谁也管不了，谁也不去管，真可谓肆无忌惮，想咋干就咋干。我们土地资源管理部门就会管那些小城市、小地方，很多本来需要发展的地方，常常因为守规矩不够被批评、被曝光，而一些特大的副省级城市，

谁见过挨批评或被曝光呢？在实践中，我们发现有的市政府因为多占一点地，不仅是电视曝光，文件批评，而且领导被处分。但是与之相反，有的市政府建政府大楼占地 2.5~3 平方千米，却无人问津！如此的执法不公不正，怎能不造成土地浪费？为此，我们建议为了节约土地，土地执法部门一定要站在全局立场上，站在人民大众立场上，做到执法公正，一碗水端平。

（3）对囤积土地，要按规定决心回收。

国家早有文件，买了土地不开发的，两年期满应予收回。但是在实践中，囤积土地的多是有钱和有背景的，他们囤积的土地之多十分惊人。我出差到全国各地，特别在东部地区，站在高楼上，常常看到大片土地被围墙围着。有的已经很多年没开发了，依然没人去过问。为了节约用地，建议国家执法中，要对囤积土地坚决收回。

（在中国房地产论坛上的发言，原载《中国地产市场》）

对搞好食品安全工作的六点建议

2011 年 5 月

本人是从生理生化专业微生物专门化走出的，大学毕业后曾在食品行业工作 23 年之久，以后到国家科委管理“星火计划”，也主要从事食品行业的技术管理。根据 50 多年来的经验、体会及近一个时期的多方调查、观察与感受，我认为食品安全问题当前需着重解决好以下六个问题。

一、需要走出一种认识和管理误区

当前，食品安全工作中，有一种认识上的误区，正在对我们某些管理不到位、不尽责起着障目作用。

这种认识误区是：中国食品安全难搞，主要是食品企业过多、过散所造成。这种认识强调，若不关停中小食品企业，食品安全就难以保证。在这种理论引导下，社会上已经出现了“百姓不要买小商家的食品”“不要在小饭店就餐”的宣传到处蔓延。由于这种观点出于食品安全方面的较高领导层，而且扩散面积较大，所以对食品安全工作的影响不能低估。

作为管理者认为只有大量关停中小食品企业，支持大企业发展，食品安全才能有保障的说法，不仅严重地忽视了中国人口多、就业难的实际，看轻了中小企业发展对百姓致富的重要作用，而且也忘记了小企业的存在并不是食品安全发生的必然原因。孙中山先生曾在 20 世纪 20 年代讲过，中国任何一个地方，哪怕是只有三户家庭的村子里，都会有一个豆腐坊。数以千万计的豆腐坊虽小，但它并没有带出食品安全问题。而相反，这几年发生的三聚氰胺事件、抗菌素用于牛奶防腐事件、瘦肉精事件都是巨型的名牌企业之所为。

因此，为了增强信心，搞好食品安全，一定要实事求是，从国情出发，必须防止那种只有取消中小企业的理论蔓延，防止这种理论把食品安全工作引向歧途。

二、需要叫停“绿色认证”问题

食品安全应是所有人的事，作为国家管理部门应对所有的百姓负责任。决不能形成有钱有权的人才可以享受安全食品，钱少的人只能吃不安全食品。

我们现在核定绿色食品基地、绿色食品企业、绿色食品市场、绿色食品商标的做法并不符合以人为本的精神，而且不是对绝大多数人负责的。据我调查，大多数商场、菜场和果品店是几乎见不到绿色标牌的。因此，我们着力的“绿色认证”，质优价高的食品，只能是服务少数人群的。而且这种“绿色认证”，不仅使有关管理部门忙于同“绿色认证”对接，而忽略了面上的标准化推进，并且极易造成官商勾结，出现寻租和腐败行为。事实证明，有些基地和企业被授予绿色证书后，弄虚作假的事是明显存在的。因此，有必要全视野、全领域地重视食品安全，重视食品标准化的建设和推进。要对那些易造成寻租的“绿色认证”等给予叫停。

三、需要防止“特供方式”的泛滥问题

正如南阳内乡县衙中一副对联指出的那样：“得一官不荣，失一官不辱，勿说一官无用，地方全靠一官。”食品安全能否确保，归根结底还取决于政府部门的工作，取决于管理食品安全的官员是否有责任心和使命感。

但是，现在一些部门和单位的做法，不仅不利于增强责任心和使命感，而且将会削弱管理食品安全的责任心和使命感，这就是对“特供方式”的泛滥。对中南海党中央搞一些特供，保首长安全，是全国人民的心愿，应予支持和保证，但是现在一些部门和地方，甚至搞环保的部门也搞起了自己的特供食品基地。不仅粮食特供，蔬菜特供，油要特供，烟要特供，酒也要特供。如此，管钱、管物者所吃食品安全了，他们就会放松对食品安全的管理，百姓就要遭殃。所以很有必要限制管钱管物的部门，特别是要限制与食品安全管理相关的部门专设自己的绿色食品基地。只有这样，才有利于增加他们的责任心和把食品安全工作做得更深入。

四、需要严厉惩处研发工作对食品安全的破坏问题

我们的研发工作为科技创新做出了很大贡献，成绩应予肯定。但是，也

有一些研究工作者唯利是图，为了钱做出了不该做的事情。例如三聚氰胺事件中，对向牛奶中添加三聚氰胺的农民处以极刑是十分必要的，但是这些农民怎么会知道三聚氰胺加入牛奶后就可以从表面上提高牛奶的氮含量，而不能增加其蛋白质水准呢？显然做出这个发明的一定是研发人员，而且还得是很有点水平的研发人员。我们在打击三聚氰胺肇事人时，只抓了农民，而不查处与“科技创新”有关的案发的真正源头，这才是捡了芝麻、丢了西瓜的典型。

其实，很多化学制品在食品中的乱添加或在农产品生产中的乱使用，大多都与研发人员有关系。为了从源头上管好食品和保食品安全，我们十分需要重视研发工作给食品安全带来的破坏作用。在查处食品安全案件中，要认真查找问题的源头，并给予严厉打击，以发挥警示作用。

五、需要健全检测手段和扩大检测范围问题

我们国家食品技术的监测能力，这十几年有了很大进展，检测队伍和检测设备都已上升了一个新台阶。但是，很多食品安全问题往往不是发生在应检项目范围内，例如三聚氰胺、苏丹红、瘦肉精，还有一些剧毒农药等造成的食品安全问题并不是常规的检测内容。正因为这样，三聚氰胺事件发生时，食品行业并没有对它进行检测。

去年，在湖南生产的菜油中发现了大量致癌性很强的3.4苯并芘后，有关方面却说我们还没有把3.4苯并芘列入检测范围，一般检测单位也没有这种检测手段。其实3.4苯并芘于40年前就已经在国外给予了关注和检验。再有二噁英问题，日本已发现垃圾处理场附近居民生癌率高出一般好几倍，经检测是粮食蔬菜污染二噁英所造成。而我们国家至今对3.4苯并芘和二噁英的检测都较少提上日程。据我所知，炸油条反复使用的油品中是较易生成3.4苯并芘致癌物质的，而我们不论大城市、小城市很多炸油条的油都变成酱油一样的浓黑了，可又有谁对它进行检测呢？因此，为了食品安全，我们还要加大投入，健全检测手段，扩大检查范围。

六、需要重视食品安全的宣传和道德教育问题

食品安全涉及全社会的男女老少，只有让广大百姓懂得食品安全，才能

做好食品安全。但是由于种种原因，在社会上对食品安全的知识普及甚少。我国食品工业虽然在GDP中占比重较大，但这方面在两年前连一个两院院士都没有。要解决好食品安全问题，还要重视食品行业的发展和投入，加强食品安全知识的宣传和普及，要在央视及各地方电视台广为传播食品安全的诸多知识，并防止对食品安全的误判和误导在媒体发生和蔓延。尤其要使农民懂得食品安全，保障食品安全。

基于现在出现的很多食品安全与道德缺失有关系，因此，还要进一步加强道德教育，要使广大食品生产者、研发者、销售者知道食品安全人命关天。要进行良知、良心的教育，做到重善行、思利他，敬天爱人。尤其是学校教育，一定要重视道德建设，要坚决克服应试教育弊端，寓道德教育于文化、知识教育之中，提高全民族的道德水平。

（原载《中国财富》）

转变发展方式是经济大势所趋

2011 年 11 月

正如李克强副总理春节前在英国访问时所讲，中国要做的事有三件：第一件事，就是扩大国内需求，我们决心把经济增长更多地建立在开拓国内市场的基础上，调整国民收入分配格局，努力实现居民收入普遍较快增加，从而提高居民的消费能力，释放世界上规模最大的消费需求潜力。我们将推进教育、就业、住房、医疗、养老等基本公共服务均等化，构建社会保障安全网，让经济增长的成果惠及所有人群，增强内需对经济增长的拉动力。第二件事，是突出创新转型。目前，中国科技进步对经济增长的贡献率比发达国家低25~30个百分点。这既是差距所在，也是潜力所在。我们将更多地依靠科技进步和管理创新来推动经济发展，鼓励用先进技术改造提升制造业，培育发展战略性新兴产业，推动服务业实现更大发展。为此，我们将增加研发收入，充分发挥人才在促进经济发展和社会进步中的第一资源作用，努力把中国人口多的压力转化为人力资源优势。我们还将深入推进各领域改革，坚持市场化的改革者方向，充分发挥市场在资源配置中的基础性作用，健全有利于创新转型的激励和约束机制。第三件事，是注重绿色发展。过去五年，中国加强资源节约和环境保护，使单位国内生产总值能耗下降了 20%左右，主要污染物排放减少了 10%以上。仅淘汰的落后小火电就有 7000 多万千瓦，相当于一个中等国家电力装机总量。今后，我们将继续朝着绿色、低碳的方向努力，大力发展清洁能源、可再生能源和循环经济，引导企业开展以节能减排为重点的技术改造，强化污染治理，增加森林碳汇，使能源消费总量得到合理控制、单位国内生产总值能耗和二氧化碳排放继续较大幅度降低。

以上李克强副总理讲的三件事就是“十二五”的基本任务和基本内容，如能够把这“三件事”作为抓手，我想我们就一定能把自己的工作做得更好和更有效果。

党的十七届五中全会提出，我们要认真理解“发展是硬道理”的本质：以人为本的科学发展。在中国当今形势下，我们必须要发展，一切矛盾和问题的解决都寄希望于发展。但硬发展不行，必须要坚持以人为本的科学发展。党的十七届五中全会要求：经济发展必须以科学发展为主题，以转变经济发展方式为主线。要做好今后五年的经济工作，关键是要突出这个主题，抓住这条主线。

怎么叫以科学发展为主题？就是要把以人为本作为发展的核心，要动员人去发展，要为人而发展，要使发展成果人人共享。科学发展要做好五个统筹，既是要做好统筹区域发展、统筹城乡发展、统筹经济发展与社会发展、统筹人与自然发展、统筹国内发展与对外开放。当然，也要注意统筹中央与地方、统筹近期与长远、统筹局部与整体的协调发展，只有这样才能做到协调发展、可持续发展。

怎么叫以转变经济发展方式为主线？就是要以经济结构的战略性调整为主线。转变发展方式，既包括推进“五个统筹”的实现，也包括资源节约型社会和环境友好型社会的构建。主线既要贯穿其中，又要推动这些目标的实现。转变经济发展方式是五个统筹的基础，实现全面小康和两型社会构建的重要手段，只有把转变经济发展方式搞好了，我们才能做到科学发展，才能保证全面小康与两型社会的构建。

那么为什么要在这个时候提出“一个主题”和“一条主线”，为什么这个时候，中央如此重视“全面小康”与“经济发展方式的转变”呢？此中原因是：

（一）出于对国际形势的考虑

（1）美国世界霸主地位没有改变。

2010年世界GDP布局：欧盟总量第一，为16.28万亿美元；美国总量第二，为14.66万亿美元；中国总量第三，为5.88万亿美元；日本总量第四，为5.46万美元。

2009年和2010年经济增长率：美国2009年为2.4%，2010年为3.8%；欧盟2009年为4%，2010年为1.8%；日本2009年为5.2%，2010年为3.9%；俄罗斯2009年为8%，2010年为4%；中国2009年为8.7%，2010年为10.3%。

从以上经济数据看出，美国、欧盟虽然在金融危机中遭受了一些挫折，但其经济实力和国际地位仍然对整个全球产生重要影响，特别值得注意的是，美国虽然国防开支仅占国内生产总值的4%，但其国防开支总量却占到全球的48%，其科技研发费用占到各国总和的40%，因此，无论从国防力量还是科技创新能力，其仍将长期居于霸主地位。此外，世界的金融危机并没有完全过去，而且不排除又反复的可能，美国货币宽松政策的实施对自身情况有一定改善，但对世界的冲击也不能低估。欧洲、日本失业率居高不下，财政赤字公共债务明显增加，已经造成市场萎缩，这些国家作为中国产品主要出口地，必然影响我国发展。我国的光伏产业洗牌，出口下滑都与此有关。

（2）世界经济运行中的诸多不确定因素。

一是世界人口增长率下降，老龄化加重。世界总人口69.1亿人，其中发达国家12.4亿人，增长率0.3%，发展中国家56.7亿人，增长率1.4%，目前，每年全球人口的净增量的95%，都在发展中国家。欠发达国家青年群体膨胀。青年的失业率增多，导致社会动荡。再就是人口的跨国与跨地区流动加剧，全球非本国出生人口高达2.1亿人，占世界总人口的3%。一些发达国家为应对生育率下降，劳动力不足，正着力吸收新的移民，移民政策正向宽松转变。另外，人口大规模流动，2006年仅跨国飞机出行客人达21亿人次，造成恶性传染病蔓延。

二是水、粮食、能源和其他资源需求超过供给能力，总体价格上涨，国际竞争加剧。水资源方面随着人口增长、气候变化、城市化率上升，造成城市用水激增，预计2025年全球会有30亿人口面临缺水。现在全球500条河有一半枯竭或被严重污染，水资源短缺和污染引发的国际纠纷越来越多。耕地减少，水资源紧缺，给粮食生产带来制约。粮食供应偏紧必然推动粮食和农产品价格上涨。渔业的捕捞过度，也造成水产总量走低。化石能源至今仍然是能源主体，由于它的有限性，决定其价格必然上涨。不少油气资源国家内乱频发，致使国际竞争更加激烈。矿物资源如铝、油、铁同样紧缺，价格迅速攀升。

三是国际气候变化，全球温室气体排放继续增长、冰川融化、海平面上升，极端气候事件频发不断。气候变化已经成为经济、社会、政治和战略问题。未来几十年，是否出现更多、更严重的生态变化和气候极端事件，引起了人们的关注。

四是世界未来10~15年，新的经济增长点主要认为，为清洁能源，低碳技术，智能电线网、超高速互联网、生物技术、制药方面的技术突破将最为引人注目。再就是核扩散和军事竞争难以阻止，国际安全面临调整。与此同时，世界民主化进程和对民主的追求将会扩大，个人自由、个人权利、思想多元、文化多元的观念在向全球每一个角落深入。

（3）我国发展仍面临一个战略机遇期。

尽管世界形势是复杂多变的，但还要看到，世界的形势对新兴市场国家，对我国经济发展仍存在有利的一面。总的分析，我们还应该把握好以下四个机遇：一是世界经济进入调整期的机遇，在这个调整期中，我们有条件培育和强化我国的发展优势，使我们从制造大国向制造强国转变，提高我国企业的竞争力。二是世界经济治理机制进入变革期的机遇，我们要利用这个机遇，扩大我国的国际参与能力，提高我国在推动世界经济新秩序中的话语权。三是世界技术创新和经济转型处于孕育期的机遇，我们要在这个孕育过程中加快行动，在新技术、新材料、新能源研发方面，努力抢占制高点。四是新兴市场国家步入上升期的机遇。

（二）国内形势是决定因素

应该看到我国改革开放33年来，取得的成绩着实是令人意想不到的，也是举世瞩目的，莺歌燕舞的盛世也是值得大力颂扬的。但是，不能不看到，我们发展中已经出现和遇到的问题是严重的。近十年来，我每年都在全国走二十几个省（市、区），有的省份每年还要走好几次。从我亲眼看到、亲耳听到的一些情况中，我认为发展中出现和遇到的问题可概括为以下“七个不能持久”和“八个必须转变”。

“七个不能持久”：①依靠国外市场、产品外销为主不能持久；②依靠农民工低工资、靠廉价劳动力参与国际竞争不能持久；③产品技术落后，附加值太低不能持久；④对国外技术依赖度过大、自主品牌过少不能持久；⑤粗放经营、高消耗、低产出不能持久；⑥二氧化碳排放过高，耗能过大不能持久；⑦污染环境、损坏生态严重不能持久。

“八个必须转变”：①中西部发展滞后，区域发展差距过大必须转变；②农村一家一户经营模式落后，城乡差距严重必须转变；③城市化推进不力，城市化率过低必须转变；④劳动分配比重过低、基尼系数过大必须转变；⑤服务业发展缓慢，第三产业比重过小必须转变；⑥社会保障滞后，公共服务不公必须转变；⑦民生问题突出，住房、教育、医疗服务与百姓收入脱节必须转变；⑧文化发展重视不足，文化产业滞后必须转变。

我国的人均矿产资源是世界人均水平的1/2，人均水资源和林木资源是世界人均水平的1/3，人均石油资源是世界人均水平的1/10，人均天然气资源是世界人均水平的1/20。如此紧缺资源的情况下，我们还在浪费资源，2009年我国GDP总量仅占世界总量的8%，但我们用掉的水泥占世界50%，消耗的钢铁占世界40%，消耗的能源占世界19%。我国化肥用量占世界1/3，单位耕地的化肥用量是世界平均水平的3.5倍，是美国的3.6倍，是法国的6倍。迄今，我国进口石油56%，进口铁矿石50%，进口氧化铝50%，进口铜矿60%。此外，我国还是世界的钾肥进口大国，大豆进口大国，木材进口大国，飞机进口大国，铁矿石进口大国，而且是我国进口什么，什么就涨价。如此对资源的过度依赖，为我国的经济发展蓄积了潜在的危机和风险。

我国的出口产品技术含量过低，过分注重国外市场、过分注重比拼资源，也给我国的发展带来很大风险。我国长期依赖技术引进，固然促进了经济发展和生产水平上台阶，但是由于自主创新不足，造成对国外技术依赖度过大。上海是我国技术研发单位最多的地方，发表论文和创造科技成果在中国居领先地位，但是上海的产业技术2004年对国外技术依赖度高达75%，同1993年对国外依赖度为65%相比，10年中提高10个百分点。

另据报道，中国至今100%的光纤制造设备、80%的集成电路制造设备、80%石油化工设备、70%轿车制造设备及纺织机械设备，都要依赖进口。正是这个原因，不仅造成我国的工业品较少有自己的知识产权，中国自有品牌严重短缺，而且导致很多产品需要付较多的专利费，以数控机床为例，40%的销售额被用于付专利费了，企业利润十分微薄。

在对外市场依赖方面，2000年为30.6%，到2005年猛增到63.8%，2007年又进一步增长到66.9%。中国外贸依存度已超过8个工业发达国家和两个发展中大国。2006年外贸依存度美国为22.4%、日本为28.3%、澳大利亚为34.2%、英国为45.5%、西班牙为42.6%、意大利为45.9%、法国为46%、俄罗斯为47.5%、巴西为21.9%、印度为32.6%。由于国内贫富的过度悬殊，基尼系数已经攀升到0.469，大多数人群的消费水平过分偏低。发达国家居民消费占GDP总量多接近70%，而我国却长期停留在40%左右，内需不足，国内市场疲软，造成市场的对外过分依赖，这也给中国的经济发展和就业带来了随时可能出现的不稳定。

中国生产鞋子60多亿双，占到全球产量的一半，相当于每年给全球每人做一双鞋。我国年产布匹1000多亿米，相当于为全球每人每年生产20米布。中国每年还生产衣裤100多亿套，合全球每人两套。中国2005年生产彩电8283万台，占全球彩电比重的45.4%，出口3974万台，占全球彩电总出口量的25.37%，居全球之首。又如儿童玩具、打火机等，其国际市场几乎全部都被中国所占领。但从其效益来看，确收益甚微。

这些情况的出现，说明了我们的很多出口产品的发展，全是靠廉价劳动力所致的低成本成就的。这种低价格、重复性的出口产品大生产，说穿了是在出卖中国农民工的血和汗，是寻求出路型的出口产品大生产。这不仅损害了国内广大劳动者的利益，造成社会的两极分化，而且会因为出口数量大，价格低，易招来猛烈报复和进口设障，很多国家以反倾销为名，不断出台对中国出口产品的禁令。

另外，我们有不少出口产品仍在比拼资源和环境，不仅给资源带来了巨大压力，也给环境造成严重污染。

以钢铁的生产为例，中国不仅铁矿石资源严重紧缺，需要大量进口，而且炼钢是耗能大户，也是重要的污染源头。但是，因为钢铁生产有较高效益，所以钢铁生产依然在竞相发展。2008年，全球钢产量不到13亿吨，中国为5亿吨以上，日本为1.2亿吨，美国为9720万吨，俄罗斯为7220万吨，印度为5310万吨。中国钢产量占世界产量的1/3强，是日本的4倍多、美国的5倍多、印度的9倍多。2007年，中国出口钢材6271万吨，比印度的总产量还要多。

大量消耗钢材的产业发展和出口也十分突出，其中造船都是钢铁堆成的。它的发展和出口，给资源紧缺和环境污染造成的压力不可低估。我国的造船业这几年的大发展，用“雨后春笋”来形容都多有逊色。2007年中国造船完工量1893万吨载重量，比上年增长132%，手持船舶订单比上年增长131%。据英国拉克松研究公司对世界造船的统计，以载重吨计，我国造船完工量、新承接船舶订单量和手持订单量分别占到世界船泊市场份额的23%、42%和33%。我国所造30万吨船舶出口价仅1.1亿美元，而欧洲国家制造的万吨豪华游轮售价则高达7亿~8亿美元，可见我国造船业的附加值十分之低。

这些年大发展造成的江河污染，不仅导致3亿人吃水不安全，而且导致一些食品被污染。CO_2和SO_2的大量排放，不仅造成气温升高，气候异常，而且致使酸雨增加，导致一些城市肺癌发病率比70年代高10倍。所有这些情况，都说明我们必须要进行经济发展方式的转变，必须要以发展方式转变为主线。

转变发展方式，可以说是经济社会发展的又一次历史性的变革。只有加大改革力度，以更大的勇气进行攻坚，才能在重点领域和关键环节取得突破，才能赢得经济发展方式转变的战略性进展。

基于中央对“十二五”建议所提主题和主线的要求，今后五年的发展：一定是以投资为主导向消费为主导转变的五年；一定是区域发展由差距过大向差距逐渐缩小的五年；一定是过大的城乡差距向差距逐渐减弱的五年；一定是高消耗低产出向低消耗高产出发生变革的五年；一定是高中碳经济向低碳经济发展明显启动的五年；一定是伪城市化率向真实城市化率过渡的五年；一定是公共服务由不均等向逐渐均等大推动的五年；一定是第三产业特别是服务业比重逐渐增加的五年；一定是文化产业迅速兴起的五年。

（三）经济发展规律所使然

经济发展是有其自身规律的，任何一个国家都不能永远高速发展。我们已经经历了30年的10%的高速度，今天的经济总量已经很大，每增加一个百分点，就相当于开放初期的经济总量，为这一个百分点的增加，需要动员的资源与煤电油运能力相当之大。因此，经济总量达到一定水平时，经济发展放缓不可避免。

“二战”以后，日本、韩国、德国，还有我国台湾，都曾经经历过二三十年的高速增长，在人均收入达到11000国际元的时候，几乎无一例外地发生了增长回落，回落幅度达30%~40%。由高速增长转入中速增长。例如20世纪60年代中期的德国、70年代初期的日本、90年代后期的韩国，基本如此。我国今天人均收入平均值为8000国际元，再过两三年会上升到11000国际元，如果从发展规律考虑，我们也将进入一个放缓发展期。

此外，经济高速发展期的国家，常常是基础设施大建设的国家，基础设施投资、房地产投资和设备投资在拉动增长方面起了很大作用。当基础设施相对完备起来后，设施投资必然下降，这也是造成经济放缓的重要方面。

我国去年基础设施投资增长占30%，房地产占25%，设备投资占30%，共占85%。根据今年的情况，基础设施投资已降到23%。今年广东、江苏、山东、浙江、上海、北京经济发展增速都低于全国增长水平。这种现象，可能有今年的特殊情况，但也不排除这是规律性的变化和放缓，同时也与这些省经济总量已经很大，与增长难度增大有关。

另外，在一些省出现了油荒，全国4万家加油站，有1万多家得不到油。小企业贷款艰难，也影响了发展。1999年以来，石家庄26家轻纺企业，只有一家得到银行贷款。根据2520家轻工小企业统计，今年亏损企业有270家，亏损额12.94亿元，同比增长58%。

中国的金融风险也日益显现，今年11月15日，国际货币基金组织发布报告，对中国金融脆弱和风险提出警告，认为中国信贷、房地产、汇率、债务都存在问题，地方债务大，不良资产多，房产泡沫严重。如果问题同时爆发，就会有较大风险。

所有这些现象的发生，我们都需要与经济发展规律联系起来考虑。硬发展、快发展的做法，可能是进入了转变方式适度放缓发展期。

基于以上国际、国内的发展规律考虑，我们必须要进行科学发展和发展方式的转变。

（原载《民营经济》）

走好共富道路，促进和谐发展

2012 年 3 月

收入分配是广大人民群众普遍关注的热点话题之一，现对我国收入分配的问题谈以下几点看法：

一、我国社会收入分配的现状

胡锦涛总书记多次讲到“要加快调整国民收入结构”，温家宝总理也强调指出“要通过合理的收入分配制度，让全体人民共享改革发展成果。”这说明，党中央、国务院高度重视收入差距拉大的现实。

我们在研究收入差距的过程中，发现收入落差巨大的人多数是来自贫困地区和农村的人，也往往是从事最低档劳动和收入最低的人。因此，我们认为地区差距、城乡差距、行业差距与工资收入一样，也是贫富差距拉大的重要原因。为此，这里把贫富差距、城乡差距、地区差距、行业差距放在一起研究，以期找出解决收入差距问题的有效办法。

我国农村居民的家庭收入在改革开放以来有大幅度提高，但同城市相比，农村居民收入差距在不断拉大。我国的城乡收入差距 1983 年为 1.8 倍，90 年代中为 2.5 倍，现在为 3.3 倍。

地区之间收入的差距是我国经济运行中的突出问题之一。实行西部大开发和中部崛起的发展战略之后的十年来，中西部发展有了很大变化，但中西部同东部的差距非但没有缩小，反而又有扩大。同是东部，一个县的不同乡镇间也有很大差距，如江苏省兴化县的戴南镇，同该县周益乡财政收入相差 42 倍。

我国的行业收入差距也很大。人力资源和社会保障部工资研究所发布的最新数据，行业收入差距为 16 倍。特别值得一提的是，金融保险业的职工收入是建筑业、餐饮业、编制业的 20～40 倍还要多。十天前，我们在河南某地调查时，那里专科毕业在宾馆工作十年的服务员，每天加班3小时，一个月才收入1200元，减去加班费，实际收入只有900元。而我们少数金融机构高管的年收入却可以达到几百万元，直至1000万元以上。

以上四大差距的过于严重不仅影响了社会和谐，而且也影响了广大群众的积极性和内需的调动，干扰和抑制了经济的正常发展。

二、造成贫富差距不断拉大的原因

贫富差距的形成原因是多方面的，有投资走向的原因，有城市化推进的问题，有土地和资产的流转不公平的问题，有劳动占分配比重过低的问题，还有灰色收入问题。

我们对投资走向缺乏调控。我们的让少数地区少数人先富起来的发展战略，真正提高了效率，促进了沿海地区和大城市的发展，然而，经济发展的马太效应，导致了资金投入不断地向富裕地区聚集。正如诺贝尔经济学奖获得者缪尔达尔指出的，不均衡发展到了一定阶段，一定要向均衡发展转变，这个均衡发展，仅靠市场的力量是无法实现的，必须要靠政府的力量进行牵引和导航。但是，我们的投资中，无论外资、民资、国有资本、银行贷款及各种专项财政投入，一直是按照效益最大化、效率优先的办法运行的，这就必然造成农村和欠发达地区长期缺少投资的进入，导致发展明显滞后，差距不断拉大。

我国是一个农业人口占绝大比重的国家，长期的“剪刀差”，使农村为工业化和城市发展贡献了数以万亿计的资金，而同时也削弱了农村实力。因此，要解决中国的现代化，就必须把“三农”作为重中之重，把农村作为投资和基本建设的重点。尤其需要从人多地少的实际出发，下大力气分流农民和减少农民，推进农民的市民化。但是，由于种种原因，对“三农”的支持还是“雷声大，雨点小”，特别是分流农民和推进农民市民化的工作严重受阻。

土地流转的不公平也是造成收入差距扩大的重要原因。中国农民没有土地买卖权，但是极少村内村外的有权人、可以把土地买到手后再卖出的有钱人，以及地方政府和国有企业中能够以国家项目名义廉价征地的主管人，他们将土地以极低价格从农民那里拿出后，可以无限制地进行囤积和升值，由此导致很多人空手套白狼，一夜间成为大富翁。而众多失地的农民则变成了无土地、无职业、无收入的三无人员，严重造成了社会的不公平和两极分化的形成。除了土地流转不公外，国有资产的流转不公也是贫富差距拉大的重要原因。

胡锦涛总书记在党的十七大报告中就已提出要扩大分配总额占 GDP 的比重，扩大劳动在分配中的比重。但在事实上，这个问题至今未能很好解决。我们的工资收入占 GDP 的比重同 20 世纪 90 年代相比有明显下降，劳动分配比重过低，资本分配比重过大也日趋严重。

灰色收入之严重也造成收入差距的扩大。灰色收入的来源：一是财政使用不透明，大量国家资金被滥用，以各种各样的名义流进了私人腰包，再就是投资项目层层转包，工程款层层剥皮，造成资金漏失严重。二是金融机构贷款的“潜规则”造成的向私人额外付费。三是腐败敛钱所造成。

三、如何解决好收入分配的问题

（1）导致当今收入差距不断拉大而且两极分化趋势日益严重的总根子还在于我们对解决收入差距问题的认识未能统一。要解决收入差距严重拉大问题，就必须快刀斩乱麻，果敢地走出认识误区，突破既得利益者的重围。要用邓小平同志的“共富理论”统一认识，增强共识。要正确理解和准确把握邓小平同志关于让少数人、少数地区先富起来的目的，就是为了实现共同富裕的论断。牢记邓小平同志指示的“社会主义不是少数人富起来，大多数人穷，不是那个样子，社会主义的优越性就是共同富裕，这是体现社会主义本质的一个东西。”只有走共同富裕的道路，社会才能和谐、稳定，广大劳动者才能有更高积极性，内需才能更好调动，经济社会才能更快发展，民族才能复兴。为此，必须使广大干部，特别是要使决策层增强解决收入差距拉大的紧迫感，将消除分配不公和防止两极分化摆上重要议事日程，上升为第一要务。只有这样，缩小收入差距才有希望。

此外，我们需要创新社会主义市场经济理论，完善社会主义分配原则，突出按劳分配。最近有人提出，工人除了获取被雇用的工资外，还应该“以劳为本”，参与企业的分红。我们认为，作为特色社会主义的中国，很有必要在这方面从理论上进行突破。劳动力是极其重要的生产要素，无论生产部门的劳动者，还是从事服务业包括做餐饮、旅店、保安、保洁的劳动者，他们拿到的工资仅是企业成本的那部分，而今企业的红利分配与他们无关。按照马克思的观点，劳动者是商品价值中含剩余价值的唯一来源。商品经济条件下，企业所产生的红利应该有劳动者的一定份额，如果都被生产资料的占有者拿去，势必就剥夺了劳动力要素获取剩余价值的分配权，也就是形成了剥削。基于中国特色社会主义的本质是消灭剥削，所以我们应该对劳动者参与剩余价值的分红进行研究，并以此为突破口，突出按劳分配，理顺分配关系，搞好分配制度的改革。

（2）必须解决好投资与贷款的配置走向。“有钱才能赚钱”，这是天经地义的真理，中国的贫富分化，很大程度上与投资的过度集中和贷款的嫌贫爱富直接相关。为此，我们必须要对投资与贷款方向进行政策引导。对贷款配置走向进行必要调整。要克服市场自由化中的马太效应，促进财政资金和国企投入向欠发达地区倾斜，特别是要向农业产区和农村倾斜。国有控股银行的贷款也必须切出一定比例投向欠发达地区和农村。否则，就很难缩小地区差距和城乡差距，进而引起收入差距向两极分化。

（3）千方百计推进中国的城市化，要把分流、减少农民，促农民变市民作为中国城市化的根本任务。我们现在的建设项目、资金投入的绝大部分都规划投入副省级以上城市，而随资金、项目流动的农民工也必然绝大部分集中于副省级以上城市，副省级以上城市中的1/3或半数以上人口基本是农民工或是来自农村的小商、小贩。副省级以上城市只有放开户籍，让更多的农民工在所工作的城市落户了，住有所居了，才能使5800万留守儿童解除远离父母之苦，才能使数以千万计的农村空巢老人得到儿女的亲情照顾。另外，有人担心农村人走多了，农业难搞了，实际这是多余的。当年天津大邱庄原来2500人搞粮食，只产粮625万千克，后来改为9个人搞粮食，却使粮产翻了一番，达到1250万千克，可见农村劳力的减少是必须的，只要把农村改革搞好，劳动力是不用担心的！

（4）建立最低和最高工资制度，实行国企利润上缴，降低政府开支，扩大社保投入。我国的最低工资标准是人均GDP的21%，而世界上是人均GDP的58%。我国最低工资标准是平均工资的21%，而世界上是50%。为此，必须提高最低工资标准，建立最低工资制度。同样，对最高工资也应该进行限制。最高工资我们可以借鉴国外的经验，使企业高管的工资与公务员最高工资持平，特别是那些在政府与企业间可以随意流动的高级官员，其工资收入应该与高级公务员保持一致。而公务员的工资，应该依消费水准划分地区工资标准，同一工资标准地区的省、地、县工资水准应该趋同，不同地区间也不易差别过大，最高工资应不高于全国平均工资的 5 倍为宜。

实行国企利润上缴，这在国际上是一种惯例，丹麦、芬兰、法国、德国、新西兰、瑞典、韩国、挪威都是如此，它们中上缴比例最高的达到 80%～90%。我国的国企几经呼吁才上缴 10%左右的利润，有的国企用本来属于国家、属于人民的钱，大吃大喝，大搞福利。即使投资再生产，也是比较随意。为了缩小收入差距，合理有效地利用国企赚来的资金，应下决心实行利润上缴。我们中国特色社会主义强调公有制为主体，这就必须将国企的收益纳入公共财政，而非企业将利润留存分配，而且必须使国企人员的进入向社会公开，而非内部顶替，或封闭指定。

此外，必须降低政府开支，建设节约型政府，要搞好收入分配，如果能把更多的钱用在提高百姓的收入上，加大对百姓的社会保障，一定会达到意想不到的效果。

四、解决好劳动报酬比重过低的问题，扩大社会保障

改革开放以来，我国的国民收入总值和国家财政收入均提高百倍以上，但是广大居民的收入虽有明显增长，而同前两者的增长倍数却相差甚多，特别是工薪阶层的收入，在平均数的掩盖下，收入增长就更显得滞后。要解决这个问题，一是需要改变收入不公，在国企工薪阶层要实行同工同酬，在民企要实行工资协商制度，并需做好相应立法，以保证实施有效；二是需要实行职工工资与物价指数挂钩，与经济增长速度挂钩，确保不因物价上涨，而致职工收入降低，确保职工收入与经济增长同步，确保经济发展成果让人民群众共享。

扩大社会保障，是搞好二次分配的具体实践。我们每年以 20%以上速度增长的国家财政，其使用重点需逐步移到社会保障上，如果社会保障不能有突破性地增长，财政收入这个蛋糕做的再大，仍然会因为蛋糕的切法有问题，

给社会和经济发展带来负面影响。以 2008 年为例，我国社保总投入仅占财政的 7.5%，远低于德国的 55.5%、加拿大的 45.6%、美国的 30.2%。由此看到，我国财政对社保的投入还有巨大的空间，加大财政对社保的投入一定会对缩小收入差距作出重要贡献。

（原载《国家智库》）

关于将马铃薯单列为粮食作物并推出举措促其更大发展的建议

2012年10月

面对世界粮食缺额越来越大的现实，从寻求粮食发展新战略考虑，近一个时期以来，我们对马铃薯的生产状况及发展前景进行了实地调研。从调研中得知我国马铃薯的发展潜力很大，定有可能成为解决粮食不足的重要途径。但也发现马铃薯在当今的发展中遇到了诸多困惑，需要有政策层面的支持和引起政府关注。为此，现将有关情况及建议报告如下：

一、以马铃薯代粮解决食物不足是全球也是我国的必然趋势

伴随人口增长，气候恶化，全世界将有30亿人面临缺粮困惑，粮食供应不足，饥饿面积扩大正在成为人类的一大灾难。

世界银行今年7月30日发布报告指出，仅仅由于美国大旱，6月中旬以来，小麦价格涨幅超过了50%，玉米价格涨幅超过45%，大豆价格超过30%。

我国粮食产量虽然连续7年不断增长，但仍然因为我国是一个人口大国，伴随经济发展、人口递增，粮食仍然有一定缺口。据粮油信息中心预测，2012—2013年小麦产出1.18亿吨，需求1.24亿吨，缺口600万吨；玉米产出1.97亿吨，需求2.1亿吨，缺口400万吨。我国对大豆的需求则主要依靠国外供给，1938年，世界90%以上大豆产自中国的形势已经一去不复返了。由于对大豆进口依赖度不断高企，造成我国食用油企业85%落入了外商之手，食用油价格已全部被外商掌控。

尽管粮食的育种技术这些年来取得了重大进步，有望对粮食增产做出新的贡献，但由于“转基因”的危害至今没有定论，加之我国癌症发病率高于世界平均水平50%，我们不得不谨慎对待。再说，现在的一些粮食新品种主要靠化肥堆积促进增产，不仅造成了土壤严重污染，而且也造成生产成本的

不断高升。我国虽然只有世界9%的耕地，但所用化肥却占到世界用化肥量的1/3，我国单位耕地面积用化肥量是世界平均水平的3.5倍、是美国的3.6倍、是法国的6.5倍。总之，我们的粮食增产面临困惑甚多，给进一步的增产造成巨大压力。

因此，无论从国际还是国内形势看，未来的粮食供应形势都不可过于乐观。尤其是石油的涨价，再生能源，特别是粮食乙醇的发展，也会给粮食的需求带来新的危机。

为此，人类必须开辟粮食生产的新途径，以缓解粮荒的出现。联合国秘书长潘基文断言："以马铃薯代粮已是全球的必然趋势。"对此，我们认为中国也不例外。我们有必要从马铃薯耐寒、耐旱、耐瘠薄的实际出发，认真考虑马铃薯代粮的发展策略，提升马铃薯的发展地位，以此拓宽人们口粮的新来源和开辟工业用粮的新途径。

二、我国马铃薯种植有着巨大潜力和广阔前景

马铃薯营养十分丰富，在欧洲被称为地下苹果，营养学家称其为全营养食品，它既可以作为蔬菜，又可作为粮食。欧美国家把马铃薯作为主食走进餐桌不算少见。世界粮食组织，把马铃薯定位为最安全的粮食。

马铃薯可以广为种植，其特点是耐干旱、耐寒冷、耐瘠薄、易种植。这些特点，注定它可以在很多稻、麦、玉米等粮食作物不能生长的地方进行种植。我国很多高原地区、少雨地区、高寒地区，很多老百姓都是靠种植马铃薯谋生的。因此，大力发展马铃薯产业，不仅可以补充食粮的不足，而且可以更有效地利用高寒、干旱及高原地区的土地，南方的冬闲地同样可以借着土地休闲进行马铃薯种植，以此扩大土地增收。

马铃薯，不仅可以当作主食和蔬菜，而且可以用作工业原料，如果重视起马铃薯的种植和加工，不仅可以解决工业用粮的不足，而且利于高原、高寒地区脱贫致富。我们在日本北海道调查时，那里因为气候寒冷，不能种植其他作物，只能种植马铃薯，因此，当地百姓在20世纪60年代仍然十分贫穷，但后来改善了马铃薯种植和发展了马铃薯的加工工业后，农民的富裕程度大为提高。我们访问的农村，因把马铃薯加工成淀粉、葡萄糖和油炸薯条之后，效益有了几倍上升。那里的农民不仅很快脱贫了，而且很快富裕起来，

我们看到的农户家家有小轿车、家家有上百亿日元的存款。

世界上有100多个国家种植马铃薯，总种植面积20多万平方千米。种植面积最大的国家是中国和俄罗斯。我国马铃薯种植面积为5.3万平方千米，占世界马铃薯生产面积的27.3%。但是中国的马铃薯单产并不算大，我们的单位面积产量仅为美国1/3。我国现种植马铃薯8000万亩，如果将其提高到美国单产水平，中国马铃薯产量将可增加1.6亿吨。按4斤折1斤粮计算，相当于增加粮产4000万吨，可解决8000万人的粮食需求。

另外，我国南方还有3亿亩的冬闲地，根据我们在广东惠州的调查，冬闲地种植马铃薯亩产可高达2吨以上，如3亿亩冬闲地拿出1亿亩种植马铃薯，每亩按2吨计，就可增产马铃薯2亿吨，相当于增加粮食5000万吨，这又可解决大约近亿人的粮食需求。

因此在我国，发展马铃薯潜力巨大，通过马铃薯的发展和加工，能使一些地区的农民增收，并且能够用马铃薯代替工业用粮，降低味精、柠檬酸、抗菌素、酒精、白酒等对粮食的大量消耗，以解决饲料用玉米的紧缺状况，有利于降低饲料价格，缓解猪肉涨价，确保物价指数平稳增长。

三、对发展马铃薯的政策建议

（一）把马铃薯单列为粮食作物，及早掌控马铃薯的国际定价权

在发达国家马铃薯是被单列为粮食作物的。例如俄罗斯、乌克兰是将其排在粮食作物的第二位、第三位给予重视发展的。但我国的马铃薯生产虽然数量巨大，占到世界总产量的27.5%，但中国马铃薯并未单列为粮食生产范围。我国马铃薯生产，在国家统计表中是归入薯类进行统计的。相反比马铃薯种植面积、产量都小得多的高粱、谷子都有单列科目。这被专家们认为是典型的“作物歧视”，为此，一些学者呼吁，要重视马铃薯生产，就要给其统计的“国民待遇”。正是由于“作物歧视”，对马铃薯的生产缺乏应有的重视和关注，有关方面没有看到它作为粮食和工业原料的重要性。马铃薯生产的科研投入严重不足，无论是种子创新、研究、脱毒、种苗繁育、机械化种植、机械化收获，特别是产业化生产都缺乏应有的支持，缺少发展的硬措施。这也是中国马铃薯单产比美国低2/3的重要原因。

因此，在粮食发展前景困惑较多的情况下，应该从战略高度重视马铃薯

的生产，将其单列为粮食作物，在统计科目中计划单列。按照粮食生产的政策给予重点推进。

大家知道，中国虽然是农业大国，但我们对主要粮食产品并没有掌握到定价权。例如大豆、小麦的价格，完全由发达国家的供应商和发达国家的商品期货商市场所决定。我国常常被动地承担着国际市场价格波动，特别是投机涨价的风险。由于我国未能掌控大宗粮食商品的国际定价权，已经给我国的经济发展造成被动局面，给国计民生造成危害。而马铃薯作为第五大粮食作物，世界上近20年产量翻了一番，迄今发展中国家对马铃薯的摄入量还不到欧美的1/4，发展中国家种植面积和摄入量正在迅速增加的情况下，我国应该将马铃薯的发展摆到经济安全、国家安全的高度，抓住机遇，采取主动，提升马铃薯在粮食作物中的地位，及早掌控马铃薯的国际定价权。

（二）按照种植粮食的补贴政策，实施对马铃薯种植的财政支持和补贴

马铃薯是西北、内蒙古及西南高原地区的优势特色产业，完全可能在国家支持下将其做大做强。通过近几年在甘肃定西、宁夏西吉、内蒙古乌兰察布市、河北围场等干旱缺水地区种植马铃薯的实践，证明我们完全可以在西北、华北、东北、内蒙古等地的被撂荒的上亿亩土地上种植马铃薯。这些不适合种其他粮食作物的土地，可通过马铃薯的种植获得复耕。

要促进以上地区的农民脱贫和促进撂荒土地的复耕，就要对马铃薯的种植实行种粮补贴政策，特别是要对脱毒种薯和高产新品种种薯的繁育进行补贴，以降低脱毒种薯和新品种种薯价格，促进全面推广。彻底解决广大种植户用不起脱毒种薯和买不起新品种种薯的大难题。不仅要促进品种更新换代，促进新品种的推广，而且要促进种植技术的改进和激励龙头企业投资这一产业。只有这样才能扩大种植，提高单产，真正把马铃薯种植推上一个新台阶。

（三）要大力推进马铃薯的储存和加工

我国马铃薯生产因为缺乏储存技术和工业加工量较少，而致马铃薯市场萎缩，价格下跌，农民受害。我国储存技术还多为自然窖藏，易出现烂窖、发芽，库损极为严重，每年损耗量达30%之多，而国外的仓储损耗不到10%，且储存长达12个月以上。我在国外看到的是，很多马铃薯因为得到了及时加工，而不致受损。国外还用钴60照射马铃薯，抑制发芽，延长保存期。

所以，我们要发展马铃薯产业，就一定要大力建设仓储设施和加工工厂。据我所知，中粮公司在一些玉米产区建了很多以玉米为原料的酒精厂、淀粉厂、味精厂、葡萄糖厂、柠檬酸厂、丙酮丁醇厂，这些都是以玉米水解糖为原料，经微生物发酵转化的产物，其实完全可以用马铃薯将其取代。为此，应动员中粮公司把这样的工厂建到马铃薯产区去，马铃薯作原料生产这些产品比玉米还要好。这样不仅可以为马铃薯打开销路，稳定价格，而且可以带动当地经济发展，利于西北、华北、内蒙古的农民脱贫致富。这样既减少储存压力，又降低了储存损耗。当然也要研究马铃薯储存的有效技术，包括采用钴 60 照射等。

（原载《国务院参事建议》）

推进城镇化必须解决好的六个问题

2013 年 3 月

一、城镇化需从认识上端正方向，切中时弊，立足解决实际问题

必须看到，对城镇化的认识，决定着城镇化的命运。当今在大力推进城镇化之时，最重要的是需在为什么推进城镇化和怎样推进城镇化方面找准位置，端正方向，形成共识。

直至今天，对城镇化的认识偏颇，不仅延缓了我国城镇化的发展，而且给今天城镇化的实质性推进带来了“门槛高过”“难度更大”的阻力。影响城镇化推进的错误认识，具体地讲有以下几点：一是“国外的大城市都在向外围发展小城镇，因此中国不能发展大城市，只能发展小城镇”；二是“城镇化绝非人的城镇化，城市化不是农民变市民”；三是“对农民实行‘两栖类’的做法，进可攻，退可守”；四是“中国应着重发展三大城市群，有三大城市圈足够了”；五是“农民工并不愿进入城市，因此，没有必要让农民在城市落户”；六是用统计方法的修改推进城镇化，出现了一年增长 1 个百分点。以上这六种认识和做法，不仅曾一度误导着我们的认识，而且也在左右着我们的行动。

例如，“两栖理论”关于“农民在农村有地，又可漂在城市做工，进可攻，退可守，是保证社会稳定的最佳选择”的说法，不仅误了广大农民，也误了我们国家，不仅延缓了城市化，也阻碍了经济发展。“两栖”的结果是，一方面造成城市门槛越来越高，城乡差距越来越大，农民工愈来愈望城兴叹。如果十年前就重视农民工入城问题，就不会像今天这样让亿万农民无法承受。另一方面造成了几千万儿童留守农村，几千万农民工夫妻不能团聚，农村空巢老人越来越多，社会压力越来越大。

“两栖”的做法还造成农民工把艰难赚到的一点钱，不得不投资农村和小

镇去建房，既削弱了内需，也造成很多小城镇的住房闲置和无用。

又如，20 世纪 90 年代初，有关文件就规定“中国不能发展大城市”，这种做法，实际也是违反了经济发展规律的。发达国家的城市发展是经历了由分散到集中再走向分散的几个阶段的，大城市周边的小城镇群，实际是大城市发展的结果和产物。再说只有发展大城市，才能发展第三产业，增加就业岗位，才能聚集信息与文化，强化创新环境，增强发展动力。而不重视大城市发展的观点，造成我们很多 500 万人以上甚至上千万人的地级市，中心城市至今还到不了 30 万人或 50 万人，使这些地方失去了经济发展的“火车头”，这既制约了那些地方的经济发展和百姓就业，而且也抑制了我国真正的城市化的快速推进。

迄今，我们的城市化水平远远落后于工业化程度，并造成城乡差距拉大，诸多社会问题加剧，不能不说与以上几种错误的认识直接相关。

因此，要确保城镇化的顺利推进，首先需要排除这些错误认识的干扰，要切中城镇化时弊，明确城镇化的概念，端正城镇化的方向，把城镇化作为一种使命和责任，立足于解决好包括“三农”滞后问题、内需不振问题、收入差距过大问题、社会管理不顺问题等，用好城镇化机遇，落实好城镇化战略。

二、城镇化必须以减少和分流农民为宗旨，将农民市民化作为城镇化的指标和目的

中国作为一个农业大国，农业人口众多，人均耕地甚少，这是“三农”问题突出的源头所在，也是农民劳动生产率过低和农民收入微薄的根本原因。要解决中国的“三农”问题，就必须通过城镇化道路，分流和减少农民，以此提高农业劳动者对土地的占有数量和提高城乡两方面的劳动生产效率。

城市既是经济发展的产物，同时也是经济发展的火车头。城市因为聚集了文化、经济、商品、信息、科技、金融和交通等，它不仅为人们创造财富提供了市场和方便，也为人们提供了分工效益和规模效益。正如恩格斯所说“伦敦因为聚集了 250 万人，使这 250 万人的力量增加了 100 倍”。这就是说，只有绝大部分人集中到城市里进行劳动时，总的劳动生产率才能达到一个高水平。

不仅如此，城市的发展，人口的聚集，还为“人人为我，我为人人”的诸多服务行业、第三产业拓展了发展空间。事实证明，越大的城市，第三产业越发达，服务业就业岗位就越多。纽约有70%以上的就业岗位属于第三产业。国内北京、上海第三产业所占比重高达60%左右，在国内数一、数二，也是因为它们有着千万人口的聚集所致。

20世纪末，部分发达国家从事农业的人口占总人口的比例就已降到10%以下，美国为2.44%、法国为2.89%、英国为1.9%、法国为3.89%、加拿大为2.83%、荷兰为3.7%、澳大利亚为4.83%、以色列为3.08%、日本为4.78%、意大利为6.16%、新加坡为0.2%，韩国当时是最高的，农业人口占10.5%，但现在韩国从事农业人口也已降到5%以下。我国作为农业大国，没必要也不可能完全做到发达国家的水平，但是，不大量分流和减少农村人口，我们的现代化是难以实现的。

因此，受既得利益者的驱使，一些拒绝农民入城的观点是错误的，还有说“农村劳动力遇到恐慌”的说法也是异曲同工所使然。为了壮大我国第三产业比重，创造更多就业岗位，提高劳动生产率，解决好“三农”问题，就必须坚决做到城镇化以分流和减少农民为宗旨，把农民变市民作为城镇化的指标和目的。

三、城镇化必须从中国实际出发，重视顶层设计，搞好城市布阵

改革开放以来，为了用好紧缺资源，促进沿海地区先富起来，我们重点推进了东部城镇化的发展。当初虽然对东部投入比较有限，但由于那时间土地和金融条件的无限宽松，再加上东部城市发展期间属于卖方市场，促成了作为城市化内在动力的工业产业迅速崛起，尤其在推行市场经济机制之后，东部更成了万商云集之所。而后来中西部要发展之时，不仅遇到了投资瓶颈、政策瓶颈、土地瓶颈，而且完全进入了买方市场，工业发展的艰难造成了城市发展的缓慢。2000年5月中国有662个城市，广东、山东和江苏分别拥有52个、48个和41个，这三个省当时各自拥有百万人以上，城市位居全国前三名，均超过人口第一大省河南的两倍多。同时这三个省人均GDP也位居中国前三名，而且人均GDP也是河南省的2倍多。由此可见，城镇化特别是大城市对经济社会发展的带动作用是不能低估的。

因此，在推动区域经济统筹发展之时，一定要从中国实际出发，重视城市的顶层设计，搞好城市布阵。根据本人的研究，在做顶层设计时，一是需要否定前面提到的一些关于城市化的错误认识，使城市化的推进与我国国情和区域发展相适应。二是城镇化过程中，哪里发展大中城市，哪里发展小型城镇，这一定要因地制宜，区别对待。像北京、上海等特大城市周围应重点发展小城镇。我在美国洛杉矶和加拿大蒙特利尔调查过，这两个城市周围都有 70 多个小城市。在中国特大城市周围大力发展城镇有充分条件的，也是十分必要的。而像河南那样人口十分密集而且近亿人口的农业大省，在今后 15 年左右的一段时间内应重点发展城市，而不是小镇，需有一批城市人口过百万的大城市在中原崛起。三是顶层设计中，城市的发展一定要考虑人口基数，要按人口设城。现在很多人口过 500 万人，甚至过 1000 万人的地级市，城市人口还没达到 50 万人，这是亟须引起注意和应该重点支持的。在整个顶层设计中，还要重视县城的发展，原则上一县应设一市，只有这样，城镇化才能真正加速。四是城市化的顶层设计，一定要有基础设施和项目投资紧跟上，城市的发展是需要基础设施特别是交通设施的。另外，城市化与工业化是并肩而行的，对进入顶层设计的城市布局，一定要安排项目支撑，特别是国有企业的投资一定要支持城市化的顶层设计，为城市化服务，与城市化结合。

四、城镇化一定要让副省级以上城市接纳外来人口，使农民工在城市安居

中国城镇化的推进，关键是要解决副省级以上特大城市接纳外来人口问题。据资料披露，像上海、北京这样的城市外来人口均在 500 万~700 万人左右，其中绝对多数是家在农村的大学毕业生和各行各业的农民工。这些由农村走出的大学毕业生和农民工，几十年来，不仅为这些大城市的发展做出了巨大贡献，而且已经长期生活在这些城市之中。例如我家一个安徽小保姆，80 年代初，18 岁就进北京了，后来结了婚，孩子都已经二十多岁了，仍然没资格进北京户口。

北京改革开放初，三环路两侧还都是玉米地，而今已“摊大饼”发展到五环之外和跨入六环两侧地区，马路、高楼、商场、学校、别墅、会所、公园、假山、人工湖、高尔夫场地占去了多少农田，但就是不接收外来的农村

人口。从报道中知道北京也进了一些人，如最近在北京买下40多套房产的龚爱爱，人不在北京，而却可在北京上户口，又能两次进行转户口，不知类似这样的情况该有多少？此中进户口的“难”与“易”，看来完全是人为的。

由于副省级城市不接纳农民工和农村入城的大学生，导致了中国城市水平不是统计局给出的52%，而实际仅有35%。更可怕的是，在做教育的统计时发现，义务教育阶段的学生中，80%是农民的子女，也就是说，在我们这个国家15岁以下的人口中，80%是农民，这意味着我们的城市化在农民变市民方面不仅没有推进，而且是明显倒退了。15岁以下的人口中80%是农民，我们该如何去应对?!

副省级城市不接纳农民工的理由是城市太大了，城市太拥挤，其实这只是一种借口。这亿万的农民工已经工作和居住在这些副省级城市中，把这些农民工转为市民并不会给城市带来大拥挤。再说，中国大城市的容积率要比很多国际大城市低得多。日本、韩国城市容积率是2，中国台湾地区为1.2，中国香港地区为1.6，中国大陆仅为0.5，上海被认为是最拥挤的，现在容积率才0.8，比日本、韩国少1倍还要多。《文摘周报》不久前报道，日本东京的面积只有上海的1/3，而东京人口是上海的2/3。

由此可见，副省级以上城市不接纳农民工和外来人口是没有理由的。城市的交通拥挤不从管理上去努力，将其作为不接纳农民工的挡箭牌，这是很不应该的。至于少数人，想通过控制人口，拿户籍作为牟私利的手段，专为少数人进行权钱交易，那就更不应该了。

为此，要推进城镇化，要解决农民变市民的问题，就一定要请副省级以上城市带头接纳农民工，而且要放开户籍管理。同是在共和国的蓝天下，应该凭身份证行遍天下，共和国对每一个公民和劳动者应一视同仁，应该在公共服务走向公平化的今天，以身份证刷卡制作为户籍管理手段，并以此同国外接轨。

五、城乡统筹发展一定要以城市为基础，并重视其全域性和产业拉动

城乡统筹对农村面积广大、农村人口众多的中国发展是十分重要的。但是如果在一些地方不着力推进城市的发展，而一味地强调城乡统筹，就起不到以工补农、以城带乡的作用，城乡统筹也就成了无源之水、无本之木。

第一，对于城市发育较好、规模较大、实力较强的地方，其城乡统筹应重点发展周边的小城镇，十分注意产业布局和投资调控，防止大量睡城的出现。对于城市化极为薄弱，农业人口相对集中的地区，应在中央政府和省级政府的大力扶植下，促其地方大城市的建设和发展，否则城乡统筹只会沦为一句空话。

第二，城乡统筹一定要重视“全域性”，科学发展观是强调发展成果共享的。那种只重视建设统筹样板、搞试点，不惜用大量财政投入，大搞锦上添花，把样板搞得好上加好，而到广大地区统筹发展时，无任何财政支持的做法是不可取的，也是无法搞好城乡统筹的。为此，必须改变长期形成的只重视示范工程、政绩工程，热衷锦上添花的惯性行为。

第三，城乡统筹一定要把农民对幸福生活的向往作为新农村建设的奋斗目标。既要重视建设美丽乡村，又要重视农民增收和提高农民的生活质量。尤其要把粮食生产区道路差、基础设施差、公共服务差，以及资本少、信息少、致富门路少的“三差三少”突出问题作为新农村建设应予突破的重点。要坚决改变那种重外表形象多，重生活质量少；重农户单干多，重集体合作少；重经济发展多，重社会发展少；重锦上添花多，重雪中送炭少的“四多四少”的老路子。

第四，要重视农业产业化和非农产业发展。凡是城乡统筹搞得好的地方，多是产业拉动力度较大的地方。因此，推动城乡统筹，一定要重视农业产业化和非农产业发展。一是农业产业化的推进，要按照企业的管理经营模式，推进农业产业的规模化、市场化、科学化、机械化。要使农业生产通过集约化的管理，及先进技术、先进装备的武装，提高劳动生产率和个人收益。二是非农产业发展，要狠抓农产品的加工和运输，这项工作做好了，可以为农村增加3~10倍的收入，有利于农民就业和增收，为了使农产品加工等非农产业发展，一些大的县一定要多设几个工业聚集区。三是要大力发展农村服务业，包括物流业、旅游业，都应引起重视。为了确保非农产业的发展，除了搞好城乡统筹规划，给非农产业留出空间外，还需要有税收政策的扶植，财政金融的支持，尤其是土地的使用要向欠发达地区网开一面。

第五，要建立农民入股的公司制合作组织。为促进农村与市场对接，形成城乡一体的市场运行秩序，建立城乡一体的市场信息网络，就必须搭建农村的市场平台，完善维护农村运行的载体，这就是农民入股的公司制合作组织。

公司制经济组织是当代市场经济管理的重大创造，也是现代经营的最好模式，公司制经济组织不仅在工业领域得到了普及、推广，而且也在各国的农业领域得到了广泛应用。农民入股的公司制合作组织，不仅可以把市场经济体制引进农村，实现“三农”与市场对接，而且利于开展种、养、加与产、供、销的一条龙，能够把农产品加工、运输、营销的效益留给农民，使农民增收。

因此，城镇化要重视在农村建设农民入股的公司制合作组织，改变现在一家一户的小农经营模式，不宜也不应该把广大农民都赶出田地，使农产品加工、销售、经营的效益都被外来的企业拿走和占有。为了使农民入股的公司制组织在农村兴起：一是需要在农村建立“一村一品”式的支柱产业；二是放宽农产品加工公司的注册条件；三是金融与科技的投入要支持农民入股的合作企业；四是要由政府出面，专门为农村建立这样的合作组织培养领军人物及管理人才；五是公司需实行董事会管理、总经理负责制，让农民参加监管，企业红利按股分红。

六、城镇化推进中，一定要狠抓相关制度的改革，把改革作为城镇化顺利推进的引擎和抓手

要解决好城镇化进程中的诸多矛盾，求得城镇化顺利推进，必须要进行多种涉及全局的制度改革，只有紧抓改革这个抓手，我们的城镇化才不会走偏，城镇化的目的才能实现。

第一，要下决心改革户籍制度。户籍制度是二元社会的形成和收入差距拉大以及“三农”问题解决难的总根子。户籍制度的长期存在，造成我国农业总人口达到世界农业总人口的34%，成为世界农业人口最多的国家。户籍制度之所以改动困难，一是认识上的原因，怕在城市出现贫民窟，怕影响社会稳定；二是户籍担负的功能过多，如儿童入托、子女上学、购买房屋、摇号车辆、就业工作、享受社保、办理出国等均与户口挂钩；三是办户籍走后门，买户口、卖户口频频发生，这不仅为执管户籍部门带来了寻租机会，也为这些部门带来了既得利益。根据最近曝出的情况看，这最后一个原因，可

能给户籍改革带来的阻力是最大的。因此，改革户籍，一定要首先反对腐败，要改革户籍担负的多项功能，要在公共服务均等化的要求下，使入园、上学、买房、就业、社保等与户籍脱钩。要用现代发达的信息技术，通过身份证刷卡，对流动人口进行管理。

第二，要改革土地使用办法和地方政府财政开支对土地出让的过分依赖。出让土地促财政增收，是90年代末开始的，从长远看20年后这条路子也会被切断。因此，我们没必要让地方政府财政开支依赖土地，十分需要对土地使用办法进行大刀阔斧的改革。要用按年度交纳较高的非农土地占有税取代土地拍卖，以遏制土地买卖和顺利解决居民住房的土地需求及住房价格。这个问题一旦解决，我们的住房用地就会迎刃而解，住房价格就能够回归合理。由此，入城的门槛定会降低，社会才能和谐，百姓才能安居乐业。再说，土地交易的黑幕和土地费用的使用混乱，是腐败多发的根源之根源，只有改革好土地管理，才能倡导勤俭，才能更好地反腐倡廉。

第三，要改革基础设施建设的管理。一是要改革基础设施的配置，要防止基础设施配置中的“关系”和“后门”，使基础设施配置与城市化相适应。二是要解决基础设施建设中的腐败问题，基础设施是腐败易发多发的平台，此中黑洞之深，问题之大，对国家财产造成损失之多，是常人难以想象的。有几个省交通厅厅长连续多任“前腐”后继，是有力的佐证。去年北海市修了很短的一段机场路，花了1000万元，不久这条路就烂掉了。市委书记看到后要求查找原因，结果发现层层转包、层层回扣之后，真正用于修路的钱已经十分有限了。为此，一位副秘书长还得到了60万元的好处费，可想此中问题的严重了。当然这绝非仅有的，我们一些国家项目、重大工程，此中的黑洞之深，如把调查结果讲出来，都让人难以置信。

第四，要改革干部待遇终身制和一些不合理的照顾与安排。新中国成立后，为了安置戎马一生的开国元勋们的晚年生活，实行了对高级干部终身制的优厚待遇，这完全是必要的、正确的。但是时至今日实行了退休制度之后，我们的干部待遇终身制和无限制的做法，不仅给国家财政，给地方接待增加了繁重负担，而且也造成了很不好的社会风气。我们的很多地级市，甚至县级市的某些宾馆里都设有总统套间，上百平方米、几百平方米大小不一，汗蒸、桑拿、冲浪浴、淋浴样样皆有，按摩间、读书间、写字间、棋牌间样样俱全。很多人夏天北上，冬天南下，有时一个城市就聚贤好几十，弄得地方应接不暇。

再就是，我们的首都，各省份的省会（首府），都成了各级干部退休后的聚集地。例如北京，各省委书记退下进北京，很多将军退下进北京，如此的局面，北京怎能不臃肿，北京的房价怎能不高企。美国卡特总统退休后住在1个4000人的小镇上，我们为什么就不能在当地退休呢？为了推动区域统筹发展，我们必须围绕干部待遇终身制和无限制进行改革。这个问题如能推进，大城市的过度拥挤就会改善，包括医疗资源都能够在全国各地得到提升。

第五，要改革城市的资源配置与管理。我们的一些城市过分拥挤，首先与行政资源等过度集中有关系。要推进城市的均衡发展，就一定要改革行政资源、教育资源、医疗资源、文化资源的配置模式和传统习惯。德国是一个高度均衡发展的国家，其中一个重要的原因就是重视把多种社会资源向各城市均衡配置，就连某些部级单位和中央电视台都设在首都之外。我们还要学习德国的做法。特别是在信息技术高度发达、远程传输极为方便的情况下，应有意识地把学校、机关、部委、媒体、医院、研究院等，向各城市分散，这样既有利于资源的均衡配置和区域的统筹发展，又有利于改变我们某些城市独大的难堪局面。

第六，要改革城市的级别，减少城市层级。我们在美国、加拿大考察时，他们城市协会告诉我们，几万人的小城市和千万人的大城市级别是一样的。包括蒙特利尔、洛杉矶各自周边的70多个城市都是同等的。而我们的城市分出了三六九等，直辖市、副省级市、地级市、副地级市、县级市，如此多的级别不只是给管理带来了混乱和麻烦，更糟糕的是，很多级别低的城市，因权力所限发展困难。要大力推进城市化，就必须重视城市级别的改革，对县级市更多放权。借助改革的抓手，把我国的城市化推向一个新水平、新阶段，使其为全面建成小康社会作出新贡献。

（源自“给李克强总理的报告”）

关于大力推进北纬 33°经济带建设的建议

2014 年 5 月

从 20 世纪 90 年代末，我出任全国政协常委，继之又任国务院参事至今的 18 年中，我因工作和社会活动需要，每年要考察和造访 25 个省市区，在频繁的同东中西部的接触中，我发现以北纬 33°为轴的中国由东到西约 2500 千米的地带上，雨水充沛、自然条件较好，曾是中国历史上开发较早的地区，但也是今天同其南、同其北相比，是明显欠发达的地带。

为了双百年目标的顺利实现和更好引领新常态的发展，本人认为有必要按照实现共富目标、统筹区域发展的要求，把北纬 33°经济带作为统筹区域发展的重要使命，将其作为“十三五”和“十四五”规划的重要经济增长极给予关注。

一、北纬 33°经济带的地域内涵

北纬 33°经济带，狭义地讲是南起 32. 5°，北至 33. 5°大约为 140 千米宽，东起江苏盐城，西至青海玉树，这个涉及 8 个省区的地带。广义地讲则是把这个地带加宽一倍，南起 32°北至 35°之间的这个经济带。

33°经济带，涉及苏北、皖北、豫南、鄂北、陕南、甘南、川北及青海的东南部八个省区。位于 33°主轴上的城市有盐城、兴化、盱眙、蚌埠、阜阳、周口、驻马店、南阳、十堰、商洛、安康、汉中、陇南、巴中、广元、阿坝州、玉树等。广义的 33°经济带还应包括泰州、淮安、滁州、宿州、亳州、淮南、信阳、漯河、平顶山等。

狭义的北纬 33°经济带，粗略测算南北宽约 140 千米，东西长约 2500 千米，总面积 25 万平方千米，总人口 7100 万人，GDP 总量 18161. 56 亿元，一般公共预算收入为 1819. 51 亿元。广义的 33°经济带，粗略测算南北宽约 280 千米，东西长约 2500 千米，总面积约 50 万平方千米，总人口为 11000 万人，

GDP总量为41256亿元，一般公共预算收入3229亿元。

二、北纬33°经济带在中国历史上的地位与作用

北纬33°经济带是中国的南北过渡地带，基本位于淮河沿岸和秦岭之南。历史上，有“走千走万不如淮河两岸”的民间谚语。这个地带四季分明，降雨量大约在700~1200毫米以上，历史上基本靠天吃饭，旱涝保收，至今这个地带也仍较少靠灌溉种植农业，是一个相对低水平的丰衣足食之地。

中国的二十四节气和重阳节等都诞生在这个地带，这里四季分明，二十四节气最为典型。例如，“七九”“八九”抬头看柳，“九九”牛儿遍地走，在这个地带最为标准。这个地方拥有南北方众多物种，仅从粮食品种看，水稻、小麦、大麦、玉米、芝麻、蚕豆、小豆、豌豆、红豆、绿豆、大豆、扁豆、高粱、小米、荞麦、红薯、烟叶等在这个地区都曾有广泛种植。种桑养蚕也由这里起始。

北纬33°经济带曾经创造过历史的辉煌，史上的大禹、管子、墨子、老子以及在秦朝统一文字的宰相李斯，作为中国文字始祖《说文解字》的著者许慎，医学家张仲景、华佗，还有发明地动仪的张衡及唯一女皇帝武则天等都生在这个地带，同时，被列为世界七大古战场之一的垓下古战场就在这个经济带的蚌埠。传说中的女娲故事、梁山伯与祝英台的故事，也都发生在这个地带。这个地带开发较早，文化积淀十分深厚，仅以安康为例，就有古寺庙650多处。33°经济带河流湖泊众多，洪泽湖、高邮湖、宿鸭湖、薄山水库、板桥水库、石漫滩水库、丹江水库、运河、淮河、涡河、洪河、颍河、漯河、汝河、汉水、嘉陵江等，都在此地带穿流，并在南水北调，特别是中线调水工程中作出巨大贡献。

三、33°经济带今日发展的重大差距

33°经济带，特别是南阳以东的半数地区是平原地区，本应该有较高的发展水平，但是由于种种原因，所统计的位于33°线上的7个省的15个地级市（统计时取了江苏两个县级市），有7000万人口，人均GDP约为26034元，仅相当于全国人均GDP水平的1/2多一点，这些城市所辖地区除个别城市的仅为所在省平均GDP的50%~70%，人均公共财政预算收入2608元，仅相当

全国人均财政预算收入 11073 元的 1/4。各城市财政预算收入在所在省，也多为本省的 1/4~1/3。

若将这 15 个城市的人均 GDP 同江苏省人均 GDP 相比，仅为江苏的 1/4~1/3，同深圳相比，仅为深圳的 1/6，同昆山相比，仅为昆山的 1/7。人均财政预算同江苏相比，仅为江苏的 1/4，仅为深圳的 1/9。

正是由于经济的滞后和财政的困难，这个地带外出打工多，留守儿童多，教育条件差。不久前调查时，仅在河南这个地带就发现一些中小学的大班额，每班人数高达 150 人，这么多的学生挤在一个标准教室内，两三个人挤在一个课桌上，手都抬不起。有人调侃说，这里全是培养的一把手，学生只能有一只手可以抬动。还有一些学校，80 人只有一个厕所蹲位，下了课要排长队上厕所，时间到了还轮不上。这只是地方发展困难和滞后的一个侧面。

广义的 33°经济带，还加上泰州、淮安、滁州、宿州、亳州、淮南、信阳、漯河、平顶山等。这些城市因位于 33°主轴的以南以北，比其主轴上的城市发展状况相对良好，但是其人均 GDP 除个别城市外同全国人均 GDP 的平均水平相比仍有较大差距，人均财政预算收入也只有全国平均水平的 1/3。按广义的 33°经济带统计，这个地带人均 GDP 仅约为 41256 元，比全国平均水平低 8000 元，比江苏平均水平低 1 倍，比深圳低 3. 5 倍，比江苏昆山低 4 倍，比广东佛山低 5 倍。

无论是狭义的或是广义的 33°经济带，同全国水平相比、同先进地区相比，差距如此之大，这对于一个地处中国的腰间地带，自然条件相对良好的地方，确实是不应该的，也是需要从区域经济发展的安排上值得反思、值得研究、值得高度重视的。

四、关于推进北纬 33°经济带发展的几点建议

（1）作为重大智库课题给予研究。鉴于北纬 33°经济带正值“中国之腰”，是中国的一条龙脉，同人一样，腰部健康不起来，整个机体就会受到大的影响。为此，必须看到 33°经济带在中国发展中的地位和作用，特别是需要同习近平总书记强调的区域统筹，人口经济学、共同富裕和共享发展联系起来，将其作为重大智库课题给予立项，投入适当的人力给予调查和研究。

（2）修建 33°线的铁路和公路。我们国家的发展都是以北京、上海、广州

为中心，所有的铁路、公路等均是以这些城市为中心向外辐射的。33°线上只有南北的铁路、公路从那里穿过，却没有东西的联络。如蚌埠、阜阳、驻马店、南阳，东西看就在一条直线上，而且全部位于平原上，但至今没有一条直的东西向的公路沟通，更不要说铁路了。

要想富、先修路，现在十分需要从江苏到广元，如有条件可以到玉树修一条横贯东西的沿33°线的东西大铁道和东西高速公路。现在开隧洞，架桥梁的技术很高，打通这条线的铁路、高铁、公路、高速公路并不难，而且会有较好效益，会对这个地区的发展起到极大的带动作用。

（3）下决心修好淮河。如前所述，历史上这里是“走千走万不如淮河两岸”。但是由于开垦种植的过度，特别是众多的小湖泊被填，以及气候的变化，河南、安徽、江苏的这个地方常受水灾之患。新中国成立后，在水利建设上毛泽东第一个写下了“一定要把淮河修好”。但是，至今没有对这个问题下功夫，并且没有给予应有投入。现在河南、安徽，有些人住在泛水区内人工修筑的高台上，居住条件极为恶劣。根据今天的经济实力，我们完全可以在沿淮河及其支流，修更多水库，并修好河堤，可以做到彻底解决水患问题，这样就可以把淮河两岸变成北国江南。

（4）推进33°经济带的城市化。这个地带的人口密集，但城市化水平很低。需要立足战略高度，对这个地区的城市发展进行布局，并且要通过基础设施的安排和投入加强，产业转移，支持这个经济带上的城市化。

（5）要在土地上放宽政策。33°经济带是历史上开发较早，也是在农田上过度开发地区。这里因为开放迟、发展慢，当其要发展时，确立了农田红线。因此，使这个地带的工业发展，城市建设受到土地的限制。为发展这个地方，必须要放宽土地的供给，确保工业经济和城市化的发展和推进。

（6）要支持这个地区的教育发展。治贫先治愚，由于财政困难，这个地带上的教育是相对滞后的，教育的滞后，造成落后的代际传递。为此，必须研究解决这个地带的义务教育和高等教育的发展，不要让孩子输在起跑线上。

（原载《国家智库》《国是》）

扶贫减贫要有问题意识

2016 年 3 月

扶贫工作是改革开放几十年来，一直备受关注的一件大事情。就我所知，改革开放初的 1980 年，我们约有 8000 万贫困人口，经过一番努力，到 1996 年降到了 5800 万人，即减少了 2200 万人。但由于因病因灾返贫和贫困标准的提升，20 多年过去了，我们的贫困人口还有 7000 万人，即比 1996 年还多出 1200 万人。习近平总书记在欧洲大学讲，按世界银行划定的贫困标准，我们的贫困人口还有 2 亿人。由此看出，我们在扶贫方面的担子是十分繁重的，要做好扶贫工作任务是十分艰巨的。

以习近平同志为总书记的党中央提出了五年以后要全面建成小康社会和吹响了精准扶贫的号角，2020 年，要实现全面脱贫，建成全面小康，就必须在扶贫方面除了精准扶贫之外，还需要带着问题意识，找出问题，解决问题。

第一，最重要的，还是要使广大干部和群众（包括企业家），提高对扶贫的认知，了解扶贫工作的重要性，必须找出贫困产生的根源和背景。我国是共产党领导的特色社会主义国家，共产党从成立的一天起就是为着人民服务的，彻底的为人民利益工作的。1934 年，毛泽东同志就指出，“对广大群众的切身利益问题，群众的生活问题（包括穿衣问题、吃饭问题、住房问题、柴米油盐问题、疾病卫生问题、婚姻问题）一点也不能忽视，一点也不能看轻”。习近平同志任总书记后，第一次接待记者时就指出，“人民对美好生活的向往就是我们的奋斗目标”。

改革开放 30 多年来，我们的国家发生了翻天覆地的变化，经济总量进入了世界第二，人均 GDP 高过了中等发达国家。就我们创造的社会财富而言，或是按平均收入算，中国人民都应该过上小康人家的幸福生活了，但是由于发展的不平衡性，2009 年财政部调查，中国 10% 的富裕家庭占城市财产的 45%，低收入的 10% 的家庭其财富仅占全部居民财产的 1.4%，相差 32 倍。

又据世界银行报告，中国1%的家庭掌握全国41.4%的财富。如此的贫富不均、两极分化，不仅造成我们“未富先老”，而且是“虽富还贫”的双重现象。这也是我国扶贫20年来不仅贫困人口没有减少，而且贫困人口比20年前的1996年还多出1200万人的根本原因。

我们做这点分析，不是要“均富”，更不是要“杀富济贫”，只有找出贫困的根子，才能最终解决贫困。在我看来，20年来贫困人口不减还增的根本原因，还在于我们的发展，过分强调效率而忽略公平所致的。也是大搞锦上添花、花上垒花的政绩工程、形象工程，而无视雪中送炭和不重视雪中送炭造成的。为此，要真正解决好精准扶贫，使扶贫攻坚后的结果能够持续，就必须从根子上、从发展上重视雪中送炭，改变锦上添花、花上垒花的发展路径。

第二，要搞好扶贫，还是要总体推进。我在1997年提出过“扶贫当总体推进”的建议。扶贫工作，仅靠头痛医头、脚痛医脚是不能从根本上解决问题的。任何一个地区的贫困问题的解决，都需要有经济的总体发展和市场经济的融入推进。扶贫工作既需要加大投入，又需要治贫先治愚，实施教育脱贫战略。除此之外，还需要做好规划，“要想富、先修路”，完善交通网络、修缮农村道路，尤其要改变“钓鱼政策”。要下面匹配资金，上面才予支持的“钓鱼政策”，只能使富的更富，穷的越穷，富的地方可以拿出大量资金钓取国家的投入，完成所有道路的硬化，而穷的地方，因拿不出匹配的资金，至今有些地方的农村还是泥路。另外，还要重视城市化的布局和工业园区建设，用城市化和工业化带动欠发达地区的现代化发展。

第三，需要大力推进农业产业化和在农村组织农民入股的公司制合作组织，使广大农民随着农业产业的发展，实现脱贫，增加收入。纵观世界农业发展，要提升农民的收入，就必须使农民走规模化经营与合作发展的道路。20世纪80年代末，我作为国家“星火计划”的总工程师，在国务委员宋健同志推动下，跟国家科委杨俊副主任，在世界范围内考察了农村经济组织情况，以日本北海道为例，那里天冷只能生产马铃薯，60年代还很穷，后来合作起来，建立了农民入股的公司制合作组织，发展淀粉产业、葡萄糖产业和水培蔬菜高质农业，很快致富了广大农民。我们的问题是企业法人走进农村，让农民种植，公司廉价收购，农民与企业无联动机制，公司发展了，而农民收入还十分有限。为此，必须在贫困地方组织农民入股的公司制运作组织，吸纳更多金融贷款，带动农业产业发展，推动农业现代化，最终使农民富起来。

第四，要加大东西合作、对口合作。应该看到，东部沿海的发展，是得到中西部的支持的，即使在东部，贫困地区也是为发达地方的发展和富人的致富做出了众多贡献的。贫困地方发展，需要增加要素投入，需要金融合作、科技合作、学校合作、医院合作、人才合作。美国的 Divisland 讲，“有钱才能赚钱”，而我们农村和欠发达地方长期缺少投入，缺少金融支持，这是必须改变的。同样减贫也是需要发达的企业给予关心支持的。我们富起来的地方，发达的企业要按照习近平总书记讲到的《道德经》第八十一章的一句话，“既以为人己愈有，既以与人己愈多”，我们的脱贫工作做好了，全国人民都富裕起来了，我们的市场就会更大、需求就会增加，发达地方的企业还会做得更好。日本稻盛和夫，一生创造两个世界 500 强企业，他的根本经验就是“重善行，思利他，敬天爱人”。在 1998 年经济危机中，他下令一个员工不能裁，确保了他的企业更兴旺。我们不能不择手段地追求利润最大化，更不要置农民工于不顾，“专门为富人盖房子”。要组织好单位扶贫、企业扶贫的对接，搞好“东西合作，贫富合作”。

第五，要高度警惕扶贫攻坚中作假报假和腐败现象的发生。这次扶贫攻坚任务重、时间紧，难免出现作假造假的现象，也可能出现说假话，报假的情况。更因这次扶贫会有大量资金走向基层，还需要特别注意挪用与贪占资金的腐败发生。如不能搞好这方面的监督和把权力关在笼子里，就可能会直接影响精准扶贫的有效推进。因此，在一手抓扶贫之时，还要抓好反腐倡廉。

无私才能无畏，无畏才能担当。这次扶贫攻坚是个大战略、大战役，需要各级干部在党中央领导下齐心协力。需要更多的各级干部在这个攻坚战中动脑筋，出苦力。习近平主席在兰考县提出要学习焦裕禄精神，在菏泽也提出“得一官不荣，失一官不辱，勿说一官无用，地方全靠一官；穿百姓之衣，吃百姓之饭，莫道百姓可欺，自己也是百姓”。为了搞好精准扶贫，需要弘扬焦裕禄精神，需要广大干部宠辱不惊和全心全意为人民服务。

（在人民日报社扶贫论坛上的讲话，原载《民生论坛》）

健康扶贫的五点建议

2017 年 5 月

我们的改革开放，经过全国人民的奋力拼搏，经济总量已经先后超过了法国、英国、德国和日本，成为世界第二大经济体，这是了不起的成绩，但是发展的不均衡问题十分突出。根据财政部 2009 年的调查，城市中 10%的富裕家庭拥有社会财产的 45%，而低收入的 10%的家庭仅拥有城市财产的 1.4%，相差 32 倍。又据世界银行报告，中国 1%的家庭拥有全国财富的 41.4%，中国财富的集中度远远超过美国。2010 年，中国贫困人口（收入低于 2300 元/年）还有 1.28 亿人，占总人口的 10%。

基于这种情况，以习近平同志为核心的党中央提出了“不忘初心”，提出了“人民对美好生活的向往就是我们的奋斗目标”，提出了“四个全面”，提出了精准扶贫。习近平同志去年在中央党校的讲话中谈到，“以人民为中心的发展思想绝不是抽象的、玄奥的概念，不能只停留在口头上，止步于思想中”。一定要做到发展为了人民，发展成果由人民共享。为了讲清楚富强的目的，共享的内涵。习近平主席还引用毛泽东同志的话说，“这个富是共同的富，这个强是共同的强，大家都有份”。

今天，由《政协报》牵头，在全国政协这个地方讨论“健康扶贫”问题，这既是“不忘初心”的具体行动，也是“以人民为中心发展思想”的具体体现。

扶贫工作在我看来需要多管齐下，1997 年我就曾提出八条扶贫措施：一是需要改善生存环境，不宜生存的地方需要搬迁转移；二是需要解决交通问题，“要想富，先修路”，对扶贫意义重大；三是需要投入资金，发展产业，进行造血；四是需要引进选进的作物种子和种植技术提高生产效率；五是需要提升贫困人口的文化，扶贫先治愚，并搞好技能培训；六是需要干部交流让发达地区的干部到贫困地区挂职，传经送宝，让贫困地区干部到发达地区或中央部委挂职学习；七是需由国家部署安排，在发达地方建设扶贫工业园，让贫困地区的人有组织地到这样的开发区打工增收；八是改善贫困地区医疗条件，不要让贫困地区的人因疾病致贫返贫。

现在看来，因病致贫、返贫问题仍然严重存在，如不予高度重视，仍会直接影响2020年全面脱贫。我在前些年做医改调研时，民间就流行“脱贫三五年，一病回从前；得了阑尾炎，白种一年田；救护车一响，两头猪白养”的谚语。农村因为看病贵、看病难，很多人都抱着“小病拖、大病扛、重病等着见阎王”的态度。由于农村和地方医疗条件差，再加上医药费贵，社会上特别是广大农村很多人得了病该看医生不看医生，该住院不住院，如此造成了小病拖大，大病拖重，使社会患病总人数不断积累，使患重病的人不断增加。农村的贫困和返贫，疾病问题的影响占了相当大的比重。

为了搞好健康扶贫，防止因病返贫，我认为应该结合疾病发生的实际，有针对性地做好以下几项工作：

一是要做好疾病的预防。我国现在有高血压患者1.6亿人，有高血脂患者1亿人，有糖尿病患者9200万人，有脂肪肝患者1.2亿人，初中生近视率59.4%，高中生近视率77.3%，大学生近视率80%，所有这些疾病，多是不良生活习惯，不重视疾病预防造成的。因此，为了搞好扶贫和防止新的贫困产生及有些脱贫家庭再次返贫，就一定要重视疾病的预防，坚持预防为主的方针，要重视疾病知识和防病知识的科学普及。按照习近平主席在健康大会所讲的，要普及健康知识，提高防病意识，建立健全健康教育体系，提升全面健身，增强全民体质。

二是要把着“病从口入”关。很多疾病除一部分是因吃不清洁食品使致病细菌和致菌病毒被带入体内导致的之外，相当大一部分是食品的不安全问题引起的。所以，我们既要注意防止细菌，病毒感染，又要下决心解决食品安全问题。我国每30秒产生一个癌症患者，每30秒产生一个糖尿病患者，每30秒产生一个心脑血管病患者。中国癌症的发病率比世界平均水平高40%，粗死亡率比世界平均水平高50%，30秒出现一个癌症患者，相当一天有2880个癌症患者出现。这里边固然有遗传原因、生活习惯原因，但环境污染特别是食品污染与不安全有着十分密切的关系。

解决这个问题，就要放宽视野，全心全意为百姓着想，在食品安全上，不能只注意为少数人服务，只重“有机”“绿色”检测，一定要重视为全体百姓服务的食品无污染的标准化，要全面监管、全面检测，特别要防止毒污食品走进农村。在提高检测水平方面要强化检测设备、检测手段，例如3.4苯并芘和二噁英的检测，我们比国外晚了几十年，这样的不重检测手段建设的问题急需改变。在加强监管方面还要千方百计控制各种添加剂、生长剂、促进剂、增稠剂、增黏剂、增白剂、增筋剂走向市场，减少各种添加剂、各种生长剂及各种农药、化肥、除草剂的使用，降低对食品的污染，以减少疾病发生。

三是下决心改善医疗治病的条件和环境。千手观音23位演员，有19位是在医院看病用药不当导致聋哑的。有人说1/3的患者因用药不当而死亡。英国研究65%的药是无效的，患者要保健康，最好是减少医疗干预。美国研究30%~40%手术根本不需要做。所以我们的医疗事业一定要立足于救死扶伤，对患者合理治疗，严防一些人为个人赚钱，造成患者小病大治，把轻病治成重病。尤其要下功夫降低药价，降低医疗费用，确保广大百姓能够有病可医。作为国家，要合理配置医疗资源，要有计划地把三甲医院向地方分流，不能完全市场化。在农村和贫困地区加大医疗投入、医院建设，进一步解决百姓的看病贵和看病难，更不要让百姓有了大病跑数千里，住不上院、看不起病。

四是要搞好普惠医保，并做好大病保险。国家的医疗投入要惠及广大百姓，要重视医药费投入的公平性、正义性，要真正做到成果共享。国家一定要把投入重点放在医疗保险上，要取消双轨制，更要减少“生命替代系统，维持生命的大量应用和消耗大量的医疗资金，如果要用生命替代系统维持死去的躯体，可以把患者的工资划归医院，从机制上解决动辄使用生命替代系统，改变很多家庭因受患者保留高工资、高待遇的刺激，而热衷于使用生命替代系统，既造成对患者的不尊，又造成国家医疗费的巨大花费”，将省以下的国家医疗拨款更多地用于广大农民和贫困群体。除此之外，还要改变医保住院15天必须出院的规定，避免很多重病号反复出院、入院的麻烦和由此增加的更多花费。

五是需要重视中医药的发展与应用。中国的中医药历史悠久，曾经保护了世界1/4的人口的延续发展、生生不息。中国中医药方面从古至今出现了一大批如华佗、扁鹊、张仲景、李时珍这样的名医，中医药学的经验与著作浩如烟海。中国有世界最高的山——喜马拉雅山，有最低的盆地吐鲁番，国土从热带到寒带，无数的山地，一山有四季，十里不同天，动植物品种最多，中药材有 12807 种，植物药 11146 种，动物药 1581 种，矿物药 80 多种。中医药下滑是源于抗菌素兴起与发展造成的。今天抗菌素已发现 5000 种之多，能用于临床的仅 300 多种，新抗菌素已经很难找到，老抗菌素的抗药性越来越严重，有效率越来越低。这时候人类要健康、要生存就要像经济发展那样，需回到 2500 年前吸取孔夫子的智慧一样，需要回头寻求中医药学的帮助，中医的针灸、拔罐、刮痧、按摩都有很多可发掘的宝库，都能为因病返贫的解决作出贡献。因此，要高度重视中医药学的发展，要对那些否定中医药学的理论思维，坚决抵制和斗争。

（在全国政协健康扶贫讨论会上的讲话）

走进农村广阔天地　谱写人生最美篇章

2019 年 3 月

今天很高兴出席大学生返乡助力乡村振兴的启动仪式，就此我想结合几十年的亲身经历，谈一谈对大学生返乡助力乡村振兴的一点看法。

党的十九大提出了乡村振兴，这是符合中国国情的重大战略。

中国是一个农业大国，至今还有 44%的人口生活在广大农村，我们要把饭碗端在自己手中，就必须发展和提高农业水平，要坚持特色社会主义道路，我们就必须走共同富裕的道路。为此，我们必须重视农村的发展，提升农村的发展水平。

一、70 年农村发展的十件大事和成就

自 1949 年中华人民共和国成立，党和政府就十分重视中国农村的发展。根据我的回忆，在推进农村发展几十年中做了以下十方面的工作：

（1）修了近 10 万个水库，我的家乡在淮河边上，1950 年就看到毛主席题词的“一定要把淮河修好”的条幅，大批的水库建设解决了水患和旱灾，对中国农村的发展起到了重要作用。

（2）在土地制度上，从新中国成立初期的耕者有其田，土地私有化，经过了合作社，人民公社，走向了土地的集体所有，这对后来的发展至关重要。

（3）在农业经营方式上，在走合作化道路上下了很大功夫。1950 年互助组，1952 年初级农业合作社，1955 年后进入高级农业合作社，1958 年实行了人民公社。应该说党中央是很早就认识到合作化的重要意义的。

（4）1960 年后，给农民留了大面积的自留地，在农村开辟了农贸市场。这是农村改革“一大二公”的最早行动。

（5）农村一解放就开始扫盲，并建起了大批小学、初中和高中。广大中学生实行了劳动教育，回农村参加乡村建设，对农村发展做了人才的铺垫。

（6）上千万名知识青年“上山下乡”，习近平主席、李克强总理这批当时的年轻人，把城市文化带到农村，为农村的发展做出了贡献。

（7）以小岗村19位农民按手印为代表，实行了包产到户，农村进入了一个新阶段。

（8）发展村办工业，使农村的匠人商家找到了发展天地，促进了像华西、横店、刘庄、南街村的崛起。

（9）20世纪90年代初大批农村人口，农村劳力走进城市，走进发达地区参加务工，这在资金和技术上支持了后来的农村发展。

（10）在农村建立推进了“一村一品”和“公司+农户”，建起一批农业生产合作组织，并开始了土地流转，农业经营大户在农村出现，农业机械化有了普遍提升。

经过了近70年的努力和奋斗，我们的粮食产量达到6.3亿吨，蔬菜产量达到了7亿吨。水果供应应有尽有。从总体上看农民生活有了很大改善，吃穿问题基本得到解决，反映生活水平的恩格尔系数，由60%降到了29.8%，70年减少贫困人口7.4亿人，减贫率达到93%。

二、亲历中国农村发展的六个问题和感受

根据自己70年来的亲历亲为，我深感中国农村发展有以下六方面的问题值得总结和研究：

（1）曾经的在合作化道路上的过急过快，使中国农村的发展走了弯路。农村要发展，一家一户无法与市场对接，农村是发展不起来的。农村要发展，根据世界之经验，必须走合作化道路，但我们的初级合作社、高级合作社、人民公社只用5年左右的时间，如此，出现了“一大二公”，挫伤了农村的劳动积极性，“劳动英雄累的腰痛，二流子懒汉照样吃饭”。使正确的合作化制度被扭曲，出现了“一次被蛇咬、十年怕井绳”。小岗村的包产到户在当时有一定重要价值，但这件事情的出现和过度肯定、过度宣传，出现了一种倾向掩盖了另一种倾向，中国农村合作化的正确道路，在很长的时间段里被抑制。

（2）好大喜功，虚报浮夸，导致了农业生产很长一个时期的下坡路。一些干部为了自己的地位名声，弄虚作假，在粮食产量上虚报浮夸。最早的人民公社报出1750斤/亩产小麦，《人民日报》放卫星后，接着卫星越来越多，

越来越大，亩产 2000 千克、3000 千克、5000 千克、10000 千克、30000 千克，直至《天津日报》头版头条登出了亩产小站稻 60000 千克。这件事引起了毛主席到天津小站的视察，结果发现是 78 亩地的水稻在接近成熟时移栽到一亩地中来，这一次没能骗过在农村成长起来的毛主席的眼睛，这才有了《庐山会议》的初衷。

正是因为下面高报亩产，上面信以为真，所以大量收购粮食入城，城里面提出“敞开肚皮吃饭，鼓足干劲干活”，而一些农村，一粒粮食都没有，造成大批人被饿死，《炎黄春秋》刊湖北麻城付书记文章，因反对上报亩产水稻 18000 千克，遭到 26 天批判，13 年劳动改造。《领导者》刊登，信阳反瞒产私分政策，导致信阳一半地区 10 个县饿死 100 万人（另外 10 个县后归驻马店没有统计）。

1960 年冬，我参加河北省委生活工作队，到农村工作几个月，一天只有 4 两玉米面，最后饿浮肿。到乡下的任务就是号下玉米秆，用 40%石灰水煮，用搓板搓下“五碳糖”做代食品。在静海东双塘，每天有 4 人死掉，给上级打报告要大豆，等我们离开时也没要来。

（3）中国人口多、土地少，农业劳动生产水平过低，是农村经济落后的根本原因。中国迄今户均土地只有 8.6 亩，世界上土地紧缺的日本农民户均土地 29 亩，韩国农民户均土地 36 亩，中国农民户均土地不到日本的 1/4、不到韩国的 1/3。户均土地过低加上农业技术、农业设施落后，特别是城市化推进中的种种阻力，造成农村劳力过剩，特别是在农村的人口多为“三八”“九九”“六一”“二五零”部队的形势下，造成了劳动生产率只有 6600 元/(人·年)，相当于韩国的 34%、日本的 27%、欧盟的 20%、澳大利亚的 7%、阿根廷的 2%。中国农村人口至今还有 44%，接近 6 亿人，城市化率虽有 56%，但其中 14 个百分点没能在城市落户。实质上他们也还是农村人，因此，中国农村户籍的人还占 58%，也就是 8 亿人左右。如此大的农村人口，但农村产生的 GDP 不到 10%，人口数量大，GDP 低，这就是农村落后的具体表现和问题所在。

（4）长期以来，不敢正视农村存在问题，思想观念的保守，造成农村差距的越来越大。20 世纪 50 年代作为中国长期研究乡村建设的梁漱溟先生因在政协提到“农民在九天之下，工人在九天之上”，被批得狗血淋头。他的中国发展“不患寡而患不均”的理论，也因此没人再敢提出。

中国为了发展城市，对农村实行了改革前与改革后的两次剪刀差，使大量的农村财富和资金流入城市，而且用于农村的财政在进入21世纪时还不到5%。这种情况下，替农民、农村讲话成了一种忌讳，我在政协的15年，很多人提出过成立农业专委会，但一直没能实现，直到习近平同志任总书记后，政协才有了农业专委会，才能真正研究和呼吁农村的问题。

（5）农村的公共服务同城市相比一个是天一个是地。在城市，路是国家修，医院和学校是国家建；而农村，路要农民拿钱修，后来实行了“钓鱼政策”。使富的越富，穷的越穷，农村的教育，没有国家支持，很多教师的工资要乡镇来发，严重影响了教师配置和教育发展。农村缺医少药，交通不便，给健康医疗带来很大负担，20世纪50年代毛主席批评的“老爷卫生部”，因种种原因很长时间里没有改变。农村的电力供应，上下水设施，通信设施，包括吃水的安全，都存在巨大差距。现在有些粮食产区的农民七八十岁了一个月只有六七十元钱，而且还要自己按手印去领取。这虽然不属于扶贫问题，但也应予注意并给予合理解决。

（6）农村发展资金的严重缺乏，抑制了农村发展。长期以来农业地区的财政收入相对较低，而且国家财政对农业、农村的投入又十分紧缺，再加上农村的存款非常之低，而又多从银行流进了城市。为此给农村发展造成了严重的资金困难，城市发展土地、房屋均可以抵押贷款，可以买卖，而农村土地、房屋均不能抵押贷款，造成农村发展资金的雪上加霜。美国历史经济学家Dvisland讲“有钱才能赚钱”，没有投入农村就无法发展。

也正因为这些问题的存在，有外国政要说，中国城市像欧洲，中国农村像非洲。事实上有些农村还不如非洲，2006年我去云南考察，大家登玉龙雪山时，我告假并让当地一位教育局局长陪我去到我手指的方向50千米处，到达玉龙县九台乡河源村，那里农民当时年收入只有260元，地方政府学校连电话都不通。“家徒四壁”我有了体会。2016年，我们去河南调查教育，有的县大班额达150人，有人戏说培养的都是“一把手”，孩子上课时只能有一只手可动，上厕所要排长队，无法保证学生的正常如厕。

三、乡村振兴是历史的必然，时代需要我们助推农村发展

基于以上情况，党的十八大提出了“五位一体”。习主席后又提出“四个

全面”和精准扶贫。习近平主席讲：“中国要富，农民必须富；中国要强，农村必须强；中国要美，农村必须美；中国要现代化，农村必须现代化。”

习近平主席之所以重视农村发展，其根本原因，一是出于他对农村的了解和对农民的深爱情感；二是为了要更好坚持中国特色社会主义道路。他在党的十九届三中全会上指出，我们坚持的特色社会主义道路是社会主义，而不是别的主义。

为了坚持社会主义，党的十八届三中全会强调“八个必须坚持”，此中比以前多出了必须坚持公平正义，必须坚持共同富裕。正如习近平主席在今年“两会”所讲，“我们的国家社会是红色的，我们不允许对他进行淡化。我们要坚持共产党领导，走特色社会主义道路，就必须要坚持共同富裕”。

在前年达沃斯论坛上，习近平主席讲到，这个时代是很好的时代，也是很坏的时代。坏就坏在，1%的人占有90%的财富，20%不到的人消费着80%的社会资源，发展的两极分化造成难民潮此起彼伏，恐怖主义时有发生，世界还有7亿人吃不上饭。

事实证明，整个世界只有按照马克思主义的基本观点，走共享发展、共富道路，这个世界才能和谐。尔虞我诈，贫富分化，这个世界是发展不下去的。习近平主席提出的人类命运共同体，实际是与马克思主义一脉相承的，人类只有朝着这个方向，完善制度，搞好共享发展，实现共同富裕，这个世界才能迎来安宁和可持续发展。

我们的改革，实际就是围绕这样一个目标展开的，一是坚持从体制上进行改革保更多人就业，让大家都能随着发展的推进实现共同富裕。包括我们对民营经济的逐步深入认识，支持其更好发展，都是为了让更多人有业可就，增加收入，提高生活。二是要坚持推进市场化，让市场在配置资源上发挥决定性作用，以达到激发市场活力、提高资源的合理配置与效率，促进经济发展。

乡村振兴战略是一项重大改革举措，同样是为了让更多人拥有就业机会，让市场与广大农村对接，使农村变得美好而富裕。而要搞好农村的改革，实现乡村振兴，关键的关键是解决农村的人才，“事在人为”“人才决定未来”。乡村振兴中，中央提出要促进大批爱农村、懂农业、爱农民的人走向农村，使他们成为乡村振兴的顶梁柱。

大学生走向农村助力乡村振兴的启动正逢其时，有实际需要，有人才可能，有政策支持，天地广阔，前途无量。

中国有52万所学校，在校生2.6亿人，而且70%是农民的子女，每年有800万大学毕业生，还有与此数量差不多的高中毕业生，也就是至少有1500万人需要就业。城市要发展，固然需要人才，但如不开辟农村就业领域，就业问题将难以为继。农村是广阔天地，土地是财富之母，能让更多的大学生走向农村，用好中国的土地就一定会创造出更多的财富，就一定会创造更多就业岗位。对于大学生的发展来说，农村是最有发展前景，施展才干的广阔天地。

当年习近平总书记、李克强总理等一代青年走进农村，锻炼和贡献，既成就了农村，也培养出一大批优秀人才。中国历史上很多优秀人才是农村走出的，今后，中国乡村振兴中同样会造就出大批优秀人才来。

我考察过美国、日本、韩国、加拿大、澳大利亚、新加坡很多农村和农村的合作组织。只要有政策支持，有资金扶植，农村是可以大有作为的。如日本北海道的农民20世纪60年代还很穷，只能种土豆，后来成立了合作组织，借政策支持和集体的力量发展淀粉制造及生物技术、水培瓜果、蔬菜，使劳动生产率大为提高。中国农村发展“一村一品”和农业新技术，最大问题是农村人才不足，为此促进大学生走进农村助推乡村产业发展，助推公共服务和环境的改善，是有很多事情可做的，而且可以把互联网、智能化技术带进农村，为农业现代化作贡献，助力乡村振兴更好实现。我们希望有远见、有抱负的大学生，走进农村，相信你们一定会抓住走进农村助推乡村振兴的机遇，让青春更加壮丽，谱写出人生最美好的篇章。为中华民族伟大复兴贡献更大力量！

（在大学生返乡助力乡村振兴启动仪式上的讲话）

坚持“两山理论”　保护生态环境

2019 年 7 月

一、自然资源、环境是人类生存发展的母体和根基

尽管人类对自身的起源还存在着不断进行深入探索，人类起源的理论还在不断修正和完善，但是有一点可以肯定，人类的从无到有，从原始到现代，从愚昧到文明，都是靠自然环境与自然资源的孵化、滋生、哺育发展而来的。

所谓自然环境，包括土壤、空气、阳光、温度、雨水、河流、湖泊、海洋、湿地、林木、草原和生物的多样性等。所谓自然资源，应包括矿产资源、水利资源、土地资源、海洋资源、气候资源和生物资源。没有这样的自然环境与自然资源的存在，就不会有人类的出现、生存和发展，人类之所以能够在地球上发展到近 70 亿人，完全是靠地球拥有的良好环境与资源的存在和支撑。因此，作为山水、林田、湖草的自然环境及由它们提供的氧气、水分、糖类、蛋白、矿物质、微量元素和维生素等保证了人类的新陈代谢，保证了人类的生存与繁衍。

人类社会大约经历了 1 万年的农耕时代，在农耕期间，人类的生存完全依靠土地、雨水和阳光，通过种植作物，饲养畜禽获取所需的物质和营养。包括让农业增产的方法，也是靠畜禽粪便，经发酵制成厩肥来肥田，这种状况在中国大部分地区持续到 20 世纪六七十年代。进入 1781 年，瓦特发明蒸汽机，揭开了第一次工业革命的序幕后，人类对自然资源的依赖度进一步增强。此后的汽车、火车、轮船、飞机，直至航天、登月和家用电器、办公设施、电脑、通讯、建筑、桥梁、化肥、农药等，无不依赖由自然界提供的矿石能源和矿产资源来生产。因此，无论从人类的生存、繁衍还是人类的社会发展，无不以环境资源为母体，无不以环境资源为根基。

二、可持续发展是人类的共同愿望

在近万年的农耕时代里，人与自然是协调共生的，任何动植物虽然有数量巨大的尸体堆积，但因有微生物的作用，他们被腐烂转化为 CO_2。这些 CO_2 又因自然界绿色植物的广为存在，可以通过光合作用被转化为葡萄糖，进一步生成粮食果蔬和蛋白质，使自然界保持了循环发展。所以，农耕时代的天是蓝的，山是青的，水是洁净的，没有雾霾和污染。然而由于 18 世纪开始的工业革命，大量矿石燃料被开采利用和各种金属、非金属矿产被人工挖掘，这虽然铸就了高楼大厦的拔地而起，高速公路的车水马龙，商场超市的物质极大丰富，城市夜晚的灯火辉煌，但也带来了环境的被污染，资源的被掏空，本来的 CO_2 自然循环被打破。农耕时代大气中的 CO_2 含量为 250ppm，进入 21 世纪时 CO_2 在大气中的浓度超过了 380ppm，作为温室气体的过量存在，改变了气候温度，降低了雪线，升高了海平面，给人类生存带来了风险。

再就是人口的不断增加，对土地开发力度的加大，也是打破平衡、打破资源自然循环的重要原因。四大文明古国之一的古巴比伦的不复存在和我国河西走廊的光山秃岭及新疆一些古城的消失，都与过度开发、气候变化和斧头使用过多、牧羊的数量过大直接相关。更严重的是，近代工业化的推进，不仅已经形成了一批资源枯竭城市，而且工业废水、废气以及农业上的畜禽类粪便污染，农药、化肥与除草剂的污染正严重地冲击着江河湖海与大气，自然界变成了垃圾排放场，影响了人的生存健康，影响了动植物的栖息生长。

20 世纪 60 年代美国卡尔逊著的《寂静的春天》和 1972 年美国沃德与杜博斯著的《只有一个地球》两本书针对人类面临的环境问题、生态危机质疑，并引起了麻省理工学院等一批学者的注意，于 20 世纪 70 年代提出了《增长的极限》的报告。针对人口快速增长、环境污染加剧、资源消耗增速和一些资源面临枯竭，提出了地球承载力是有限的、人类生活空间是有限的、资源供给是有限的、地球吸纳污染的能力有限的等观点。这些观点，虽然在当时引起了争论和反对，但它仍不愧为人类发展历史上的一块重要里程碑，就可持续发展问题给人类敲响了警钟，1980 年 3 月进入了联合国议程，为可持续发展的推进起到了不可估量的作用。

从 20 世纪 70 年代起，国不论大小强弱，地不分东西南北，人们排除了冷战的影响和民族歧视的僵局，聚到了可持续发展的旗帜下，进行磋商和讨论。先后于1972年在瑞典斯德哥尔摩、1984年在瑞士日内瓦、1987年在日本京都、1992年在巴西里约热内卢、2002年在南非约翰内斯堡、2015年在法国巴黎等召开了保护环境、推进可持续发展的会议，签下了备忘录或宣言，都对人类可持续发展提出了意见和建议。尽管各国对待可持续发展的认识还不那么统一，但可持续发展已经成了人类发展的共同愿望，今天的发展一定要考虑到子孙的权益和明天的发展。

三、中国的生态建设一定要坚持“两山理论”，牢记使命，不忘初心

大家知道我们改革开放以来经济发展取得了巨大成就，但也积累了大量的生态环境问题，各类环境污染及资源被破坏的高发态势，一段时间内成了民生之患、民生之痛。解决好环境污染造成的食品安全问题、空气雾霾问题、居住环境问题、饮水安全问题，成了广大人民群众的热切期盼。

党的十八大以来，为回应人民群众的所想、所盼、所急，中央高度重视生态建设和环境保护，推出了一系列治理环境、保护生态的新思想、新理念、新战略，开展了一系列根本性、开创性、长远性的重要工作，污染治理力度之大，制度出台之多，执法监管之严，前所没有。我因经常要到全国各地开会考察，这几年明显感受到山、水、草木、路桥、小区等都发生了历史性、转折性和全局性的大变化。在习近平主席关于“要像保护眼睛一样保护生态环境，像对待生命一样对待生态环境”的指示感召下，全国人民包括广大青年都增强了环境保护意识，保护生态环境正在转化为全国人民的自觉行动。

今天大会把“两山理论”的研讨作为论坛的主体，这是十分必要的，习近平主席关于“既要绿水青山，也要金山银山；宁要绿水青山，不要金山银山；绿水青山就是金山银山”的指示，明确而强烈地揭示了绿水青山与金山银山的辩证关系。这一关于环境保护的重要理论，也是对马克思主义经济学的重大贡献。“两山理论”是生态保护理论，也是经济发展理论。“两山理论”说明了保护生态环境就是保护生产力，改善生态环境就是发展生产力。就我亲历亲见的一些事实，足以看出绿水青山被破坏了的地方，都吃尽了苦头，而重视绿水青山保护的地方，百姓都已从中受益。例如，塞罕坝和很多沙漠变绿洲的工作和成就，已经给这些地方和百姓带来了收入和效益，带来

了金山和银山。与此相反，我的家乡，就在我外祖母家的村边上，原来有一座外形极美的面子山，而且山内有可以盛几百人的大石棚，是入夏乘凉的好地方，山的周围长满了木油树、桐油树、洋槐树、松柏树，秋天来时满地菊花黄遍山岭。但这个山，在 20 世纪 90 年代初，让一位中国台湾地区的企业家以开采石材炸掉了，现在山不像山，岭不像岭，乱石横七竖八，无法靠近。当地的老百姓本来可以把这个山开发成个旅游点，而现在已无这种可能了，所以百姓还种着沙石多、肥力差的山地，因收入低而受穷。

因此，绿水青山就是金山银山，在我的头脑中深感千真万确，像我家乡这种事例，如果当初宁要绿水青山，不要金山银山就不会有今天的苦果。为此，我们无论从经济学，还是从生态学考虑都应该坚持“两山理论”。经济发展绝不应牺牲环境，更不要对资源与环境竭泽而渔。要坚定地相信绿水青山既是自然财富、生态财富，又是社会财富、经济财富。我们的经济发展，要服从对绿水青山的保护，要把绿水青山蕴含的生态价值挖掘好、利用好，将其转化为金山和银山为人民造福。

为了更好地保护好生态环境，保护好绿水青山，还需从当前实际出发做到“四个坚决”：

一是坚决改变同保护环境相违背的土地政策。当今为了发展，还在实施土地的“占补平衡”。这个占补平衡，常常是把投资缺乏的欠发达地区发展工业的用地指标或农民过多的宅基地指标拿出来，卖给发达地区，让发达地区占用农田用于招商引资的土地供给。这不仅易造成发达地区的高效的农田被占用，而且不利于欠发达地区的经济发展和生态环境的改善。

二是坚决扭转有损环境保护的发展理念。很久以来存在的以 GDP 论英雄和一些地方领导以私心引领的大搞政绩工程的惯性思维，虽然经过整治四风有了转变，但在一些地方仍有明显的存在。有些投资者，为了圈地、赚钱，造声势，搞形象，说假话，把农业用地拿到手后，并不真正用于农业生产，而且给农民的回报甚低。这种情况不予以转变，就不能真正做到为人民谋幸福，就不可能落实好“两山理论”，搞好环境保护，就有悖于不忘初心，牢记使命。

三是坚决整治科技创新领域的浮躁与腐败。我们的发展需要创新的引领和推动，但是“一切向钱看”的价值观，使得我们的创新不仅存在严重的浮躁和弄虚作假，当初煤变油创新刚取得42%的转化率，就作为成果，大力推广，实际给国家能源造成很大损失，是我经过调研在政协大会提出建议后才被叫停。在成果推广上也有腐败现象阻碍成果推广。我们的烤烟机当初创新可节能25%，但有关方面的招标中为了照顾亲属，宁可不让节能产品推广，而把被招标的机会送给刚学做烤烟机的家人。类似情况不除，就无法落实“两山理论”，就搞不好生态环境的治理。

四是坚决推进重大建设项目带动百姓致富。我们很多涉及环境建设的大项目，在很长一段时间内，只知打着为百姓服务的旗号占用百姓土地，而并不为百姓服务。如某电力公司当初在云南怒江开发水电时，说是为了致富那里的百姓，而实际上完全两样，就在开始建设时，自己的员工一小时200元的工资，而请来的农民工为他们由山下搬运沙石，要爬30°山坡，给农民工的待遇一天只有30元。又如在青海一个水电站建设时，农民为支持建设工程，让出了世世代代生存的好家乡、好地方的河滩地，搬到了河边的山顶上。而水电站建好后，电站工作人员拿着高工资，住着小别墅，周围的绿化美化胜过花园。而原先让出土地的农民，出现了“三望三叹”。一是望水兴叹，他们搬上山顶后，到河边取水十分艰难；二是望电兴叹，电站发电了，因这些农民没有钱买电杆和电线，一直不能通电和用电；三是望站兴叹，看到电站有别墅、有商店、有剧场、有俱乐部，而农民住在新住地，除了住所，什么也没有。为了落实“两山理论”，搞好环境保护，一定要使国家的大项目带动农民致富，特别要带动为项目建设搬迁作出贡献的百姓走向富裕。

（在2019年第三届生态文明建设与“两山理论”高峰论坛上的讲话）

解决好农民工问题是实现“三生共赢”的重要内容和使命

2019年10月

生态、生活与生产的“三生共赢”，既是人类向新的文明迈进的基本途径，也是落实科学发展观的基本保证。只有“三生共赢”，人类社会才能持续发展，只有“三生共赢”，我们的社会才能和谐与稳定。

而要实现“三生共赢”，在中国就是要进一步强调发展的“以人为本”，要使改革发展的成果惠及广大百姓。面对我国当今现实，尤需要解决好农民工问题，真正做到善待农民工。农民工问题能否妥善解决和能否提上日程，这已成为“三生共赢”与否的重要内容，农民工问题若不能很好解决，就无法做到“三生共赢”。因此，我们要落实科学发展观，推进“三生共赢”，就必须把解决农民工问题作为重要使命。

一、农民工的作用和地位极不相称

今年10月1日，国庆60周年的阅兵式和去年的奥运会之隆重、之壮观、之美好足以使我们对我国的60年和改革开放的30年，怎么去赞扬都不过分。我在1983年前就曾到欧美走过十五六个国家，回来常有人问我国外是个啥样子？我曾用三句话概括说，发达国家的人基本上是生活在地毯上，行走在汽车里，休闲在草坪上。那时国外高楼林立，汽车如流，物质极大丰富，灯火格外辉煌。而当时国内的情况则是路不平、灯不明，买东西要排队，北京最高的楼是北京饭店17层，同国外相比，不可同日而语。而今，过去我们想都不敢想的情况，30年后的今天很多国外有的都在中国出现了。我国的高速公路已经在世界排第二位，我国的灯火比国外还要辉煌，我国的汽车之多，已经把很多城市堵得一塌糊涂。今年，我国的经济总量已经超过了德国，进入了世界第三。中国的国际地位和影响已位居世界前列。

如此翻天覆地的变化，一是因为有新中国成立初期30年打下的工业基础，二是因为有后30年的改革开放政策，调动了广大人民的劳动积极性。从生产力发展角度分析，离不开农民和农民工的贡献和劳动。前30年工业基础的建立是靠农业支援工业、农村支援城市的政策和商品价格的剪刀差，促成了财富的积累和城市的发展。而后30年，是由于改革开放的方针既促进了20世纪80年代的农业发展，又促进了90年代开始的农民工的形成、流动和贡献。

我们不会忘记，90年代初，当农民工开始向沿海流动时，也曾被某些人视为洪水猛兽，出现了在火车站的堵截和拦阻。但是改革开放的推进，最终认可了农民工的作用，放开了农民工的流动。现在回头看一下，在20世纪90年代初跨出这一步，为后来我国经济大发展所产生的作用，绝对不能低估。一些国外的学者在研究中国经济增长时认为，劳动力的大量廉价供应和红利是中国经济增长的重要动力。这个大量、廉价的劳动力，实际就是农民工，这个红利也是来自农民工。

截至2006年底，我国的就业总人口为7.6亿人，而城镇就业人口2.8亿人，这个城镇就业人口中，有1.4亿人为农民工。可见农民工对我国城镇经济发展起了多大的作用。可以这样讲，30年的大建设中，所有笨、重、脏、累的体力活都是由农民工完成的，我们位居世界第二位的高速公路、快速发展的铁路干线、众多城市中的林立高楼、三峡大坝和众多的水利工程等，没有那一项工程可以离开农民工。30年来，我国的最大变化是城市，而城市中又有多少工作不是由农民工来完成？扫马路、清厕所、种树、栽花、除草、喷药、浇水、洗衣、送奶、送报纸、送信件、做家政、开出租、打字员、理发员、搬家、装修、卖菜、卖衣、餐馆服务乃至医院护工等岗位，几乎都是农民工。我们的城市没有农民工就要瘫痪，城市人没有农民工就将会事事作难。

迄今为止，我国的国内生产总值已超过30万亿元，我国的财政收入已达到6万亿元以上，粮食总产量高达5亿千克之多，我国的银行存款高达60万亿元，外汇储备高达近2万亿美元，此中蕴含了多少农民工的劳动，饱含了农民工多少汗水。特别是我国出口产业的大发展和在世界上的巨大竞争力，更是因为有了农民工，有了世界少有的价格低廉的劳动力。我国有的城市人均 GDP 已经达到 1 万美元或接近 1 万美元，特别是像北京、上海这样的地方，分别有 8000 多亿万富翁、7000 多亿万富翁和 14 万千万富翁、11 万千万富翁，此中又饱含了多少农民工的血汗和劳动！从农民工的贡献和付出的劳动看，我们的国家应该向他们感谢，向他们致敬，他们才是人民的功臣，才是创造历史的英雄！

但是，广大农民工所处地位与他们的贡献极不相称。迄今，农民工依然处在社会的最底层。不久前发生在河南郑州的农民工“开胸验肺”的事件，足以说明农民工在我们这个社会中被边缘化的处境，他们得不到关照，不受人尊重。农民工张某，在劳动中，因没有劳动保护，患上矽肺病，病情已经很重了，医院的大夫还不给证明，医院和老板勾结一起欺压农民工。农民工张某在无奈情况下，只好让医院“开胸验肺”，以此证明因缺乏劳动保护得上了矽肺病。由此可见，我们的农民工为了生存，讨点公道是何等艰难，何等不易！

最近我在几个省做教育调研时发现，农民工子女中，还有很多人未能享受公正的教育权利。一是农民工子女有 2000 万人，还留在农村，不能与父母共同生活，他们得不到父爱、母爱，更谈不上人生的天伦之乐。二是由于农村学校的撤并，有很多留守农村的儿童还要跑几千米之外去就读。路程远、不安全，而且每天要在路上浪费掉很多时间。三是很多农村因地方财政困难，以县为主的办学体制，造成很多学校办学条件甚差，应予三年级开设的英语课、计算机课开不起，造成很多农民工的孩子都小学毕业了，还没听过英语，还没见过计算机。使农民工子女在受教育的起跑线上与富裕地区和城市的孩子拉开了终生都难以追赶的距离。四是很多农民工的孩子，因为家中无人照管，又加上地方公办学校没有住宿条件，只好让孩子进到民办学校去就读。但往往这些学校收费较高，在这样的学校较少享受到两免一补，免费教育的政策在他们身上不能兑现。五是农民工多的地方虽然有很多农民工的孩子可以随父母一起生活，但当地公办学校不能为农民工子女服务。应运而生的很多民办学校可以说都是为农民工子女开办的，但是这些学校收费高，一般低工资的农民工还是不能享受。而工资高的农民工可以把子女送进去，但学校办学条件低，教师水平差，农民工子女不仅享受不到国家免费义务教育的恩惠，需要花钱就读，而且学习环境和条件同公办学校相去甚远。六是随父母成长的农民工子女，义务教育阶段虽然可在当地花钱就读民办学校或在有些地方的公办学校就读了，但到了高中又必须回到家乡去，按地域报考大学的政策使他们无法在属地读高中。结果造成不少孩子回到家乡后出现了精神不适应、生活不适应和气候不适应。此外，还因为各地所用教材有别，教改内容不一，也造成一些孩子回家乡念高中的新问题。

当然，农民工所处地位与其贡献的不相称还远不止这些。实际当中，农民工遇到的困难和问题，除了人格与受教育的权益被边缘化之外，至少还有以下十个方面的问题：①就业无保障问题；②劳动保护缺失问题；③很多农民工夫妻长期不能团聚，甚至在同城工作的夫妻也要分居；④农民工父母养老无人照顾问题；⑤农民工住房得不到关照问题；⑥农民工工资过低问题；⑦农民工的话语渠道过窄问题；⑧农民工的医疗保障问题；⑨农民工的养老问题；⑩农民工只能吃青春饭问题。这十个方面，如果展开讲，都有很多故事和案例，足以说明农民工被边缘化的处境之艰难和相关问题之严重。

二、户籍改革势在必行

中国农民工人数之众多，所遇问题之严重，实际上都是户籍之痛所造成。户籍改革的各自为政和推而不动，对农民工的被边缘化，起了决定性的作用。

本来在很多国家的宪法中，作为人的迁徙权都是自由的。我国的宪法也曾经有迁徙自由的条款，但是，由于种种原因，我国宪法取消了迁徙自由的内容。这一条款的取消究竟给社会带来的是福、是祸，看来很值得思考和研究。中国二元经济如此严重，城乡差别和地区差别如此之大，社会问题不断增多，实际上都与户籍制度的难以突破和不能跨越直接相关。

我国人口从农村到城市的流动，虽然是规模越来越大，人数越来越多，但都没能对松动户籍产生推动。国家虽然从 1997 年起在 400 个小城镇进行了户籍改革试点，1998 年各地开放了小城镇户籍，2000 年由中央和国务院出台了《关于促进小城镇健康发展的若干意见》，2001 年国务院批转了公安部《关于推进小城镇户籍管理制度改革的意见》，但是并没有真正解决中国户籍制度造成的社会问题，广大城市并没能真正接纳农民工。我们调查的结果是，一些小城镇人口较少有明显上升。

我国经济发达的地方都在大城市和东部地区，而外出打工的农民工多集中在欠发达地区和中西部，大中城市的户籍没松动，跨省的户籍没松动，因此就不可能对解决农民工的问题有作用。也可以说，我国原来出台的户籍改革办法，没有从中国实际出发，脱离了中国实际。如广东东莞市，自身仅有200万人左右，而所吸纳的农民工将近1000万人，而且基本上都是外省人。又如北京有农民工约500万人，他们也都是来自全国各地的。跨省的户籍问题不解决，大城市的户籍不松动，就永远无法安置农民工。

在北京中关村，曾于1979年在我家工作过的一位由安徽来京的保姆，当时这位保姆18岁，还没结婚，而今他在北京已经工作30年，从没结婚到结婚、从没小孩到有小孩，现在两个孩子都20多岁了，全家人都来到了北京，但她们仍不能做个北京人。30年来，他们一直是租农民的房子住，开始住在中关村农民家里，后来城市逐步发展，农民逐步后退，前两年，他们所租房屋退到了清河以西，一家四口住在一个小房里。由于农民工的户籍解决不了，廉租房又不对他们开放，造成很多农民工都像这位保姆一样，在远郊租农民的房子住。一次，我在医院遇上一个擦玻璃的四川农民工告诉我，因为住郊区，每天5点钟要起床，即使这样，有时还会迟到，因为北京交通阻塞严重，很难把握上班时间。我在广州调查清洁工的生活时，发现一个四川农民工和一个湖南农民工，两个人都住在城乡接合部，租农民的房子住。市里规定扫地工中午可休息4小时，但因住的过远，中午不能回住处去休息，每天只能坐在马路上消耗时间。更因为在城里没有自己的房子住，或因工资低，租不起房，很多人夫妻同在一个城市里打工，但都只能住集体宿舍。我住的院里有4个扫地的妇女农民工，他们的爱人同在北京，而他们夫妻要团聚，只能等春节回到老家去。中央电视台去年报道，广东一个地方夫妇两人工作在一个厂子里，却从没有机会住在一起。我在浙江调查时，一位市长告诉我，农民工因为找不到一起住的地方，跑到树林里去过夫妻生活，还被警察给抓了！《广州日报》前两年有报道，已婚农民工，或因两地分居、或因没房同住，造成常年不能过夫妻生活的高达63%。

我国的城市化，从20世纪90年代中开始出现了停顿，使我国的城市化不仅远落后于国外同样发达的国家，也远滞后于我国的工业发展水平。为了改变这种状况，我们没有认真研究和出台城市化的方略，而是改变了人口统计办法，结果把在城市住半年以上的人口都挤在了城市中，使城市人口一下子增长到43%。但实际上，没有解决任何问题，以农民工为主的新市民，很多还属于农民。最近教改工作进程中报出的资料，义务教育阶段的学生数量中，农民的孩子占80%以上，这就足以说明我们的城市化根本没有大的推进。

因此，不解决户口、不改革户籍的城市化，只是表面上的城市化。由此造成的城乡差距拉大，基尼系数高升，贫富过于悬殊，给社会的发展带来了很多问题，也带来很多不稳定。例如，我在某市考察时，有关方面告诉我监狱中75%是年轻人，其中75%是偷盗抢劫犯。一个国家如此多的偷盗抢劫犯人，只能说明，我们发展的不平衡，说明我们的就业和收入问题较多，说明贫富悬殊已经引发了社会的不和谐、不稳定。

因此，无论从解决农民工问题出发，还是从城市化考虑，我们必须要改革户籍，这个户籍的改革，一定要把重点放在跨省户籍的突破上和大中城市的户籍改革上。世界上很多国家，人们在那里生活达一定时间后，国籍都是可以解决的，而我们这样的在一个城市生活了半辈子，还解决不了一个户口，这能叫解放思想吗？能算改革开放吗？让我们为1.4亿人和可能还要增加的农民工设身处地地想想吧！户籍改革易早不易迟，户籍改革势在必行。

三、关于解决农民工问题的几点建议

（一）解决对农民工的认识问题

现在农民工的问题难以解决，其阻力来自三个方面：一是来自既得利益阶层的阻拦；二是来自认识滞后；三是来自理论错误。由于既得利益者，总怕农民工从他们那里分走一杯羹，常以“不应该杀富济贫”“不应该削峰填谷”为理由，阻止我们的统筹发展，阻止改革的进行。另外有一种邪说讲：农民工根本不愿进城，根本不需要解决农民工变市民的问题，实际上这是不顾实际的。再就是一些农民工多的地方，那里的政府总是以财政无力支撑为由，不愿解决农民工廉租房和教育等问题。实际上这些地方钱多的是，他们可以无限制地提高自己的工资、无限制地建政府大楼、无限制地提高政府消费，但就是不愿拿点钱解决农民工的问题。我国居民消费额1992年占GDP的67.8%，到2007年降到49.7%，而政府消费1992年占GDP的19%，到2007年却上升到23.6%，一个明显下降，一个大幅上升，能说没有财政能力吗？

因此，要解决农民工的问题，必须首先从认识上抓起，需要端正对农民工的看法，摆正农民工的位置，不能被既得利益者牵着鼻子走。

（二）要下决心改革中国户籍

原先的户籍制度是封闭落后的产物，在进入21世纪高度开放的今天，我们一定要认真审视户籍制度。要立足于科学发展观的要求，使户籍制度坚持“以人为本”，搞好对人的服务。户籍制度的改革一要抓跨省区的改革，二要抓大中城市的改革。凡是因农民工聚集而受益的地方，都应该对在那里工作的农民工，安置廉租住房，安置农民工子女教育。同时要淡化户籍的功能，减少诸多福利与户籍挂钩。尤其要转变长期以来形成的认为偷盗抢劫都是因为农民进城或农民工过多造成的错误认识。即使有偷盗抢劫频频发生，也不应该堵着农民工进城，而应该从根子上找一找为什么会有偷窃大量发生。我们必须把农民工当成共和国的公民，当成自己的兄弟，理顺户籍管理。

（三）要大力推进住房改革

我们的住房制度，可以说是原有城市人的制度，它仅为城市人着想，将农民工置之度外，其实这是极为错误的。不要说我们是社会主义国家了，就连资本主义国家，只要你来到了这个城市，哪怕你是外国人，也都要为你创造居住条件。我们在澳大利亚，看到了一些中国去那里与儿女团聚的老年人，在不愿与儿女合住一房时，澳大利亚政府也还要给他们解决廉租房。江苏去澳大利亚墨尔本的一位近60岁的老年人，因不愿同富起来的儿女在一起，政府有三次给他廉租房，都没达到他的要求，政府又第四次给他，终于心满意足。新加坡租屋局将杜甫写的“安得广厦千万间，大庇天下寒士俱欢颜”作为他们的局训，也表明新加坡政府对他们居民住房的关心。我们是社会主义国家，社会主义的本质是共同富裕，更应该使廉租房、经济适用房对农民工开放，使他们“住有所居、病有所医、学有所教、老有所养”。

（四）大学考试要打破省区界线,实行统招统考

现在的大学招生，采取按地域分配名额和不能跨省区报考问题，严重影响了农民工子女教育问题。大学是国家投资兴办的，一些先富地区的大学发展也是靠后富地区支持和农民工劳动共同创造的。中国作为社会主义国家，广大农民工的孩子与城市孩子和富裕地区的孩子同在一片蓝天下，同在一个国度里，应该与同一城市和先富地区的孩子享受同等教育。因此，应使大学考试打破省域界线，实行统考统招，确保农民工孩子能在属地上高中和考大学。

（五）要认真解决发达地区农民工子女义务教育的不公平问题

农民工子女在发达地方求学的问题至今未有解决，很多农民工子女义务教育阶段不能进公办学校。既然发达地区经济条件已极大好转，就应该从这个地区的经济总量和人口容量出发，更多兴办公办学校，让农民工子女能够免费入学。如果暂时条件尚不许可，需农民工子女在民办学校就读的，属地政府也应从财政提出一批经费，支持对农民工子女实行两免一补，使其享受教育公平。

（六）解决好农民工的各种社会保障

《劳动法》已经就农民工的社会保障做了一些规定，但因为该法律出台时，逢上经济危机到来，它的贯彻遇到了阻力。但是《劳动法》仍然是需要的，待经济形势好转后，还是要认真贯彻《劳动法》，将农民工的各种社会保障落到实处。另外，各项保障均应该克服属地管理，不应该因农民工工作流动转移，而让保障流于形式和让农民工吃亏。

（七）要适度提高农民工的工资标准

农民工的工资标准低下，固然给我们的发展，特别是对发展出口产业带来了巨大的竞争力，但是由于农民工工资标准过低，也造成很多农民工生活艰难，他们很多人每月只能挣几百元，扣除吃、住花费，所剩无几。他们因为工资低，没能力交各种保险，因此也面临失业后或年长后的生活无着落问题。因此，我们必须认真提高农民工工资标准，认真落实党的十七大提出的提高劳动报酬在国民收入中的比重，而且要做到随 GDP 增长而增长。

（八）要克服企业招工的年龄歧视

现在，很多企业招人标准都是 35 岁以下。在岗农民工过了这个年龄，也常以各种借口被辞退。随着时间的推移，我国正面临一个农民工大龄化问题，大龄农民工失业，将会成为突出问题。去年我在广东樟木头镇调研时，一位厕所清洁工，年仅 42 岁，身体很好，家在广州，因年龄大一直找不到工作，最后不得不到这个镇上看厕所。为此，我们应该在招工和辞退员工中，改变年龄歧视，确保“4050 人员”能够有工可做，防止大龄农民工的失业和被清退。

总之，解决农民工问题是“三生共赢”的重要内容，我们需将其作为重要使命，更好进行推动。

（根据 2009 年在北京大学“三生”论坛上的讲话整理）